T0278330

DESCARGA
GRATUITA

Editorial **CLIE**

Como muestra
de gratitud por su compra,

visite www.editorialclie.info
y descargue gratis:

*"Los 7 nuevos descubrimientos sobre
Jesús que nadie te ha contado"*

Código:

DESCU24

MOISÉS

Vida, enseñanza y significado

Colección Biografías Bíblicas

Samuel Pagán

Editorial CLIE
www.clie.es

EDITORIAL CLIE
C/ Ferrocarril, 8
08232 VILADECAVALLS
(Barcelona) ESPAÑA
E-mail: clie@clie.es
http://www.clie.es

© 2024 por Samuel Pagán.

«Cualquier forma de reproducción, distribución, comunicación pública o transformación de esta obra solo puede ser realizada con la autorización de sus titulares, salvo excepción prevista por la ley. Diríjase a CEDRO (Centro Español de Derechos Reprográficos) si necesita fotocopiar o escanear algún fragmento de esta obra (www.conlicencia.com; 917 021 970 / 932 720 447)».

El texto bíblico ha sido tomado de la versión Santa Biblia, NUEVA VERSIÓN INTERNACIONAL® NVI® © 1999, 2015 por Biblica, Inc.®, Inc.® Usado con permiso

© 2024 por Editorial CLIE. Todos los derechos reservados.

Moisés. Vida, enseñanza y significado
ISBN: 978-84-19055-60-6
Depósito legal: B 21244-2023
Biografía bíblica
Antiguo Testamento
REL006030

Impreso en Estados Unidos de América / *Printed in the United States of America*

Acerca del autor

El Dr. Samuel Pagán, ministro ordenado de la Iglesia Cristiana (Discípulos de Cristo), es un reconocido y apreciado biblista puertorriqueño, que ha publicado más de 60 libros y cientos de artículos en torno a temas exegéticos, teológicos, educativos, literarios y pastorales. Además, ha trabajado en la edición y preparación de 5 Biblias de estudio y colaborado en decenas de proyectos de traducción de la Biblia en América Latina, Europa, África, y en el Oriente Medio.

Entre las obras exegéticas y teológicas más conocidas de Samuel, están sus libros sobre Jesús de Nazaret, el rey David, la Biblia hebrea y los Salmos. También ha publicado varios libros y artículos sobre diversos aspectos teológicos y ministeriales en *Don Quijote de La Mancha*; ha editado varias revistas de educación cristiana transformadora; y escribe regularmente sobre temas religiosos, educativos y sociales en diversos periódicos en EUA y AL.

En su trayectoria ministerial, Dr. Pagán ha enseñado y predicado en cientos de países y ciudades alrededor del mundo, ha sido profesor de Biblia, decano académico y presidente de seminarios y universidades en Puerto Rico, Estados Unidos, Europa e Israel, y en la actualidad, es decano de programas hispanos en el *Centro de Estudios Bíblicos de Jerusalén*. Y como profesor de Biblia y decano del Centro, organiza y auspicia anualmente viajes educativos y transformadores a las tierras bíblicas para miles de peregrinos de habla castellana del mundo.

Posee los siguientes grados académicos: Bachillerato en Ingeniería Química de la Universidad de Puerto Rico-Mayagüez, Maestría en Divinidad del Seminario Evangélico de Puerto Rico, Maestría en Teología del Seminario Teológico Princeton, Doctorado en Literatura Hebrea del Seminario Teológico Judío, y Doctorado en Sagrada Teología del Centro para la Educación Teológica de Florida; además, ha hecho estudios post-doctorales en lingüística y antropología en la Universidad de Texas y en geografía bíblica en Tantur, el Centro Avanzado para la Educación Teológica en Jerusalén.

Samuel está casado con la Dra. Nohemí C. Pagán; tienen dos hijos, Samuel (casado con Yasmín), Luis Daniel (casado con Ileana), tres nietos (Samuel Andrés, Ian Gabriel y Mateo Alejandro), y una nieta (Natallie Isabel). Viven alternadamente en Jerusalén y Clermont, Florida.

Agradecimientos

Agradezco la investigación, redacción y publicación de este libro en torno a Moisés a muchas personas y entidades que me han acompañado en mi peregrinar ministerial, académico y familiar. Y entre ellas están las siguientes:

A la Iglesia Cristiana Discípulos de Cristo de Hato Nuevo, Guaynabo, Puerto Rico, que me recibió como pastor joven hace 50 años. ¡Qué mucho aprendí sirviendo a esa congregación!

Al Seminario Evangélico de Puerto Rico, en el cual comencé mis estudios teológicos avanzados, y donde posteriormente serví como decano académico y presidente.

A mis padres y hermanos, con los cuales crecí y aprendí el valor del mensaje de la Biblia y donde por primera vez escuché el nombre de Moisés.

A mis hijos, nueras, nietos y nieta, a quienes quiero transmitir lo que he aprendido de Moisés, que fue un siervo del Señor.

Y a Nohemí, mi esposa, que además de revisar y criticar mis pensamientos y escritos, me acompaña en este peregrinar extraordinario para llegar a la Tierra Prometida.

Muchas gracias.

ÍNDICE

Prólogo

Me es causa de gran alegría haber recibido el manuscrito para la publicación del libro "Moisés, vida, enseñanza y significado", de la autoría de este prolífico escritor como lo es mi colega el Dr. Samuel Pagán. Todavía es de más alegría el que se me haya invitado para prologar esta obra literaria cristiana.

Moisés es para mí uno de esos personajes veterotestamentario que enmarca tesis y antítesis, similitudes y contrariedades con el Mesías Jesús, el cual es visto en los evangelios como el nuevo Moisés. Moisés es proclamador de la ley; Jesús es proclamador de la gracia. Uno recibe los Diez Mandamientos después de 40 días y noches de separación en el monte Sinaí; el otro inicia su ministerio mesiánico después de 40 días de ayuno y oración en el desierto. Uno bajó del monte Sinaí para dar la ley; el otro subió a un monte alto en la Galilea para proclamar el Sermón del Monte con la nueva ley y los nuevos principios del reino espiritual.

En el ministerio mesiánico de Jesús, este comparó lo que Moisés enseñó con lo que él enseñaba. Jesús afirmaba su autoridad mesiánica con el "yo os digo":

"Oísteis que fue dicho a los antiguos: No matarás; y cualquiera que matare será culpable de juicio. Pero yo os digo que cualquiera que se enoje contra su hermano, será culpable de juicio; y cualquiera que diga: Necio, a su hermano, será culpable ante el concilio; y cualquiera que le diga: Fatuo, quedará expuesto al infierno de fuego" (Mt 5:21-22).

"También fue dicho: Cualquiera que repudie a su mujer, dele carta de divorcio. Pero yo os digo que el que repudia a su mujer, a no ser por causa de fornicación, hace que ella adultere; y el que se casa con la repudiada, comete adulterio" (Mt 5:31-32).

"Además habéis oído que fue dicho a los antiguos: No perjurarás, sino cumplirás al Señor tus juramentos. Pero yo os digo: No juréis en ninguna manera; ni por el cielo, porque es el trono de Dios; ni por la tierra, porque es el estrado de sus pies; ni por Jerusalén, porque es la ciudad del gran Rey. Ni por tu cabeza jurarás, porque no puedes hacer blanco o negro un solo cabello" (Mt 5:33-36).

Moisés el libertador es el título de uno de mis libros basado en 41 predicaciones, escogidas entre los más de 50 sermones que, durante dos años, desde el púlpito de la Iglesia Pentecostal de Jesucristo de Queens –donde junto a mi esposa, la Dra. Rosa M. Silva, hemos sido pastores por 40 años– prediqué.

En la serie dejé ver las muchas facetas de Moisés. Durante su vida, Moisés lo perdió todo, pero luego lo ganó todo. Muchos pecadores lo tienen todo en el mundo, pero a menos que pierdan todo lo que es del mundo, jamás podrán ganar todo lo que el Señor Jesucristo les quiere dar en el reino de los cielos.

Esos sermones fueron publicados por la editorial Portavoz en el año 2010, en el séptimo volumen de mi serie "Predicando sobre grandes personajes de la Biblia".

Prologar este libro sobre Moisés, es volver a disfrutar de ese personaje que se levanta erguido sobre la historia, y que arroja mucha luz sobre el ministerio mesiánico de nuestro Señor Jesucristo. Aunque Moisés no pudo entrar a la tierra prometida, muriendo en la cumbre del Pisga en el monte Nebo (Dt 34:1, 5-8); sin embargo, entró a la tierra prometida en su aparición con el profeta Elías en un monte alto de la Galilea:

"Seis días después, Jesús tomó a Pedro, a Jacobo y a Juan su hermano, y los llevó aparte a un monte alto; y se transfiguró delante de ellos, y resplandeció su rostro como el sol, y sus vestidos se hicieron blancos como la luz. Y he aquí les aparecieron Moisés y Elías, hablando con él" (Mt 17:1-3).

Ahora, me toca ver en este libro "Moisés, vida, enseñanza y significado" del Dr. Samuel Pagán, a un Moisés bajo el escrutinio de un teólogo, un exégeta y un biblista como lo es el exponente de este trabajo. Es una obra de excelencia, un recurso de gran valor para el creyente en general, pero una herramienta para descubrir con más profundidad hermenéutica a uno de los personajes destacados en las tres religiones monoteístas como lo son: el judaísmo, el cristianismo y el islamismo.

El autor Samuel Pagán, analiza definiciones como los nombres de Egipto, el título "Faraón" que significa "Casa Grande" y la ausencia en las narrativas bíblicas de los nombres de faraones o el nombre del faraón del Éxodo, que nos enseña que eran larguísimos y, por eso, era más factible acortarlos a "Faraón" o "Casa Grande". Ubica el éxodo hebreo bajo Tutmosis I, seguido por la época de Ramsés II.

Además, nos enseña sobre la figura de Moisés en un contexto de fe, más que en un contexto histórico donde muchos críticos han cuestionado su existencia real, para verlo como un producto de la imaginación hebrea religiosa. El poema que presenta Lope de Vega sobre Moisés cruzando el mar Rojo es excelente.

El Dr. Pagán analiza términos como los nombres de los padres de Moisés; Gosén con sus ciudades: Pitón, Ramsés o Sucot; Jetro o Reul que significa "Dios es mi pastor o mi amigo"; aclara "ir al pozo" con el sentido de buscar esposa. Y así mediante una combinación lingüística, el autor nos va educando en su enfoque a la Torá.

El autor examina el número de "¡seiscientos mil hombres!" salidos en el éxodo de Egipto, y cómo algunos interpretan que pudo ser unos dos o tres millones con mujeres y niños, lo cual es alarmante y debe entenderse hiperbólicamente. A esas tribus hebreas se suman otros grupos de esclavos.

El Profesor Pagán señala que, en la tradición judía, Hur se menciona como esposo de María, hermana de Moisés y Aarón, pero en el Talmud de Babilonia se cambia a Hur por Caleb. Mantener Moisés las manos levantadas, símbolo de prevalecer la victoria hebrea por parte de Dios, es vista como la manera en que Moisés motivaba a sus guerreros a luchar.

Aprendemos que era en la tienda de reunión donde Moisés se reunía con Dios para conversar, no era en el tabernáculo. Mi amigo Samuel Pagán escribe:

"La tienda de reunión era sencilla, y servía de espacio sagrado para los diálogos entre Dios y Moisés. Existía antes de la construcción del tabernáculo, que estaba en medio de la comunidad, mientras que la tienda estaba un poco separada del pueblo. Al tabernáculo llegaban los sacerdotes para ofrecer los sacrificios ante Dios; y en la tienda de reunión Moisés se presentaba para dialogar con el Señor".

Por otro lado, "ver a Dios" era estar delante de la presencia de Dios y ver a Dios "cara a cara", era un nivel de profundidad y de seriedad conversacional.

Moisés hablaba con Dios cara a cara: "Y hablaba Jehová a Moisés cara a cara, como habla cualquiera a su compañero. Y él volvía al campamento; pero el joven Josué hijo de Nun, su servidor, nunca se apartaba de en medio del tabernáculo" (Éx 33:11).

Jesús fue el rostro de Dios para dar un cara a cara: "Jesús le dijo: ¿Tanto tiempo hace que estoy con vosotros, y no me has conocido, Felipe? El que me ha visto a mí, ha visto al Padre; ¿cómo, pues, dices tú: Muéstranos el Padre?" (Jn 14:9).

El Dr. Samuel Pagán presta atención a esos detalles que giran alrededor de la vida de Moisés, buscando su significado y aplicando sus enseñanzas. Un ejemplo es la ordenanza de no encender fuego en el día sábado (Éx 35:1-3), que según el autor de este libro significa:

"La prohibición de encender fuegos en el día de reposo. Posiblemente esa referencia alude a evitar los trabajos de fundición o con metales durante el sábado. Y es la única ocasión que se menciona este detalle en las Escrituras". Detalles como estos son importantes para el lector de la Biblia.

Estimado colega Samuel, gracias una vez más por haber sacado de tu tiempo para aportar datos exegéticos e históricos sobre la persona de Moisés a la luz de la Torá. Tu aportación será bien recibida por muchos lectores, los que siempre te siguen y esperan tus libros, y aquellos que serán nuevos, pero serán bendecidos con estos escritos sobre "Moisés, vida, enseñanza y significado".

Dr. Kittim Silva Bermúdez

Obispo general del Concilio Internacional de las Iglesias
Pentecostales de Jesucristo.

Miembro fundador de Radio Visión Cristiana, fue presidente y
actualmente es vicepresidente de la emisora.

Prefacio

El Señor dijo: "Escuchen lo que voy a decirles:
Cuando un profeta del Señor se levanta entre ustedes,
yo le hablo en visiones y me revelo a él en sueños.
Pero esto no ocurre así con mi siervo Moisés,
porque en toda mi casa él es de mi confianza.
Con él hablo cara a cara, claramente y sin enigmas.
Él contempla la imagen del Señor.
¿Cómo no tienen miedo de murmurar contra mi siervo Moisés?"

Números 12:6-8

Un nuevo libro sobre Moisés

A través de la historia, no han sido pocos los libros que se han escrito sobre Moisés, que es la figura clave en el nacimiento del judaísmo y del pueblo de Israel. Desde el *Moisés* de Filón de Alejandría hace 20 siglos, hasta varios esfuerzos literarios en América Latina, generalmente homiléticos, la figura del legislador clásico del pueblo de Israel se ha estudiado desde diversas vertientes. Y esos esfuerzos investigativos y literarios se fundamentan principalmente en cuatro de los cinco libros de la Torá o Pentateuco: Éxodo, Levítico, Números y Deuteronomio. En el resto de la Biblia también se menciona a Moisés, especialmente en referencia a la Ley y al Decálogo.

La importancia de Moisés en la historia no debe subestimarse. Las tres religiones monoteístas del mundo lo invocan como uno de sus líderes por excelencia. Para el judaísmo, el cristianismo y el islamismo, Moisés es una figura cimera que transmite valores y enseñanzas que están muy cerca del fundamento de esas importantes tradiciones religiosas. En efecto, su vida y enseñanzas representan valores y teologías que han superado los linderos del tiempo y que se transmiten de forma reiterada, de generación en generación, en sinagogas, iglesias y mezquitas en todo el mundo.

Son casi interminables las narraciones y las obras de arte que se inspiran en la vida de Moisés; por ejemplo: el carácter, el nacimiento, las enseñanzas, la familia, el peregrinar por el desierto, la vida en la corte del faraón y su muerte en el monte Nebo. Sus diálogos íntimos con Dios constituyen un componente indispensable para comprender la profundidad de su experiencia religiosa y la amplitud de su mensaje. Esas experiencias de vida constituyen el trasfondo que nos permiten llegar a este importante personaje bíblico para estudiar su vida, comprender sus enseñanzas y evaluar su importancia histórica.

Este nuevo libro tomará en consideración dos componentes importantes para comprender mejor la figura bíblica de Moisés. En primer lugar, evaluaremos el contexto histórico y cultural del Egipto que sirvió de marco a las narraciones bíblicas sobre nuestro personaje. Ese cuadro amplio nos permitirá ubicar a Moisés en el entorno de la corte del faraón. Además, nuestra fuente primaria de investigación serán los relatos bíblicos. Ese material nos permitirá identificar episodios importantes en la vida de Moisés, además de presentar experiencias de vida, teologías y discursos de importancia capital para nuestra comprensión del personaje.

Literatura y teología de Moisés

En nuestro estudio de las Escrituras hebreas, debemos estar conscientes que las narraciones referentes a Moisés se escriben desde la perspectiva de la fe. Un pueblo sometido en Egipto presenta su comprensión de la liberación del cautiverio de las políticas y prácticas inmisericordes del faraón. De importancia capital en esos relatos es que la fuente de la liberación proviene de un Dios extraordinario, que escucha el clamor de su pueblo, ve sus penurias, rechaza su realidad de esclavitud, y decide intervenir para finalizar esas experiencias de cautiverio y servidumbre.

En las narraciones bíblicas ese singular Dios liberador se relaciona directamente con los antepasados del pueblo de Israel, pues es el Dios de Abraham, Isaac y Jacob. Y ese mismo Dios, que para los escritores bíblicos es la fuente máxima de autoridad y poder, se revela de forma extraordinaria a Moisés en el desierto de Sinaí, comunica su nombre y lo llama a convertirse en liberador y legislador de su pueblo. De esa forma, los relatos bíblicos presentan la vida y las acciones de Moisés como parte de la historia previa y amplia de la creación y del llamado de Abraham de sus tierras para llegar a la Tierra Prometida.

Nuestro objetivo es estudiar al Moisés de la Biblia, al personaje escritural que recibió la encomienda divina de liberación y se convirtió en figura clave en el desarrollo del monoteísmo. Nuestra meta es, en efecto, analizar con detenimiento los textos bíblicos. Aunque vamos a investigar y estudiar el periodo histórico en el cual las narraciones bíblicas ubican a nuestro singular personaje, la finalidad nuestra va más allá de los detalles históricos asociados a Moisés. Deseamos descubrir, estudiar e interpretar las enseñanzas que se asocian con las enseñanzas del legislador por excelencia de Israel. También vamos a ponderar algunas implicaciones de esas enseñanzas para la sociedad contemporánea, especialmente en el continente americano y, específicamente, en el mundo de habla castellana.

La importancia de Moisés para el siglo XXI no debe subestimarse o ignorarse. Sus enseñanzas sobre la capacidad de dialogar con Dios de manera íntima y sincera, junto a la necesidad de superar los cautiverios físicos, espirituales, emocionales, sociales, económicos y políticos que caracterizan a las sociedades actuales, son necesarias en sociedades que se caracterizan por la subestimación de las personas y el cautiverio de individuos y comunidades que deciden separarse de las mayorías para buscar, descubrir y disfrutar sus identidades y peculiaridades.

Una gran enseñanza referente a Moisés, de acuerdo con el libro de Números, es que su integridad y honestidad le ganaron el aprecio divino, pues hablaba con Dios "cara a cara", que es una manera literaria de destacar la naturaleza íntima de sus conversaciones con Dios.

Un buen poema sobre Moisés

Y para destacar la importancia de Moisés y su paso por el mar Rojo, tanto en la historia como en la literatura, basta con citar un singular poema de Lope de Vega:

No es mucho que Israel las aguas corte
del Rubio mar, si va Moisés delante
haciéndole dos muros de diamante,
que a Egipto emboten de la espalda el corte.

Ni que el peligro al pescador reporte,
para serlo del barco militante,
que Dios le llama, porque no le espante,
y está en la orilla el sol que alumbra el Norte.

Pero que tienda de Domingo el manto
Raimundo, y pase encima el mar profundo,
es fe que ha dado al mismo cielo espanto.

Pasad, profeta, ese Jordán segundo;
verán los reyes, que se ciegan tanto
que estima el mar a quien destierra el mundo.

Introducción

Pero llegó al poder en Egipto
un nuevo rey que no había conocido a José y dijo a su pueblo:
"¡Cuidado con los israelitas,
que ya son más fuertes y numerosos que nosotros!
Vamos a tener que manejarlos con mucha astucia;
de lo contrario, seguirán aumentando
y, si estalla una guerra, se unirán a nuestros enemigos,
nos combatirán y se irán del país".
Fue así como los egipcios pusieron capataces
para que oprimieran a los israelitas.
Les impusieron trabajos forzados,
tales como los de edificar para el faraón
las ciudades de almacenaje Pitón y Ramsés.
Pero cuanto más los oprimían,
más se multiplicaban y se extendían,
de modo que los egipcios llegaron a tenerles miedo;
por eso les imponían trabajos pesados y los trataban con crueldad.
Les amargaban la vida obligándolos a hacer mezcla,
ladrillos y todas las labores del campo.
En todos los trabajos de esclavos que los israelitas realizaban,
los egipcios los trataban con crueldad.

Éxodo 1:8-14

El Egipto de los faraones

En las narraciones bíblicas, Egipto ha jugado un papel protagónico y fundamental. Y esa importancia se pone de manifiesto no solo en los relatos de liberación de los israelitas del cautiverio de manos del faraón, sino en

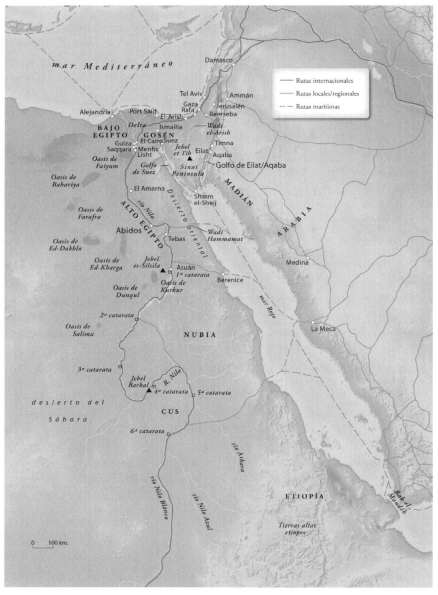

Egipto.

las referencias que hacen los escritores al país que provee un buen lugar para responder a los momentos de crisis que vivieron los antepasados de Israel en la antigua Canaán. Además, Egipto fue lugar de refugio de la familia de Jesús, cuando Herodes desarrolló una política de matanza de niños para eliminar la posibilidad del advenimiento del Mesías, el rey de los judíos, según las narraciones evangélicas (Mt 2:16-18).

En la actualidad, Egipto es un país grande, con unas dimensiones de unos 1045 kilómetros de norte a sur y como 885 kilómetros de este a oeste, incluyendo la península del Sinaí. Está ubicado al norte de África y al sur del mar Mediterráneo, y representa una de las civilizaciones más antiguas de la Tierra. El nombre "Egipto" proviene del griego *Aegyptos.* Y su primera capital fue Menfis, que era en la antigüedad un muy importante centro religioso y comercial.

Para los antiguos pobladores de Egipto, el país era identificado con el nombre de *Kemet,* que alude al color obscuro de la tierra en las riberas del río Nilo, que es donde se identifican los primeros asentamientos en la región. Posteriormente, Egipto se identificó como *Misr,* de donde procede Mizraim, que es una expresión genérica para referirse al país y que, actualmente, en ocasiones se utiliza.

El desarrollo político, social y económico de Egipto comenzó alrededor del año 8000 a. C. y prosiguió hasta el 30 a. C. Su cultura era famosa en la antigüedad por los grandes avances en diversas áreas del conocimiento como las artes, la ciencia, la tecnología y la religión. De ese desarrollo integral del país quedan en la actualidad los monumentos que hablan elocuentemente del adelanto amplio de su cultura. Y ese progreso influyó otras civilizaciones mediterráneas como las de Grecia y Roma.

Posiblemente, uno de los factores que hicieron que la cultura egipcia se desarrollara e impactara otros pueblos se puede relacionar con el énfasis que se daba a la experiencia humana y su singularidad. Es importante notar, al estudiar esta particular cultura, que el arte, las grandes construcciones y monumentos, las tumbas y los templos, afirman el desarrollo humano y representan lo que las personas pueden lograr en la vida. Y esta peculiaridad se manifiesta, inclusive, en la comprensión de la muerte y en la presentación de sus ritos funerales.

Para el mundo egipcio la vida terrenal era solo un componente de un peregrinar amplio que tenía repercusiones eternas. Entendían que el alma humana era inmortal y que estaba en el cuerpo solo por una época corta. Al morir, se pensaba que las personas eran juzgadas en un lugar conocido como el "Salón de la Verdad", y si la evaluación era positiva, la persona era trasladada al paraíso, conocido como el "Campo de Juncos", que era una especie de reflejo de la vida en medio de sus realidades humanas. Y una vez llegaba al paraíso, la persona vivía en paz eterna en compañía de sus seres queridos.

Los descubrimientos arqueológicos apuntan a que la historia del desarrollo de Egipto proviene de una época antes de la escritura y los monumentos. Por el año 8000 a. C., la región gozaba de cierta prosperidad agrícola, pero con el tiempo (c. 6000 a. C.) la tierra se hizo árida y los pobladores fueron moviéndose paulatinamente a regiones más frescas, como el valle del río Nilo. Y en esa época fue que comenzó a desarrollarse nuevamente la agricultura y las comunidades comenzaron a establecerse de forma permanente en las orillas del río Nilo.

Una vez que las comunidades se asentaron, comenzaron los esfuerzos industriales (c. 5500 a. C.) que tradicionalmente se conocen como las culturas Naqada I, Naqada II y Naqada III, que fueron fundamentales en el desarrollo de lo que conocemos como la civilización egipcia. Los procesos de momificación se practicaban en la ciudad de Hieracómpolis y se construían grandes tumbas en Abidos por el año 3500 a. C., y la escritura jeroglífica se estima que se inició por los años 3400-3200 a. C.

La historia de Egipto se puede dividir en varios periodos, que pueden orientar la investigación y la comprensión de esta singular cultura. Esas realidades de vida se pueden identificar por etapas, de acuerdo con historiadores nacionales de las diferentes épocas. Y esa historia se asocia directamente con el valle del río Nilo, en donde comenzó una de las primeras y más importantes civilizaciones agrícolas de la antigüedad.

El Periodo Antiguo (c. 2980-2475 a. C.) se distingue porque fue testigo de la unificación de los reinos del norte y del sur, posiblemente bajo el liderato del rey Menes (también conocido como Meni, Manes o Narmer). Esa época experimentó un desarrollo cultural y económico importante, y conoció la escritura jeroglífica.

Respecto a este periodo, hay estudiosos que piensan, sin embargo, que la palabra "Menes" era una especie de título honorario o reconocimiento político y público que significa "el sucesor". Esa es la razón básica que complica la identificación precisa del monarca de la época.

En este Periodo Antiguo la estructura de gobierno en Egipto se consolidó y se activaron las relaciones comerciales con Sudán. Y en medio

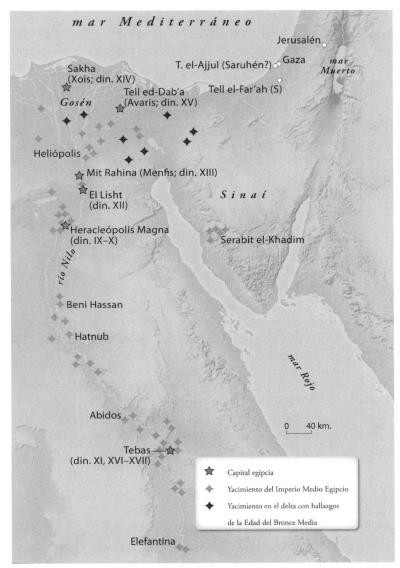

Egipto durante la Edad del Bronce.

de ese crecimiento económico, industrial y agrícola, los egipcios desarrollaron sus sistemas navales y comenzaron a utilizar sus flotas para transportar sus productos. Esa fue la época del comienzo de la construcción de pirámides. Y para esos faraones, la seguridad de las fronteras era una prioridad fundamental.

El segundo periodo de importancia se conoce como el Imperio Medio (c. 2160-1580 a. C.). En esos años se desarrollaron los proyectos de agricultura y se incentivaron las actividades de artesanías. Y en ese ambiente, los artistas y los ingenieros se desarrollaron y dejaron una serie de obras de importancia en las ciudades de Luxo, Fayum y El Cairo.

En esa importante época también se desarrolló la literatura que tanta importancia tiene en el estudio y la comprensión de la historia de la región y del país. Y los años finales de este periodo, fueron testigos de la importante invasión de los grupos hicsos por la frontera noreste del país.

El Imperio Nuevo (c. 1500-1085 a. C.) identifica el tercer periodo fundamental que nos ayuda a comprender la historia de Egipto. Se distingue, inicialmente, porque el faraón Ahmose I logró organizar y llevar a efecto una campaña militar para expulsar definitivamente a los hicsos de las tierras egipcias. Sus sucesores, los faraones Amenofis y Tutmosis I, desarrollaron políticas, formaron un ejército fuerte y tomaron decisiones administrativas y militares efectivas para ampliar sus fronteras y alcanzar nuevos logros.

Como resultado de esas decisiones, el imperio egipcio se consolidó: controló las tierras que van desde la cuarta catarata del río Nilo en el sur, en el norte llegaron hasta el mar Mediterráneo, ejercieron el poder hasta el río Éufrates, e implantaron políticas imperialistas en las antiguas regiones de Canaán y Siria.

Los monarcas de la llamada dinastía XVII han sido reconocidos mundialmente a través de la historia como buenos ejemplos en los campos políticos, militares, culturales y religiosos. De ese importante grupo de faraones, merecen alguna mención especial los siguientes monarcas: Ahmose, que se relaciona con la liberación nacional; Amenhotep I, conocido como "el justo", que legisló para impedir la opresión en los trabajos e implantar políticas justas y de equidad salarial; Tutmosis I, identificado como "el guerrero" que, además de expandir el imperio por el sur, afirmó la importancia de la educación del pueblo y desarrolló la industria de las minas; Tutmosis III, que ha sido reconocido por sus capacidades militares; Tutmosis IV, "el diplomático", que se distingue por su compromiso con los tratados políticos, económicos y militares internacionales; Amenhotep III, identificado como el rey más rico en la antigüedad, que afirmó la importancia de la educación y las artes en el pueblo; Akhernaton, que se distingue por sus afirmaciones teológicas y; Tutankamón, cuya fama en la actualidad se asocia no solo a sus hechos en la antigüedad, sino al descubrimiento de su tumba y su momia.

En la historia de Egipto, especialmente en el periodo de los faraones, las reinas jugaron un papel de importancia en la sociedad, la administración y la política. Entre esas mujeres de liderato ejemplar, se pueden mencionar a Ah-hotep I, esposa del faraón Seqenenre Tao II, cuya sabiduría le ganó el respeto del rey y los líderes nacionales; Ahmose Nefertary, hija de Kamose, quien contribuyó a la expulsión de los hicsos, y que estuvo casada con el hermano del monarca Ahmose; Tyre, madre de Akhenatón y Nefertiti y; especialmente, la reina Hatshepsut, que gobernó Egipto por más de dos décadas con prosperidad económica y expansión territorial, y fue la primera mujer que se identificó con los títulos de honor masculinos, *Horus femenino*.

Después de esos tres importantes periodos de esplendor político, cultural, militar y económico, Egipto respondió a una serie compleja de nuevos desafíos en la región. Desde la dinastía XX hasta la XXVIII, Egipto vivió y sufrió las políticas inmisericordes de la ocupación de los ejércitos asirios desde al año 670 a. C., que abrieron el camino para la posterior invasión persa. Esa invasión, terminó de manera definitiva con la administración de los faraones, que vivieron una continua y creciente serie de derrotas, conquistas y ocupaciones. Y esas dificultades en Egipto llegan a su punto óptimo con la llegada al mundo del Oriente Medio de Alejandro Magno y con sus políticas de conquistas militares y sociales firmes y definitivas.

Los grupos hebreos en el Egipto de los faraones vivieron el periodo del Imperio Nuevo. En ese contexto, experimentaron los cambios políticos, sociales y económicos asociados a los faraones de esa época. El famoso éxodo, que identifica la salida de esas tribus hebreas antiguas de las tierras faraónicas para asentarse en Canaán, se ubica tradicionalmente en ese importante periodo. Y de acuerdo con las narraciones bíblicas, el líder que organizó y lideró esa salida de liberación del cautiverio egipcio y del faraón, fue Moisés, que representa, no solo las ideas de liberación nacional, sino que se asocia con la revelación divina de la Ley de Dios a su pueblo.

Los faraones de Egipto

Los faraones de Egipto en la antigüedad eran considerados dioses, que a partir de la dinastía V no solo se relacionaban con la divinidad Horus, sino que eran también hijos de Ra. Tradicionalmente, no eran deificados en vida, pero una vez morían se unían a la diosa Osiris y eran venerados como una divinidad adicional en diversos templos egipcios.

Además de ser considerados como deidades poderosas, los faraones también eran monarcas, administradores, militares y gobernantes históricos. En unas 30+ dinastías y unos 170+ monarcas, esas figuras divinas y faraónicas administraron las tierras egipcias con autoridad por unos 3000 años (c. 3150-30 a. C.). Y las transiciones gubernamentales se llevaban a efecto generalmente por la vía de la herencia, pues se esperaba que el trono pasara de padres a hijos.

Los faraones eran figuras políticas que tenían gran poder militar, social, económico y religioso y que, al considerarse dioses, añadían a la posición una extraordinaria autoridad y control en el pueblo. Cada vez que una familia real egipcia culminaba su mandato o reinado por razones de muerte natural, guerras o asesinatos, se inauguraba una nueva dinastía, con las mismas percepciones administrativas, políticas, militares y teológicas que sus antecesores. Y en ese ambiente de autoridad total y celo familiar, los faraones trataban de casarse con hermanas, hijas o nietas, con la finalidad clara de mantener el trono, la autoridad, el poder y las riquezas dentro de la familia.

Un faraón triunfa sobre sus enemigos.

La palabra "faraón" describe a la persona que ostentaba el poder total y absoluto en Egipto. Eran reyes que administraban las tierras y los recursos económicos; monarcas que gobernaban con mano fuerte e inmisericorde al pueblo. La expresión "faraón" significa literalmente "casa grande", que es una manera de referirse a los grandes palacios que construían para vivir. Esa comprensión del término implica que el uso adecuado del título político alude al tiempo cuando Egipto llegó a extender su poder político, económico y militar fuera de sus fronteras naturales y tradicionales, a mediados de la dinastía XVII, a partir del Imperio Nuevo.

El faraón que no había conocido a José

Murieron José y sus hermanos
y toda aquella generación.
Sin embargo, los israelitas tuvieron muchos hijos
y a tal grado se multiplicaron
que fueron haciéndose más y más poderosos.
El país se fue llenando de ellos.
Pero llegó al poder en Egipto
un nuevo rey que no había conocido a José
y dijo a su pueblo:
"¡Cuidado con los israelitas,
que ya son más fuertes y numerosos que nosotros!
Vamos a tener que manejarlos con mucha astucia;
de lo contrario, seguirán aumentando
y, si estalla una guerra,
se unirán a nuestros enemigos,
nos combatirán y se irán del país". Éxodo 1:6-10

La afirmación inicial del libro de Éxodo referente a las relaciones del faraón de Egipto y los israelitas es de hostilidad, cautiverio, opresión y muerte (Éx 1:1-22). En primer lugar, se identifican a los hijos de Israel que acompañaron a Jacob al llegar a Egipto: Rubén, Simeón, Leví, Judá, Isacar, Zabulón, Benjamín, Dan, Neftalí, Gad y Aser, y si añadimos a José, que ya estaba en Egipto, el número es doce, que puede ser una forma simbólica de aludir a todo el pueblo de Dios.

Los descendientes de Jacob eran setenta, que también es un número de gran importancia bíblica, pues alude a un grupo completo de tamaño considerable. Setenta describe a los ancianos de Israel (Éx 24:1-9), y los

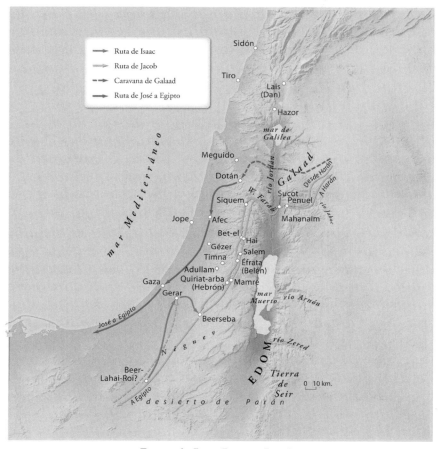

Rutas de José, Isaac y Jacob.

hijos de Gedeón (Jos 8:30), los descendientes de Abdón (Jue 12:40); además, con el número setenta se describe a los descendientes de Jacob (Gn 46:27), que es la suma de los descendientes de cada una de sus mujeres: 33 de Lia (Gn 46:15); 16 de Zilpa (Gn 46:18); 14 de Raquel (Gn 46:22) y 7 de Bila (Gn 46:25). En efecto, la amenaza del faraón es para la gente del Señor en su totalidad.

Los hijos de Israel que llegaron a Egipto representan para el libro de Éxodo a todo el pueblo de Dios que vivía bajo el dominio del faraón en condiciones de precariedad social, económica y política. La referencia es una manera literaria de ubicar las narraciones del libro no solo en un momento histórico determinado, sino que desea poner de manifiesto las dinámicas hostiles que rodeaban a los israelitas que vivían en Egipto, además de poner de manifiesto las características sociopolíticas de la nueva administración egipcia. El nuevo faraón trajo nuevas relaciones del gobierno y el pueblo de Dios, que se caracterizaba por las injusticias, la violencia, la persecución y la muerte.

La lectura cuidadosa del libro de Éxodo revela una serie de secciones temáticas mayores, que dirigen las narraciones y orientan los diversos temas expuestos. La finalidad básica es destacar el poder divino que libera al pueblo de sus cautiverios. El propósito teológico fundamental es declarar que el Dios bíblico odia los cautiverios y rechaza las opresiones. Y las narraciones bíblicas, además, presentan a Moisés como el agente divino que llevó a efecto la liberación, dio al pueblo el sistema legal básico para la convivencia y lo llevó a la ribera de la Tierra Prometida.

En la introducción al libro de Éxodo (Éx 1:1-22) se puede identificar, primeramente, el contexto histórico, sociológico, político y sicológico que rodea a los israelitas que vivían en Egipto en esa época. Y esta sección inicial es importante, pues prepara al lector para las narraciones relacionadas con Moisés, que es el protagonista indiscutible de la obra.

Posteriormente, el libro de Éxodo presenta al Dios que es, en efecto, quien demuestra el poder necesario para liberar a los israelitas de sus cautiverios en Egipto (Éx 2:23—4:23). Y de importancia capital en esta sección es la revelación del nombre divino y la comunicación de su voluntad para el pueblo. Un Dios que escucha el clamor de los israelitas y ve sus penurias y dolores (Éx 3:7-10), interviene de forma extraordinaria para responder a sus necesidades de liberación.

En las narraciones del libro, se incorporan las negociaciones de Moisés con el faraón, que rechaza la petición de liberación y endurece las condiciones de trabajo de los israelitas cautivos (Éx 4:24—6:13). La repuesta divina a esa actitud irracional y testaruda del faraón es de juicio, pues se manifiestan en Egipto diez plagas mortales, que desean persuadir al monarca para proceder con la liberación del pueblo de Dios (Éx 6:28—13:16). El faraón, sin embargo, rechazó las peticiones de Moisés. Y estas dos secciones del libro están separadas por una tabla genealógica que desea relacionar a Moisés y Aarón con los antepasados del pueblo hebreo (Éx 6:14-27).

La plaga final a Egipto constituye una sección independiente (Éx 12:1—13:16), por la naturaleza de la calamidad y por su importancia histórica y teológica en los procesos de liberación de los israelitas. Bajo el liderato de Moisés, el pueblo deja las tierras egipcias y emprende su peregrinar liberador, que llega a su punto culminante al cruzar el mar Rojo de forma milagrosa. Esta sección destaca, no solo las imperfecciones humanas, sino el poder divino que se pone de manifiesto en el momento oportuno, en medio de las realidades diarias de su pueblo (Éx 13:17—15:18).

La identificación precisa del faraón de la salida de los israelitas de Egipto no se incluye en los relatos bíblicos. Aunque la fecha real del éxodo es muy difícil de identificar con seguridad, algunos estudiosos piensan que el faraón que aumentó las injusticias y complicó el cautiverio del pueblo de Dios en tierras egipcias fue Seti I (c.1309-1290 a. C.), cuyas políticas opresivas y decisiones administrativas injustas fueron seguidas por Ramsés II (1290-1224 a. C.). Sus administraciones y políticas públicas representan periodos de injusticias, dolores y desesperanzas para los israelitas.

La expresión bíblica que indica que el nuevo faraón "no conocía a José", no es una declaración de desconocimiento del monarca, sino una forma de indicar que el nuevo incumbente no reconoció ninguna deuda de gratitud del gobierno con los israelitas que vivían en Egipto. El nuevo monarca se percató del problema potencial que representaba para su gobierno la presencia y el crecimiento de los israelitas en su territorio.

Quizá esa actitud de preocupación y rechazo gubernamental se relacionaba con el hecho de que los israelitas vivían en Goshen, ciudad que estaba ubicada al norte del país. Por esa ruta era que los enemigos de Egipto, que provenían del norte, invadían el país, y esa realidad geográfica comprometía la seguridad nacional del faraón. Además, la prosperidad y el desarrollo económico de los israelitas llenó de envidia al resto del país.

Esas dinámicas de seguridad nacional y virtud fiscal hicieron que el faraón se sintiera amenazado y tratara a los israelitas como esclavos. Y aunque la política esclavista contra las personas que participaban en las construcciones egipcias no es nueva, en el caso de los israelitas esas decisiones administrativas tenían complicaciones militares, desafíos sociales y dificultades interpersonales.

Un detalle en el texto bíblico que no debemos ignorar es la falta del nombre explícito del faraón. Una posible explicación de esa omisión es que los nombres de los faraones eran largos y complejos. Tradicionalmente tenían, por lo menos, cinco nombres compuestos, que se escribían de forma complicada. Es posible que por esa razón literaria era más fácil identificarlos con el título genérico de faraón, que aludía a "la casa grande", que describía y destacaba el poder que ostentaban. La voluntad del faraón se presentaba como la autoridad última, que provenía de una imponente construcción física, grande y hermosa, que era signo del poder y la autoridad que tenía.

Este fue el contexto amplio de la vida de Moisés, que respondió en el nombre del Señor a esos múltiples desafíos que representaba el gobierno egipcio. Nuestro líder, recibió la revelación divina y la transformó en un muy serio proyecto de liberación nacional. Y fundamentado en las instrucciones divinas dio al pueblo el Decálogo, que fue uno de los fundamentos más importantes para la formación y el establecimiento del pueblo de Israel como nación.

El Moisés histórico y literario

El objetivo de este nuevo libro referente a Moisés es estudiar la vida y las enseñanzas fundamentales del libertador hebreo, de acuerdo con las narraciones bíblicas, para entender y compartir los descubrimientos con creyentes, iglesias, líderes eclesiásticos y académicos. Nuestra finalidad es analizar con detenimiento esos documentos canónicos, particularmente el libro de Éxodo, para evaluar la figura de un personaje de importancia capital no solo en la Biblia, sino en la formación del judaísmo, el desarrollo de la fe cristiana y en la literatura musulmana. Y en ese proceso, ponderaremos las referencias en la Biblia hebrea a la luz de alguna literatura egipcia antigua, varios descubrimientos arqueológicos, y el estado actual de las investigaciones académicas referente a nuestro personaje.

De singular importancia en nuestro estudio es descubrir que, desde hace varios siglos, referente a Moisés, que en ocasiones se ha relacionado con personajes egipcios, se ha cuestionado su historicidad por dos razones básicas. Para un sector de estudiosos de las narraciones bíblicas del éxodo de Egipto, la figura de Moisés proviene de la creatividad literaria de escritores israelitas. Y son dos las razones básicas para esta comprensión.

En primer lugar, por la falta de referencias claras en torno a Moisés y el éxodo de los israelitas del yugo del faraón en los documentos egipcios disponibles. Además, no hay evidencias arqueológicas precisas que certifiquen el movimiento de grupos grandes saliendo de las tierras egipcias, durante los años en que tradicionalmente pensamos se llevó a efecto la liberación de los israelitas por Moisés. Y esa falta de información ha puesto en entredicho la historicidad de nuestro singular personaje.

En torno a esa carencia de referencias literarias y arqueológicas sobre Moisés y la salida de los hebreos de Egipto es importante estar conscientes que tradicionalmente los egipcios no dejaban testimonios escritos de sus derrotas políticas y militares. Este imperio destacaba regularmente en la literatura oficial únicamente sus triunfos y logros. No aludía a sus fracasos ni a los conflictos nacionales e internacionales en los que el faraón y el pueblo egipcio no lucieran triunfantes.

Esa política oficial egipcia explicaría la falta de referencias oficiales escritas de los grupos nómadas que se rebelaban contra la tiranía y autoridad faraónica, y que salían de las tierras egipcias a buscar nuevos horizontes de bienestar y liberación. Y entre esos grupos, se encontraban los hebreos.

La carencia de descubrimientos arqueológicos que apunten hacia la salida de los israelitas de Egipto tiene varias explicaciones. Quizá la más importante, sin embargo, es que esa falta de descubrimientos físicos del éxodo en el desierto del Sinaí no es prueba de que los eventos de liberación de los hebreos no hayan ocurrido. Lo único que indica esa realidad es que la información pertinente no se ha descubierto, pero nada dice de lo sucedido. Y no sería la primera vez que descubrimientos arqueológicos tardíos permiten la comprensión adecuada de eventos y personajes en la antigüedad.

La verdad científica y académica es que los trabajos arqueológicos continúan y con el tiempo pueden aparecer las evidencias requeridas para tener la información pertinente en torno al éxodo. Y esos descubrimientos arqueológicos que, en efecto, ayudan a entender y explicar eventos bíblicos, en ocasiones llegan con el desarrollo de la tecnología y el mejoramiento de las metodologías de investigación.

Independientemente del estado de la investigación referente al Moisés histórico, nuestro estudio presupone un personaje singular en la literatura bíblica que se convirtió en héroe de los grupos hebreos que vivían en Egipto. Analizaremos los textos disponibles para descubrir detalles importantes de la vida de este singular personaje, que expliquen su contribución destacada al desarrollo del monoteísmo que ciertamente es un elemento teológico en común en tres de las religiones más importantes en la sociedad contemporánea: judaísmo, cristianismo e islam.

Más que las posturas contemporáneas en torno al Moisés de la historia, nuestro estudio intenta descubrir en las Sagradas Escrituras los valores y las enseñanzas que se desprenden de esta literatura, que ciertamente es respetada y apreciada en sinagogas, iglesias, mezquitas y academias.

Capítulo uno
Nacimiento y llamado de Moisés

Hubo un levita que tomó por esposa a una mujer de su propia tribu.
La mujer quedó embarazada y tuvo un hijo,
y al verlo tan hermoso lo escondió durante tres meses.
Cuando ya no pudo seguir ocultándolo,
preparó una cesta de papiro, la embadurnó con brea y asfalto.
Después puso en ella al niño
y fue a dejar la cesta entre los juncos que había a la orilla del Nilo.
Pero la hermana del niño se quedó a cierta distancia
para ver qué pasaría con él.
En eso, la hija del faraón bajó a bañarse en el Nilo.
Sus doncellas, mientras tanto, se paseaban por la orilla del río.
De pronto, la hija del faraón vio la cesta entre los juncos
y ordenó a una de sus esclavas que fuera por ella.
Cuando la hija del faraón abrió la cesta
y vio allí dentro un niño que lloraba,
le tuvo compasión y exclamó: —¡Es un niño hebreo!
La hermana del niño preguntó entonces a la hija del faraón:
—¿Quiere usted que vaya y llame a una nodriza hebrea,
para que críe al niño por usted?
—Ve a llamarla –contestó.
La muchacha fue y trajo a la madre del niño,
y la hija del faraón le dijo:
—Llévate a este niño y críamelo.
Yo te pagaré por hacerlo.
Fue así como la madre del niño se lo llevó y lo crio.
Ya crecido el niño, se lo llevó a la hija del faraón
y ella lo adoptó como hijo suyo;
además, le puso por nombre Moisés,
pues dijo: "¡Yo lo saqué del río!".

Éxodo 2:1-10

El nacimiento de Moisés

El nacimiento de Moisés, futuro legislador y libertador de los israelitas en Egipto, de acuerdo con las narraciones bíblicas, se produce en un ambiente de persecución política, crisis económica y opresión social. El contexto es de crisis en las relaciones del gobierno del faraón y las comunidades israelitas. Es importante notar, referente al comentario bíblico, que la imposición de trabajos forzados y políticas de opresión en Egipto eran comunes, que esas dinámicas laborales se aplicaban especialmente a prisioneros, esclavos, inmigrantes y refugiados.

Para eliminar, o por lo menos disminuir, el potencial antagónico que los israelitas representaban para el nuevo faraón "que no conocía a José", se tomaron varias medidas drásticas. En primer lugar, los egipcios aumentaron las dinámicas de trabajos forzosos, pues deseaban mantener a los hebreos sometidos al poder del estado. Y como respuesta a las complicaciones asociadas a la implantación de esa política de cautiverio, los israelitas construyeron dos ciudades de gran importancia económica y comercial para Egipto: Pitón y Ramsés (Éx 1:11-12).

Pitón es el nombre hebreo que proviene del egipcio "Per-Atum", que representa la casa o el templo del dios Atum. Ramsés es la abreviación de "Per-Ramsés", o casa de Ramsés. Estas ciudades estaban ubicadas en la frontera norte del país, al oriente del delta del Nilo; y además de ser centros comerciales de gran importancia económica para el faraón y su administración, constituían lugares estratégicos para las políticas expansionistas y las campañas militares de Ramsés II.

La ciudad de Ramsés, que era la capital regional, estaba edificada sobre las ruinas de la antigua Avaris, que fue destruida y abandonada en las guerras para expulsar a los antiguos hicsos de Egipto. La arqueología contemporánea ha descubierto entre sus ruinas importantes templos y edificios colosales construidos en la época del faraón Ramsés II.

Luego de intensificar la política de opresión contra los israelitas en Egipto, al complicar las condiciones de trabajo opresivas del pueblo, el faraón ordenó directamente a las parteras que mataran a los niños varones que nacieran en la comunidad hebrea. La finalidad era controlar la natalidad e impedir el crecimiento desmedido de los israelitas, que constituían un importante sector poblacional con poder económico y social.

Las parteras, Sifra y Pua, decidieron desacatar la orden del faraón. Ese acto de valentía y desobediencia civil, y también aprecio a la vida y solidaridad con los israelitas, constituyó el fundamento para la bendición divina que recibieron, y fue el camino para que los israelitas se fortalecieran y se multiplicaran. Los nombres de las parteras son importantes: Sifra significa "hermosa" o "belleza"; y Pua alude a "hacer brillar" o "esplendor".

¡El faraón ordenó a dos parteras, cuyos nombres representan la belleza y el esplendor, a asesinar a niños inocentes e indefensos! Desobedecer el mandato imperial era una manera de preservar y afirmar la vida, y de celebrar la hermosura y el brillo de la creación de Dios.

La explicación oficial ante el faraón, referente al por qué los niños israelitas nacían bien, era que sus madres eran fuertes y daban a luz antes que las parteras llegaran. Las madres israelitas aceptaban el apoyo de las parteras y permitían que las atendieran, posiblemente, porque eran parte de la comunidad. Hay estudiosos que piensan, sin embargo, que las parteras debieron haber sido egipcias, pues tenían la confianza del faraón y ejercían como parte del sistema de opresión directamente impuesto a los israelitas.

El mandato final del faraón abrió las puertas para la salvación de Moisés: debían echar al río a todo niño varón luego de nacer, a la vez que preservaban la vida de las niñas. Para el faraón, solo había una solución al problema de los israelitas en Egipto. Y esa solución era simple, clara y firme: eliminar a los israelitas. Para el mandatario egipcio, el infanticidio era la única respuesta efectiva al continuo crecimiento poblacional hebreo, que constituía una amenaza real e inminente a la seguridad nacional y la estabilidad económica y política de Egipto.

Referente a las narraciones del nacimiento de Moisés, debemos tomar en consideración que la Biblia incluye una serie importante de relatos con el mismo tema: el nacimiento de un personaje especial en la historia del pueblo de Israel. Y en esa tradición se pueden identificar los nacimientos de Sansón (Jue 13:1-25), Samuel (1Sa 1:1-28), Juan el Bautista (Lc 1:57-66) y Jesús de Nazaret (Mt 1:18-25; Lc 2:1-7). Este singular tipo de narraciones de nacimientos en la Biblia presentan la llegada a la historia de una figura singular, que va a llevar a efecto la voluntad divina de manera extraordinaria en medio de las realidades humanas.

Entorno familiar de Moisés

En aquel tiempo nació Moisés
y era hermoso a los ojos de Dios.

Por tres meses se crio en la casa de su padre
y, al quedar abandonado, la hija del faraón lo adoptó
y lo crio como a su propio hijo.
Así Moisés fue instruido en toda la sabiduría de los egipcios,
y era poderoso en palabra y en obra. Hechos 7:20-22

La primera gran afirmación relacionada con Moisés en la Biblia es que provenía de padres de la tribu de Leví, pues tanto el padre como la madre se identifican como levitas. Y esa referencia a su contexto familiar asocia al futuro libertador y legislador israelita con funciones directamente sacerdotales (Éx 28:1; Lv 1:5; 8:12-13; Jos 13:33; 14:4).

Además de sus funciones levíticas, de acuerdo con las narraciones bíblicas, Moisés era también mediador y profeta (Dt 30:10; Hch 7:20-29; Heb 11:23-29). Esa referencia inicial en torno a Moisés ubica a nuestro personaje en una tradición que no solo tiene gran importancia cúltica, sino que destaca un singular nivel profético, que supone claras implicaciones políticas y sociales. Desde el inicio mismo de los relatos sobre Moisés, el futuro libertador de su pueblo israelita, se destacan sus cualidades religiosas, espirituales, políticas y sociales.

Aunque en la narración inicial no se brindan los nombres de los padres de Moisés, posteriormente, el libro de Éxodo indica que eran Amram y Jocabed (Éx 6:20). Esos nombres propios respectivamente significan: "pueblo exaltado" y "Yah (o el Señor) es honor". En efecto, no solo el texto bíblico destaca el contexto familiar y religioso de Moisés, que lo ubican en las tradiciones sacerdotales y proféticas, sino que lo asocian con la singular vocación divina que Dios dio a los israelitas y afirman la importancia de las alabanzas al Señor. Además, Moisés tuvo, por lo menos, un hermano de nombre Aarón (Éx 6:20; 7:7), y una hermana, María (Éx 2:4; 15:20). Esa familia israelita brindó a Moisés sentido de identidad religiosa, cultural, familiar y nacional, de acuerdo con las narraciones bíblicas.

La reacción de Jocabed al ver a Moisés nacer es que se percató que era "hermoso", que más que una descripción física de belleza era una manera de indicar que el niño que había nacido contaba con el favor divino. Luego, lo escondió por tres meses, para posteriormente preparar una canasta y ponerlo en el río Nilo, pues no pudo ocultarlo más. De acuerdo con el relato bíblico, una hermana de Moisés, María o Miriam (Éx 15:20; Nm 12:1-16; 20:1; 26:59; Dt 24:9; 1Cr 6:3; Mi 6:4), siguió la canasta en el río para ver lo que sucedería.

Con el nacimiento de Moisés comienzan las narraciones de la liberación de los israelitas del cautiverio y la opresión en Egipto. Ese protagonismo mosaico se pone en evidencia clara no solo en el libro de Éxodo, sino en todo el Pentateuco hasta el relato final de su muerte en el monte Nebo (Dt 34:1-12). Y la importante influencia religiosa de Moisés en la historia del pueblo de Israel se afirma y se destaca en toda la Biblia.

El nombre Moisés es posiblemente de origen egipcio. Su significado original es "nacido de" o "hijo de" y aparece como parte de la construcción de algunos nombres compuestos egipcios, por ejemplo, Tutmosis y Ahmosis. En el relato bíblico (Éx 2:10), se asocia el nombre de Moisés con un verbo hebreo cuya pronunciación puede asociarse con la idea de "sacar", para destacar que el niño fue rescatado o salvado de las aguas del Nilo.

De acuerdo con la interpretación de la vida de Moisés, que se incluye en el importante discurso de Esteban ante el sumo sacerdote en Jerusalén (Hch 7:23–8:1), la vida del líder israelita se puede dividir en tres periodos básicos: cuarenta años en Egipto (Hch 7:23), cuarenta años adicionales en Madián (Hch 7:30) y, finalmente, cuarenta años desde la salida de las tierras del faraón hasta su muerte en el monte Nebo (Hch 7:36). Y cada periodo se identifica como de cuarenta años, pues el escritor bíblico desea destacar el componente educativo de la experiencia. Esos años suman ciento veinte, que es la cifra específica que se incluye en el libro del Deuteronomio (Dt 34:7).

Moisés en la corte del faraón

La llegada de Moisés a la corte del faraón se presenta de forma especial y milagrosa. La mamá, ante las políticas infanticidas e inmisericordes del faraón, como quiere salvar la vida de su hijo, decide preparar una canasta y ponerlo en el río Nilo, muy cerca donde se bañaba la hija del monarca egipcio. Además, su hermana siguió el movimiento de la canasta hasta que fue recibida por el grupo oficial de apoyo de la hija del faraón.

Al ver al niño, e identificar que era "de los hebreos", le solicitó ayuda y apoyo a la hermana de Moisés para que consiguiera una nodriza, y esta organizó todo para que la misma madre del niño lo criara. Esa decisión ubica a Moisés en un doble ambiente cultural: recibió las instrucciones pertinentes de las tradiciones hebreas y, a la vez, era educado en la corte del faraón con sus sistemas de valores y también con las comprensiones políticas, sociales, económicas, religiosas y espirituales del faraón.

Estatuilla de mujer egipcia amamantando.

Esa educación dual, que tomaba en consideración tanto la cultura hebrea como la egipcia, fue un componente importante en el crecimiento y desarrollo físico, emocional, espiritual, ético y moral de Moisés.

La narración del episodio inicial de la vida de Moisés es importante y está muy bien redactada. En primer lugar, el nombre de Moisés es el único que se identifica de forma explícita en el relato, que es una manera de destacar al niño salvado de las aguas como el protagonista. Además, una vez más las mujeres juegan un papel protagónico en la vida del futuro libertador de los israelitas; en primer lugar, las parteras lo salvaron, y ahora la hija del faraón y sus doncellas son los agentes de vida.

Esa narración referente a Moisés evoca la antigua leyenda de la salvación de Sargón de Agadé del río Éufrates. El testimonio bíblico, sin embargo, presenta en el contexto una intervención divina que va preparando a Moisés para la encomienda liberadora que debía llevar a efecto con los israelitas.

Moisés creció en el entorno del palacio del faraón. En ese contexto egipcio se educó, aunque desde la perspectiva de la madre, también recibió su educación hebrea. Y fue ese ambiente bilingüe y bicultural el que rodeó la educación y el crecimiento de Moisés.

Las cortes de los faraones en el Egipto antiguo estaban caracterizadas por las riquezas y por los protocolos interpersonales y oficiales. Mayormente, los hombres vestían de blanco y las túnicas eran profesionalmente diseñadas para poner de relieve el buen gusto y el arte de esa cultura. En las ceremonias, que incorporaban elementos religiosos, políticos y culturales, se utilizaban diversos tipos de joyas (p. ej., collares, pectorales, gargantillas y brazaletes), y las sandalias eran puntiagudas para destacar el lujo y la belleza.

Las mujeres de los cortesanos utilizaban túnicas largas y plisadas con colores dorados y grises y con grandes escotes, y en ocasiones, dejaban el seno derecho al descubierto. Como los brazos no estaban cubiertos, podían verse los brazaletes que portaban. Los velos transparentes de la cara dejaban traslucir la belleza de las mujeres, que se maquillaban y utilizaban perfumes. Además, usaban pelucas grandes y rizadas, que les llegaban a los hombros y las espaldas que estaban adornadas de flores, perlas y diademas.

En las actividades oficiales, la corte oficial del faraón presentaba en sus espectáculos a bailarines, acróbatas y arpistas, que deleitaban a los invitados en un ambiente de lujo y belleza. En medio de esas dinámicas, el faraón y sus cortesanos daban la bienvenida a sus invitados, sentados en lugares prominentes y hermosos, que en ocasiones estaban decorados con imágenes y frescos de pájaros del campo o con actividades de caza, donde se destacan los hechos de los faraones y sus príncipes.

Un día en la vida del faraón incluía: lectura de correspondencia, baños diarios que le daban sus sirvientes, recepción de informes oficiales del reino, atención de peticiones de súbitos y diálogos con diplomáticos y representantes de gobiernos extranjeros. Cuando finalizaba los asuntos oficiales, el monarca sacaba tiempo para cazar gacelas y antílopes en el desierto. Y en todas esas actividades, se destacaba el poder político y económico que tenía el faraón.

Algunos detalles adicionales de la corte faraónica, que fue el contexto general del crecimiento de Moisés, son los siguientes:

- El faraón siempre llevaba puesta su corona de color rojo y blanco, que simbolizaba la unión del Bajo y el Alto Egipto.
- En la corte había muchas ceremonias que atendían asuntos oficiales, políticos, nacionales e internacionales.
- Los principales oficiales eran: el tesorero o supervisor de los tesoros nacionales; el ingeniero o encargado de las construcciones reales; el juez superior, encargado de los tribunales de justicia y; el secretario principal del faraón, que se encargaba no solo de redactar la correspondencia, sino de guardar los documentos.
- Y los sirvientes incluían al jefe de los panaderos, al director de la cocina y el mayordomo encargado de servir el vino. Y muchos de esos sirvientes estaban encargados de las propiedades personales del monarca y de los bienes del estado.

En ese ambiente de lujos y protocolos, Moisés pasó los primeros cuarenta años de su vida. Ese fue un periodo educativo de gran importancia, pues preparó a Moisés para la naturaleza y extensión de la obra que el Señor le iba a encomendar. Por cuarenta años, de acuerdo con la narración bíblica, Dios preparó a Moisés en el contexto de la corte del faraón, para llevar a efecto una labor extraordinaria de liberación. Este mundo de poder y lujos fue el de Moisés, hasta que se percató que debía usar sus conocimientos, fuerza y poder para liberar a su pueblo de la esclavitud. Aunque él vivía en la opulencia, su pueblo estaba cautivo. Y esa realidad lo movió a invertir el resto de su vida para dejar un legado extraordinario de liberación, leyes y tradiciones religiosas.

Moisés huye de Egipto

Cuando cumplió cuarenta años,
Moisés tuvo el deseo de visitar a sus hermanos israelitas.
Al ver que un egipcio maltrataba a uno de ellos,
acudió en su defensa y lo vengó matando al egipcio.
Moisés suponía que sus hermanos reconocerían
que Dios iba a liberarlos por medio de él,
pero ellos no lo comprendieron así.
Al día siguiente,
Moisés sorprendió a dos israelitas que estaban peleando.
Trató de reconciliarlos, diciéndoles:
"Señores, ustedes son hermanos;
¿por qué quieren hacerse daño?".

Pero el que estaba maltratando al otro empujó a Moisés y le dijo:
"¿Y quién te nombró gobernante y juez sobre nosotros?
¿Acaso quieres matarme a mí,
como mataste ayer al egipcio?".
Al oír esto, Moisés huyó a Madián;
allí vivió como extranjero y tuvo dos hijos. Hechos 7:23-29

La vida de Moisés cambió de forma drástica y repentina. De vivir como príncipe en la corte del faraón, de pronto, se vio perseguido en un viaje de huida a las tierras desérticas de Madián. El futuro libertador de los israelitas llega a las comunidades donde vivía y trabajaba su pueblo, y la narración bíblica presenta la experiencia de manera íntima, como una visita a sus "hermanos". De acuerdo con el texto bíblico, Moisés se encontró de esta manera con las realidades de opresión que vivían los hebreos diariamente. Y ese fue el contexto de las dinámicas que cambiaron la vida de Moisés de forma radical y permanente.

Varios detalles temáticos son dignos de estudiar en el importante relato de la huida de Moisés al desierto (Éx 2:11-25). En primer lugar, el texto habla de los "hebreos", que describe a un grupo nómada, originario de Mesopotamia, que poseían cabras y ovejas, y tenían asnos, mulas y camellos. Los antiguos hebreos, identificados en ocasiones como *habirus* o *hapirus*, salieron de las tierras mesopotámicas, posiblemente en caravanas como las de Abraham, y se asentaron en Canaán. Y posteriormente, por las crisis agrícolas y comerciales de las tierras cananeas, llegaron a Egipto con José y su familia. Los descubrimientos arqueológicos en la ciudad de Mari aluden, en varias ocasiones, a las frecuentes migraciones de comunidades y grupos nómadas en diferentes regiones del Creciente Fértil.

Abraham es considerado por muchos estudiosos como el primer "hebreo", pues dejó la ciudad, identificada como Ur de los caldeos (Gn 12:1), y llegó hasta Siquem (la actual Nablus) o Hebrón. Esos antiguos grupos de hebreos, con el tiempo, se asentaron en las tierras cananeas y se desarrollaron como agricultores. En esas comunidades, los antiguos grupos hebreos convivían con edomitas, moabitas, amonitas e ismaelitas. Una característica fundamental de estos grupos hebreos era el desarrollo de una teología monoteísta, que se distanciaba de las percepciones politeístas de la divinidad que tenían sus vecinos.

De acuerdo con el testimonio bíblico, la transición en la identificación de los grupos hebreos a israelitas se asocia con el tercer patriarca bíblico, Jacob, que cambió por revelación divina su nombre propio a Israel

(Gn 32:24, 28). Las fechas precisas de esas transiciones son difíciles de determinar, pues la historia del pueblo hebreo en esos periodos se transmitía de manera oral de generación en generación.

No es de ignorar, sin embargo, que las narraciones iniciales de Moisés destacan su apego a la justicia. ¡No resistió ver las injusticias que vivía su pueblo! Y ese detalle va preparando el camino para su labor de libertador, que se fundamenta en un rechazo directo al cautiverio que vivían los israelitas bajo la administración de los faraones.

La experiencia crítica y transformadora en la vida de Moisés (Hch 2:11-12) es "descubrir" las condiciones de trabajo opresivas que los egipcios imponían sobre los israelitas; además de ser testigo de un egipcio que golpeaba a uno de sus hermanos hebreos. Posiblemente, el hombre maltratante era el capataz del grupo de trabajadores o la persona encargada de organizar y supervisar los trabajos en el campo. El texto no solo destaca de manera reiterada el sentido de justicia y respeto a los seres humanos que tenía Moisés (Éx 2:12, 13, 17), sino que afirma que se relaciona con los israelitas como hermanos.

Ante ese acto impropio de injusticia, Moisés mató al egipcio y lo enterró en la arena, luego de cotejar que no había testigos. El texto bíblico, en esta ocasión, no evalúa con criticidad el fundamento ni las implicaciones de la acción violenta de nuestro personaje, aunque en el resto de las narraciones de Éxodo, afirma que Moisés no escogió el camino de la violencia para liberar a los israelitas ante los poderosos ejércitos del faraón. Las Escrituras asocian el tema de la justicia con Moisés, pero lo distancian de acciones violentas en contra del faraón.

Al día siguiente del asesinato del capataz egipcio, Moisés presenció otro conflicto violento, pero en esta ocasión era entre dos trabajadores israelitas. Y cuando intervino para propiciar la paz, uno de los que reñían reprochó su intervención; además, preguntó por qué Moisés se sentía con autoridad para intervenir en ese conflicto interpersonal. Finalmente, el israelita aludió al asesinato del egipcio del día anterior, que puso en evidencia que las acciones violentas de Moisés con el capataz no habían pasado desapercibidas, sino que se conocían en la comunidad y que habían llegado hasta la corte de Egipto (Éx 2:15). Esas dinámicas, además, revelan la falta de estructuras legales, jurídicas, éticas, morales, administrativas y espirituales que tenían los israelitas.

Como el faraón decidió matar a Moisés por el asesinato del capataz, Moisés huyo de la sociedad egipcia y se refugió en las tierras de Madián.

La ubicación precisa del lugar de exilio es difícil de determinar, pues los madianitas eran una tribu nómada que se movía al sur y al este de la antigua Palestina (Nm 22:4; Jue 6:3-4; 1Re 11:18). Según el texto bíblico eran descendientes de Abraham (Gn 25:2).

En su huida, Moisés se detuvo en un pozo que es el inicio de la segunda etapa de su vida de cuarenta años. Tradicionalmente, en el mundo bíblico, la expresión "ir al pozo" se asociaba con la idea de buscar esposa. En ese contexto de la narración bíblica, se brindan algunos detalles para ubicar a Moisés en su nuevo entorno del desierto. Y en efecto, en el pozo comenzaron las dinámicas que culminó con una esposa y con el establecimiento de su familia.

El sacerdote de la región, Reuel, tenía siete hijas que llevaron las ovejas de su padre a beber al pozo donde Moisés estaba. Sin embargo, unos pastores que estaban en el lugar trataron de impedir que las ovejas bebieran agua. El sacerdote Reuel también es identificado en la Biblia como Jetro (Éx 3:1; 18:1) y como Hobab (Jue 4:11). El nombre Reuel significa "Dios es mi pastor o mi amigo", que destaca la providencia divina que se pone de manifiesto en la vida de Moisés; el nombre Jetro significa "excelencia", que destaca el tema de la dignidad. Y las hijas del sacerdote identifican a Moisés como egipcio (Éx 2:19), que puede ser una referencia a su forma de hablar o de vestir.

Una vez más, el texto bíblico ubica a Moisés en apoyo de alguien en necesidad: intervino en el pozo, desde una perspectiva de justicia, para propiciar que los animales de las hijas del sacerdote saciaran su sed. Cuando las hijas de Reuel indicaron a su padre lo que había sucedido, el sacerdote mandó a buscar a Moisés, a quien recibió en su hogar. Ese ambiente familiar fue propicio para que Reuel diera a Moisés por esposa a una de sus hijas, Séfora (Éx 2:21). Y de esa unión, nació el primer hijo de Moisés que se llamó Gersón, pues entendía que era forastero en tierra extranjera (Éx 2:22).

Ese contexto de huida de Egipto y llegada a Madián preparó el ambiente para que Moisés se asentara en el desierto, tuviera mujer y le diera la bienvenida a su primer hijo. Y en ese entorno personal, familiar y social, suceden tres cosas de gran importancia en las narraciones de la liberación de los israelitas de las tierras de Egipto: muere el faraón de Egipto que quería matar a Moisés, que cambiaba el ambiente político en la corte del faraón; los israelitas clamaron a Dios desde lo profundo de sus cautiverios, oraron para que terminara su condición de esclavos y; finalmente, Dios escuchó los gemidos de su pueblo y se acordó del pacto que había hecho con Abraham, Isaac y Jacob (Gn 12:1-3; 15:13-14; Éx 6:5).

La narración finaliza con una importante declaración de esperanza: Dios miró a los hijos de Israel y conoció su condición, que era una manera de decir que los tomó seriamente en consideración (Éx 2:25). El verbo hebreo que se traduce como "mirar" es mucho más que "ver", pues implica conocimiento pleno de lo que sucede. De esta forma, la narración bíblica desea destacar la iniciativa divina de cambiar las realidades angustiosas del pueblo.

Llamado de Moisés

Un día, Moisés estaba cuidando el rebaño de Jetro, su suegro,
que era sacerdote de Madián,
y llevó las ovejas hasta el otro extremo del desierto
hasta llegar a Horeb, la montaña de Dios.
Estando allí, el ángel del Señor se le apareció
entre las llamas de una zarza ardiente.
Moisés notó que la zarza estaba envuelta en llamas,
pero que no se consumía, así que pensó:
"¡Qué increíble! Voy a ver por qué no se consume la zarza".
Cuando el Señor vio que Moisés se acercaba a mirar,
lo llamó desde la zarza:
—¡Moisés, Moisés!
—Aquí estoy —respondió.
—No te acerques más —le dijo Dios—.
Quítate las sandalias,
porque estás pisando tierra santa.
Yo soy el Dios de tu padre.
Soy el Dios de Abraham, de Isaac y de Jacob.
Al oír esto, Moisés se cubrió el rostro,
pues tuvo miedo de mirar a Dios. Éxodo 3:1-6

El llamado divino a Moisés juega un papel preponderante en la literatura bíblica. Tanto desde la perspectiva teológica como histórica, la vocación liberadora de Moisés es un tema de gran importancia en toda la literatura bíblica. El Dios que se reveló al futuro libertador de los israelitas está muy seriamente comprometido con la justicia y ha demostrado de forma categórica que odia los cautiverios y rechaza las opresiones. Y esas características divinas se ponen en evidencia clara en las narraciones del Pentateuco.

El relato bíblico que presenta los detalles vocacionales de Moisés es extenso (Éx 3:1–4:17). Está muy bien redactado e incluye varios elementos teológicos que no deben subestimarse por su importancia en la historia nacional del pueblo de Israel. En la narración, la intriga es importante y los diálogos entre Dios y Moisés son reveladores.

El relato de vocación de Moisés se puede dividir en cuatro secciones básicas:

1. Dios se revela directamente a Moisés en el desierto, en una especie de acto de humillación y sobriedad: Éx 3:1-6.
2. Dios presenta a Moisés el plan divino de liberación, fundamentado en las necesidades y los clamores del pueblo: Éx 3:7-10.
3. Dios revela su nombre y naturaleza especial a Moisés, y confirma que lo acompañará es este singular peregrinar de liberación de los israelitas: Éx 3:11-22.
4. Y, finalmente, los textos bíblicos presentan las dificultades que Moisés tuvo que enfrentar para traducir la voluntad divina a la realidad de los israelitas: Éx 4:1-17.

Revelación divina

El contexto general de la revelación divina a Moisés es su trabajo de pastor en el desierto de Madián, que de acuerdo con el discurso de Esteban (Hch 7:30), fueron cuarenta años. Cumplía sus labores de manera habitual al atender las ovejas de su suegro, que en esta ocasión se identifica no como Reuel sino como Jetro (Éx 3:1). El cambio de nombre puede aludir a una segunda forma de identificar al personaje; algunos estudiosos indican que el cambio puede indicar que Reuel alude al líder del clan, que era el padre de Jetro, suegro de Moisés.

Moisés, en medio de sus responsabilidades, cruzó el desierto con las ovejas hasta llegar al monte Horeb, que adicionalmente se identifica en el texto bíblico como el monte de Dios. El monte Horeb, también conocido como Sinaí (o *Yebel Musa*, en la actualidad), se ubica en el sur de la península del Sinaí, en Egipto. Hay estudiosos que entienden, sin embargo, que el monte de la revelación está más al oeste, en un lugar que se conoce como el *Yebel Serbal* e, inclusive, no faltan los eruditos que piensan que el famoso lugar de la revelación divina a Moisés está en el noroeste de Arabia, al cruzar el mar Rojo.

La identificación del monte como "de Dios", puede ser una referencia temprana de la importancia del lugar. No era un monte dedicado a alguna divinidad local, sino asociado directamente con el Dios de Moisés y de la liberación. Posteriormente, el Sinaí fue el lugar donde Dios reveló la Ley, confirmando la importancia del nombre para los israelitas que estaban en proceso de liberación, como para el pueblo de Israel a través de la historia.

En medio de ese entorno desértico, se aparece un ángel del Señor en una llama de fuego desde una zarza, que era un arbusto pequeño, espinoso y frondoso común en el desierto del Sinaí. En las Sagradas Escrituras, el ángel es un enviado o mensajero de Dios que transmite alguna instrucción divina. En este caso específico de la revelación en el Sinaí, el ángel representa directamente a Dios, como se pone claramente de manifiesto cuando Moisés se acerca a la zarza para ver lo que sucedía (Éx 3:4; véase también, Gn 16:7).

La cercanía de Moisés a la zarza precipitó la conversación divino-humana. Dios mismo desde el fuego le dice a Moisés: no te acerques y descálzate, pues el lugar que pisas es santo (Éx 3:5). La voz divina orienta a Moisés en torno a la naturaleza del lugar, que era una especie de introducción a lo que iba a suceder. El lugar era santo, que es una forma de indicar que esa singular tierra donde estaban Moisés y la zarza era especial, pues estaba dedicada a Dios. El fuego es símbolo de la presencia de Dios

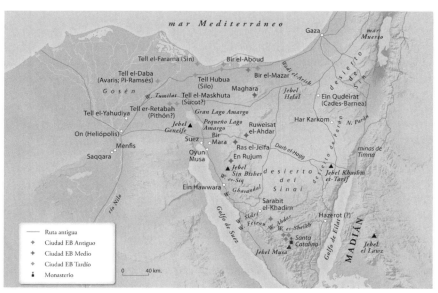

El Sinaí durante la Edad del Bronce.

en las Sagradas Escrituras (Gn 15:17; Éx 13:21; 14:20; 19:18; Dt 4:24; Hch 2:3; Heb 12:29). Y quitarse las sandalias era una manera de reconocer la impureza humana ante la santidad divina.

Desde la zarza, Dios llamó a Moisés en dos ocasiones: Moisés, Moisés (Éx 3:4), que era una manera bíblica de destacar la importancia del llamamiento y del llamado (Gn 22:11; 46:2; 1Sa 3:10; Hch 9:4). El Dios que se revelaba en la zarza conocía el nombre propio de Moisés, que en la cultura hebrea es representativo de la esencia misma de la persona. Es decir, quien se reveló a Moisés lo conocía muy bien; además, la referencia al nombre indica que quien lo conoce tiene poder sobre lo conocido.

Un componente importante al comienzo mismo del diálogo divino-humano es que el Dios de la revelación se identifica a Moisés como el Señor de los antepasados de los israelitas. ¡No es un nuevo Dios el que se revela! La voz divina indica: Yo soy el Dios de tu padre, Dios de Abraham, Dios de Isaac y Dios de Jacob. De esa manera, la narración bíblica une la revelación de Dios a Moisés, que tiene una finalidad liberadora, con el Dios de los patriarcas y matriarcas de Israel, que a su vez fue quien llamó a Abraham y a su parentela a salir de su territorio para llegar a la Tierra Prometida. El Dios que se revela a Moisés es el mismo que anteriormente había llamado a Abraham y a su familia. El Dios del pacto con Abraham, ahora se revela de forma extraordinaria como el Señor la liberación de los israelitas de Egipto, guiados por Moisés.

La respuesta del líder israelita responde a la cultura y las creencias de la época: se cubrió el rostro, para no morir. Y esa reacción espontánea de Moisés, se fundamenta en la creencia antigua que está presente en la Biblia (Éx 33:20; Is 6:5) de que nadie podía ver a Dios y vivir. Además, cubrirse el rostro es un acto de humildad y humillación ante Dios.

Un Dios que ve, escucha y libera

Una vez comienza el diálogo con Moisés, Dios presenta el propósito de la revelación y la naturaleza del llamado. El fundamento de la intervención del Señor es que ha visto la aflicción y los dolores de los israelitas; además, ha escuchado el clamor hondo que motiva la opresión de la administración del faraón de Egipto en la vida del pueblo. El texto original destaca el cautiverio, la pobreza y la miseria que vivía el pueblo. Y como respuesta al ver y escuchar, el Dios bíblico ha decidido intervenir y finalizar con esas relaciones arbitrarias de injusticia, opresión y cautiverio.

El Señor ha descendido para librar a los israelitas de las manos cautivantes de los egipcios. Desea sacarlos del cautiverio faraónico, para llevarlos a una buena tierra, descrita en esta narración por primera vez, y de forma proverbial, como "tierra que fluye leche y miel" (Nm 13:27; Dt 8:7-9). Esa expresión es una manera figurada de presentar la prosperidad futura de los israelitas, pues van a disfrutar la abundancia asociada al ganado y la agricultura.

En la revelación se añade un componente geográfico específico de esa singular Tierra Prometida: es el lugar de los cananeos, heteos, amorreos, ferezeos, heveos y jebuseos, que eran los habitantes de la antigua Canaán. Y aunque la Tierra Prometida no era muy grande, comparada a Gosén, donde vivían oprimidos los israelitas, era un lugar extraordinario para vivir en libertad.

Los cananeos eran los habitantes de las llanuras cerca del mar Mediterráneo y el valle del río Jordán (Nm 13:29) que, de acuerdo con las narraciones bíblicas, estaban emparentados con los israelitas (Gn 9:18). Y Canaán, el nombre de la región, se asocia a un tipo de tinta que se producía en la región que se utilizaba en la producción de ropas costosas.

Los heteos, de extracción indoeuropea, establecieron un imperio en la actual Turquía, y con el tiempo llegaron a Siria y a Canaán. Los amorreos eran habitantes de Siria y el norte de la Palestina antigua, y el nombre proviene de la cultura mesopotámica donde los llamaban *amurru*, que significa occidentales. No se ha podido identificar con precisión a los ferezeos, aunque hay estudiosos que indican que el nombre alude a la forma de vida, pues no tenían muros para proteger sus villas (Dt 3:5; Est 9:19). Los heveos se establecieron en la Palestina central, cerca de Siquem (Gn 34:2; Jos 9:7; 11:19), y se relacionan con los antiguos horeos o hurrianos (Gn 36:2, 20). Y los jebuseos eran los habitantes de la antigua ciudad Jerusalén, en el monte Sión, antes que fuera conquistada por David (Jos 15:8, 63; 18:28; Jue 19:10-11; 2Sa 5:6-8).

En medio de ese diálogo significativo, el texto bíblico reitera el fundamento de la liberación que es doble: el clamor de los israelitas llegó ante la presencia del Señor; y la opresión a la cual los egipcios sometían al pueblo era insostenible y rechazada por Dios. La revelación en la zarza culmina con el llamado divino a Moisés: Dios mismo lo envía al faraón para sacar de las tierras de Egipto a los hijos de Israel, que constituían el pueblo del Señor. El mandato fue claro, firme y directo: preséntate ante el faraón y comienza el proceso de liberación del pueblo.

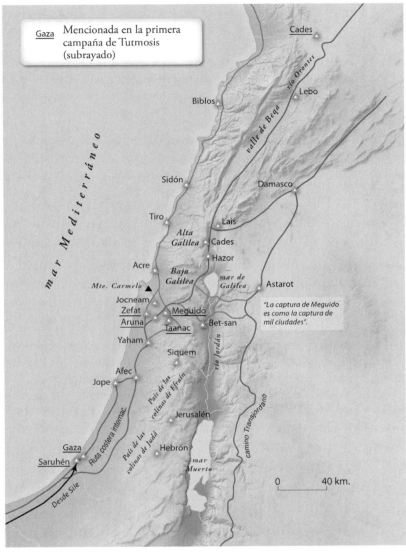

Campaña de Tutmosis III contra los cananeos (1457 a. C.).

Revelación del nombre divino

La respuesta de Moisés a la revelación y el llamado divino no fue positiva, ni entusiasta ni visionaria. Subestima su condición y capacidad para cumplir con esa encomienda. Pregunta quién era él para llegar ante el faraón y solicitar la salida de los israelitas de Egipto. La actitud de Moisés no solo es de humildad, sino de declaración de impotencia. Afirma que no cree que pueda llevar a efecto esa labor compleja y atrevida. Revela su humanidad, manifiesta sus inseguridades.

Las objeciones de Moisés ponen en evidencia su trasfondo e inseguridades. Conocía las dinámicas políticas y administrativas de la corte faraónica y comprendía las complicaciones en las comunicaciones con el faraón. Además, Moisés estaba consciente de su trasfondo en Egipto y de las razones por las cuales debió salir de la vida cortesana y huir al desierto: ¡el asesinato de un capataz egipcio! ¡Moisés era un fugitivo de la justicia egipcia!

Posiblemente, en el corazón de Moisés se anidan otras objeciones de carácter ético, moral y espiritual. El temor a la respuesta del faraón y la preocupación en torno a cómo el pueblo israelita iba a recibir su liderato. Ante la crisis que manifiesta Moisés, Dios responde con sobriedad, paciencia y sabiduría, pero reiteró su voluntad y promete que lo acompañará en el proceso (Éx 3:12). Esa promesa de presencia divina fue el fundamento para que Moisés aceptara su vocación y reconociera el poder divino. Y la señal del acompañamiento divino será que el pueblo va a adorar a Dios en el monte de la revelación, Horeb o Sinaí.

El Moisés que vivió en Egipto era firme, temperamental y violento. Los años como pastor en el desierto lo enseñaron a ser prudente, paciente, sobrio y sabio. Su respuesta al llamado divino revela no solo inseguridad y preocupación, sino prudencia y madurez. La encomienda divina era complicada y difícil, y una respuesta impropia e inmadura no era necesaria.

La lectura sobria de las narraciones que introducen la vida de Moisés en la Biblia presenta un cuadro positivo de su potencial libertador. Conocía muy bien el idioma, la cultura, la administración, el sistema de justicia, entre otras dinámicas egipcias. Además, conocía muy bien el desierto, que sería su entorno de vida en los procesos de liberación. Desde la perspectiva teológica, estos detalles son muy importantes: Dios había preparado muy bien a Moisés para la tarea liberadora que le había encomendado tanto en la corte de Egipto como en el desierto de Madián.

La respuesta divina a las inquietudes de Moisés constituye uno de los pasajes bíblicos más importantes de la Biblia. Moisés estaba interesado en descubrir el nombre personal de Dios, pues entendía que el pueblo iba a preguntar. Y conocer ese nombre divino era determinante, pues en la antigüedad hablar o actuar en nombre de alguien era asumir su representación y autoridad (1Sa 17:45; 1Re 21:8; Est 3:12; 8:8).

Moisés deseaba conocer el nombre propio de Dios, para presentarlo al pueblo como prueba irrefutable de que había sido llamado y que representaba a esa singular divinidad ante los israelitas. Ese conocimiento brindaba la autoridad moral, ética y espiritual para hablar ante el faraón y su corte, y también ante el pueblo. Esa revelación divina permitía a Moisés guiar a los israelitas al futuro de liberación que Dios tenía para ellos. La identificación del nombre propio de Dios, en efecto, era determinante para comenzar el peregrinar que llevaría a los israelitas a la Tierra Prometida.

Ante la insistencia y la preocupación de Moisés, Dios afirma que su nombre es "Yo soy el que soy" (Éx 3:14). Le indicó que dijera a los israelitas que "Yo soy" lo había llamado y comisionado para esa tan singular tarea.

El nombre divino revelado es difícil de comprender. La expresión hebrea *'ehyeh asher ehyer*, que tradicionalmente se ha traducido al castellano como "Yo soy el que soy", puede ser entendida y vertida a otros idiomas de diversas formas. La intención divina al revelar este nombre puede indicar lo siguiente:

1. Es una forma de evadir la presentación del nombre de manera clara. Para algunos estudiosos era una manera de oscurecer el significado, que podría transmitir la idea de "no te incumbe saber quién soy". Es un modo de indicar que nadie tiene el poder de comprender o controlar a Dios; es una forma de decir que la verdadera naturaleza divina es incomprensible para las personas. El Dios que se reveló a Moisés con esta respuesta quedará en el misterio.

2. Una segunda comprensión de "Yo soy el que soy" enfatiza la presencia activa de Dios. Como en hebreo las ideas de "estar" y "ser" se transmiten con el mismo verbo, la frase puede ser entendida como que Dios estará siempre con Moisés y el pueblo, que no se apartará nunca del lado de los israelitas y del libertador.

3. Hay estudiosos que entienden la frase como "Seré lo que seré", que enfatiza el componente de la suficiencia divina para proceder con el plan de liberación del pueblo. Dios se revelará al pueblo en el instante oportuno, de acuerdo con su voluntad y no como un capricho humano.

4. Una forma adicional de comprender la frase que transmite la idea del nombre divino es afirmar que Dios causa la existencia. Desde esta perspectiva, se destaca el protagonismo divino en la creación

del universo, que le permite manifestar ese poder en la liberación de los israelitas.

5. Finalmente, una alternativa adicional para la comprensión plena de la frase "Yo soy el que soy" es indicar "Yo seré lo que era", que destaca la eternidad divina. Dios siempre será en el futuro lo que fue en el pasado, que transmite no solo la idea de eternidad, sino que afirma que hay un plan divino que no se cambia con los años: el Dios que se reveló a Moisés está seriamente comprometido con la liberación de los israelitas de las tierras egipcias y del control del faraón, y esa afirmación tiene implicaciones futuras para el pueblo de Dios.

La teología cristiana afirma, fundamentada en esa comprensión del nombre divino revelado a Moisés, que "Jesucristo es el mismo ayer, hoy y por los siglos" (Heb 13:8).

Como la revelación del "Yo soy el que soy" no satisfizo plenamente a Moisés, Dios añade a la revelación su nombre propio que es para siempre, que se conoce como el tetragrámaton. El nombre incluye en cuatro consonantes (YHWH) que describen la esencia divina, pero cuya pronunciación es difícil de determinar con precisión por la falta de vocales.

Ese singular nombre, que se ha traducido históricamente como Jehová, Yahweh o Yahvé, proviene del verbo hebreo que transmite la idea de "ser", que en tercera persona singular se puede presentar como "El que es", pues transmite la idea de la esencia divina. Y en esta tradición, el propósito de la revelación es decirle a Moisés que "El que es", es decir, el verdadero y eterno lo ha enviado ante el faraón para organizar los procesos de liberación de los israelitas.

Desde tiempos muy antiguos, el pueblo de Israel ha entendido que el nombre de Dios es tan santo que evitan pronunciarlo, para evadir la posibilidad de mencionar el nombre divino en vano. En las lecturas de la Biblia hebrea en voz alta, para pronunciar el nombre de Dios se sustituía el tetragrámaton por *Adonay*, que significa Señor, que la Septuaginta en griego presenta como *Kyrios* y la Vulgata en latín como *Dominus*. Los traductores medievales de la Biblia al castellano Casiodoro de Reina y Cipriano de Valera, al presentar el nombre divino, usaron las consonantes del tetragrámaton (YHWH) con las vocales de *Adonay* de donde sale la pronunciación y la grafía de Jehová.

Una vez que el asunto del nombre divino está superado, Dios le ordena a Moisés que se reúna con los ancianos del pueblo que eran los líderes y los representantes de los israelitas, y comunique la revelación y la voluntad divina. En este relato es que se menciona por primera vez en la Biblia a los ancianos del pueblo como fuente de autoridad nacional (Nm 11:16). Yahvé o Jehová, que es el Dios de los patriarcas y las matriarcas de Israel, se reveló a Moisés para informarle que había visto lo que los egipcios hacían a los israelitas; y fundamentado en esa visita divina, decidió sacarlos de las tierras del faraón para llevarlos a Canaán que es "la tierra que fluye leche y miel" (Éx 3:17-22).

El verbo hebreo que se traduce como "visitar" (Éx 3:16), tiene dos implicaciones básicas en la Biblia. El primer sentido es positivo, pues se refiere al apoyo, el cuidado y los beneficios que el Señor da a su pueblo. Un segundo sentido es claramente negativo, pues se refiere al juicio y el castigo divino que es el resultado de la desobediencia a la voluntad de Dios.

En la revelación a Moisés, además, el Señor indica que llegue ante el faraón con la petición de ir tres días al desierto para presentar sacrificios. Sin embargo, Dios lo prepara para las reacciones negativas del faraón, que no les permitiría salir de Egipto de manera pacífica, sino por la fuerza. En ese proceso de diálogos y negociaciones, de acuerdo con la narración bíblica, Dios intervendrá haciendo maravillas para que el faraón permita la salida del pueblo. Además, de acuerdo con la revelación, el Señor pondrá gracia en los israelitas para que el pueblo egipcio los bendiga y los apoye con joyas y vestidos en el viaje de salida del dominio del faraón.

La referencia al apoyo de las mujeres a los israelitas como parte del proceso de éxodo de Egipto, más que una manifestación de misericordia o solidaridad era una especie de reconocimiento de los trabajos forzados y la opresión que habían vivido por años. Ese acto final, antes de la salida de las tierras del faraón, más que un despojo involuntario era una especie de retribución justa a las labores que llevaron a efecto por años.

Objeciones finales de Moisés antes de ir al faraón

Moisés volvió a preguntar:
—¿Y qué hago si no me creen ni me hacen caso?
¿Qué hago si me dicen:
"El Señor no se te ha aparecido"?
—¿Qué tienes en la mano? –preguntó el Señor.

—Una vara –respondió Moisés.
—Tírala al suelo –ordenó el Señor.
Moisés tiró la vara al suelo
y esta se convirtió en una serpiente.
Moisés trató de huir de ella,
pero el Señor mandó a que la agarrara por la cola.
En cuanto Moisés agarró la serpiente,
esta se convirtió en una vara en sus propias manos. Éxodo 4:1-4

Antes de decidirse a llegar ante el faraón para anunciar la voluntad divina, Moisés presenta unas objeciones adicionales que no deben subestimarse. Posiblemente esa preocupación se fundamenta en su inseguridad, pues ya previamente los israelitas habían cuestionado su autoridad en el pueblo.

Para comprender esa actitud de Moisés, hay que recordar que pasó la primera etapa de su vida en Egipto. Por cuarenta años Moisés fue parte del sistema político y administrativo del faraón y, además, luego del asesinato del capataz egipcio y el cuestionamiento de los israelitas que estaban en disputa, vivió en el desierto de Madián como pastor otros cuarenta años, la segunda etapa de su vida. Ese distanciamiento de la comunidad israelita ahora estaba generando preocupaciones e inseguridades.

La objeción de Moisés se relaciona con la posible reacción adversa del pueblo, que era capaz de decir que Dios no se le había revelado. ¡No lo aceptarían! Le preocupaba la desobediencia posible de los israelitas, le inquietaba el rechazo potencial de su comunidad (Éx 4:1). Y ante esas serias preocupaciones, Dios brinda al futuro libertador de su pueblo, tres señales del acompañamiento divino.

La primera se trata de una vara que se convierte en serpiente y de la serpiente que posteriormente se transforma en vara (Éx 4:2-4); la segunda señal de la presencia divina al lado de Moisés y los israelitas es la mano en el pecho que salía con lepra, y que luego se sanaba al repetir el proceso (Éx 4:6-7); finalmente, la señal definitiva, si el pueblo aún dudaba de las credenciales de Moisés, era la transformación de las aguas del río en sangre (Éx 4:8-9).

Moisés prosigue con sus objeciones. Indica posteriormente que no tiene capacidad de oratoria, que es una persona con dificultad en la comunicación (Éx 4:10). Sin embargo, Dios rechaza esa percepción de sí mismo y le indica que él es el Señor creador, que tiene la capacidad de transformar su vida y hacerlo una persona elocuente.

Moisés prosiguió con su negativa y pidió a Dios que enviara a cualquier otra persona (Éx 4:13). Ese rechazo continuo, en efecto, enojó a Dios, que para superar el impase le indicó que Aarón serviría de intermediario en las comunicaciones (Éx 4:14-17). Añadió, para culminar el diálogo, que no olvidara la vara, que serviría en el momento oportuno para hacer señales.

Aarón es identificado en el relato bíblico como levita (Éx 4:14), no solo por pertenecer a la misma tribu de Moisés (Éx 2:1; 6:16-20), sino por sus responsabilidades como sacerdote. En este sentido, es importante señalar que una de las responsabilidades sacerdotales era enseñar al pueblo (Lv 10:11; Dt 33:10). Esas funciones pedagógicas presuponen capacidades para la comunicación clara y efectiva. Y quizá, las dificultades de comunicación de Moisés no eran físicas, sino lingüísticas, pues como no se había criado entre los israelitas, no necesariamente dominaba el idioma hebreo.

Capítulo dos
Moisés ante el faraón

Ya en Madián el Señor había dicho a Moisés:
"Vuelve a Egipto, que ya han muerto todos los que querían matarte".
Así que Moisés tomó a su mujer y a sus hijos,
los montó en un asno y volvió a Egipto.
En la mano llevaba la vara de Dios.
El Señor había advertido a Moisés:
«Cuando vuelvas a Egipto,
asegúrate de hacer ante el faraón
todos los prodigios que te he dado el poder de realizar.
Yo, por mi parte, endureceré su corazón
para que no deje ir al pueblo.
Entonces tú le dirás al faraón que esto dice el Señor:
"Israel es mi primogénito.
Ya te he dicho que dejes ir a mi hijo
para que me rinda culto,
pero tú no has querido dejarlo ir.
Por lo tanto, voy a quitarle la vida a tu primogénito"».

Éxodo 4:19-23

Regreso a Egipto

Una vez se superaron las objeciones de Moisés, comienza una nueva etapa en las narraciones bíblicas y en la vida personal, familiar y nacional del futuro libertador del pueblo israelita. Moisés decide obedecer a Dios, llegar ante el faraón y comenzar los preparativos para la salida de su pueblo de las tierras opresoras de Egipto. Fue un proceso complejo, donde los textos bíblicos revelan aspectos importantes de la personalidad de Moisés y pone claramente de manifiesto la naturaleza, los desafíos y las complejidades de la vida del pueblo hebreo en Egipto, bajo el liderato del faraón.

El primer paso en el viaje de regreso a Egipto era anunciar sus planes a su suegro y organizar ese peregrinar de retorno a las tierras de Egipto con su esposa e hijos. La información oficial a Jetro era el deseo de Moisés de ver si todavía sus hermanos vivían. El suegro le deseó un buen viaje, pues le dijo "ve en paz" (Éx 4:18), que en hebreo es una especie de bendición. Y con la aprobación de su familia en Madián, Moisés tomó a su esposa, hijos y animales, y emprendió el viaje de regreso a las tierras que le vieron nacer y crecer, luego de muchos años en el exilio, especialmente en Madián.

En el proceso, Moisés también tomó "la vara de Dios" (Éx 4:20), para que lo acompañara en el viaje. Esta vara era una especie de bastón o cayado de madera, que podía servir de apoyo e instrumento de defensa, pero que también era símbolo de autoridad y dignidad. Representaba el poder y la potestad que Dios ponía en sus manos. Esta vara representaba, además, el señorío y la virtud que el Señor confería a Moisés para hacer prodigios. Era un instrumento que permitiría a Moisés cumplir la voluntad de Dios frente al faraón, y que posteriormente serviría en el peregrinar de liberación del pueblo israelita por el desierto del Sinaí para llegar a la Tierra Prometida.

De acuerdo con la narración bíblica, Dios preparó a Moisés para su encuentro con el faraón. En su orientación preventiva y básica recordó dos componentes de importancia capital que podían garantizar el éxito de su gestión política. En primer lugar, debía hacer maravillas y milagros ante el monarca egipcio, para que estuviera consiente del poder divino que estaba detrás de la petición de liberación de los israelitas. Sin embargo, esos actos milagrosos no convencerán al faraón, pues Dios le endurecería su corazón (Éx 4:21).

La referencia al "endurecimiento del corazón del faraón" (Éx 3:19; 4:21) pone de manifiesto uno de los temas recurrentes en las conversaciones entre Moisés y el monarca egipcio. La peculiaridad de la expresión hebrea es que el agente que genera la resistencia y la negativa del faraón es Dios mismo. Esa percepción revela la comprensión antigua de que todo lo que sucede en la historia es producto de la iniciativa divina. Este singular tema del corazón y la rebeldía del monarca está constantemente presente en las dinámicas, los diálogos y las negociaciones entre Moisés y Aarón, y el faraón.

Además, en el diálogo orientador divino-humano, Dios identificó al pueblo de Israel como su primogénito, que era una manera de enfatizar la relación especial que el Señor tenía con su pueblo. En la sociedad israelita, los hijos primogénitos poseían una serie de privilegios y derechos especiales en las herencias. Y en este contexto de diálogo con el faraón, que se creía una divinidad, era importante indicar y destacar que Israel pertenecía a Dios (Éx 13:2; 22:29-30; 34:19-20), pues era su propiedad especial y exclusiva (Éx 19:5-6).

Una vez Dios orienta a Moisés en torno a sus responsabilidades ante el faraón, el texto bíblico incorpora uno de los pasajes más difíciles de entender en toda la Escritura (Éx 4:24-26). Según el relato, en medio del camino, el Señor salió al encuentro con Moisés para matarlo en una posada.

Para comprender adecuadamente este singular detalle de la vida de Moisés, hay que notar que el relato incluye varios modismos lingüísticos de importancia. La expresión traducida como "quiso matarlo" (Éx 4:24) es una posible referencia a que Moisés estuvo a punto de morir, quizá por alguna enfermedad o de vejez, pues en la antigüedad se pensaba que todo lo que sucedía era el resultado de la acción directa de Dios. No es una referencia a algún intento divino de asesinarlo a mitad de camino, pues la narración lo que afirma y destaca es que Dios quiere liberar a los israelitas del cautiverio en Egipto y va a usar a Moisés como organizador y líder del proceso.

La narración destaca, además, el tema de la circuncisión, que constituye la señal indispensable del pacto divino con Abraham (Gn 17:1-2, 10-14). Es posible que, como no hay referencias en la Biblia a la ceremonia de circuncisión de Moisés, este episodio sirva de señal de pertenencia al pacto con la sangre de la circuncisión de su hijo. La acción de Séfora que, además de ser esposa de Moisés era descendiente de Abraham, cumplió con ese necesario requisito de pertenencia al pacto de Dios con su pueblo. Con esa acción, Séfora se convertía en "esposa de sangre" de Moisés (Éx 4:21), que era signo efectivo de una unión firme y estable, para toda la vida.

Mientras Moisés y Séfora estaban de camino a Egipto, Dios se reveló a Aarón para que los recibiera. Por un lado, el texto bíblico afirma que Dios preparaba a Moisés para la encomienda que debía llevar a efecto; y por el otro, hacía lo propio con su hermano, Aarón, para que el plan divino se llevara a efecto sin más complicaciones. La narración bíblica se preocupa por afirmar la revelación y autoridad divina en ambos líderes.

El encuentro de Moisés y Aarón se llevó a cabo en el monte de Dios, que alude al Sinaí o monte Horeb (Éx 3:1; 4:27). Y luego de las ceremonias de bienvenidas, que incluían besos, Moisés informa a su hermano el propósito del viaje; además, destaca la voluntad de Dios en el proceso, que incluía las señales divinas asociadas a la vara de Moisés.

De acuerdo con el testimonio bíblico, la vara o el bastón se asocia tanto con Moisés (Éx 17:9) como con Aarón y los líderes del pueblo (Nm 17:1-5), que es una manera de relacionar el poder de los signos o señales directamente con Dios, no con los líderes de los israelitas. La vara es símbolo de poder, autoridad y dignidad, además de propiciar milagros, signos y prodigios.

Referente al tema de la autoridad, no debe ignorarse que Dios otorga a Moisés ese reconocimiento público para que dialogue con el faraón, de acuerdo con la narración bíblica. La frase "Así ha dicho el Señor" (Éx 4:22) es conocida como la "fórmula del mensajero" en los oráculos de los profetas, pues es la expresión inicial antes de transmitir la revelación divina al pueblo y sus líderes. Con esa singular expresión, Dios confiere a Moisés la autoridad profética necesaria para enfrentar al faraón, que se entendía a sí mismo como una divinidad. Moisés no se presenta ante las autoridades egipcias por voluntad propia, sino como representante y profeta del Dios de los israelitas.

De particular importancia histórica y teológica es la referencia al pueblo de Israel como "hijo primogénito" (Éx 4:22). Una lectura inicial del pasaje puede interpretarse como una afirmación de predilección divina hacia los hebreos. De esa manera se revela que Dios trataba al pueblo israelita como un grupo especial que se podía describir en la cultura hebraica con derechos especiales y privilegios. Una lectura adicional revela, además, que esa era una manera adelantada de poner de relieve lo que vendría con la décima plaga, donde los primogénitos de Egipto morirían directamente por la mano de Dios (Éx 4:23).

Una vez Aarón acepta y asimila la información que trajo Moisés, organiza una reunión con los ancianos del pueblo, que constituían el liderato de los israelitas, para explicar el propósito liberador de la visita de Moisés. En ese contexto, y ante los ojos del pueblo, se hicieron las señales divinas que eran la corroboración pública y explícita de la presencia divina en Moisés y la validez de su proyecto liberador.

Como respuesta a las noticias que habían traído Moisés y Aarón ante el pueblo, los israelitas adoraron a Dios con humildad. Reconocieron de esa manera que el Señor había visto la vida de aflicción y cautiverio que los israelitas tenían en Egipto, bajo la autoridad inmisericorde y el poder injusto del faraón, y había decidido liberarlos con demostraciones de poder, virtud y autoridad. Se percataron de que Dios está pendiente de las necesidades reales de su pueblo y que es capaz de responder con efectividad a sus reclamos, peticiones y anhelos.

Moisés y Aarón llegan ante el faraón

Luego que Moisés y Aarón se reunieron con los líderes de los israelitas, comenzaron los procesos y las conversaciones para llegar ante el faraón e iniciar el proceso de liberación. Toda la sección está muy bien redactada, pues el elemento de las negociaciones, la intriga, los diálogos y las confrontaciones juegan un papel protagónico. La misión que Dios le había encomendado a Moisés, de liberar a los israelitas del cautiverio del faraón, comenzaba a llevarse a efecto.

Las narraciones que presentan la misión liberadora que Dios le otorgó a Moisés (Éx 5:1—7:7), se pueden dividir en cuatro grandes secciones temáticas básicas. Y estos relatos ponen de relieve las tensiones entre las peticiones, los reclamos y las necesidades de los israelitas que articulaban Moisés y Aarón ante las autoridades egipcias, y las respuestas negativas, firmes y decididas del faraón, que rechazó abiertamente los reclamos de la comunidad hebrea.

1. La confrontación de Moisés y Aarón, y el faraón de Egipto (Éx 5:1-21).
2. La queja de Moisés (Éx 5:22–6:12).
3. Las familias que serían liberadas (Éx 6:13-27).
4. Y la afirmación de que Aarón se convertiría en el proceso liberador en la voz o en el profeta de Moisés (Éx 6:28–7:7).

Como Moisés se había criado en la corte egipcia, conocía los procesos, las dinámicas y los protocolos pertinentes para solicitar audiencia ante el faraón. Cuando los líderes hebreos cumplieron con los requisitos administrativos y protocolares pertinentes, llegaron ante la presencia del faraón y presentaron el caso de los israelitas. Y la petición al monarca era directa y clara: que el faraón dejara salir al pueblo hebreo de Egipto, para que pudiera celebrar una fiesta al Señor en el desierto.

La petición de Moisés y Aarón se presenta de manera singular. En primer lugar, se identifica al Señor, Dios de Israel, como la fuente de la petición. Como el faraón se entendía como una divinidad, la petición se fundamenta en la voluntad del Dios de los israelitas, que por primera vez en la Biblia se describe como el Dios nacional del pueblo de Israel (Éx 5:2). Además, la petición al faraón se comunica con la frase profética de autoridad tradicional, "así dice el Señor". Esa singular fórmula, revela el fundamento de la autoridad del pueblo, pues es Dios mismo el que reclama la liberación. Quienes solicitaban la salida de los israelitas de Egipto, no eran realmente Moisés y Aarón, sino el Dios del pueblo hebreo, el Señor de los israelitas que previamente se había revelado en la zarza, el gran "Yo soy" que se manifestó en el monte Horeb (Éx 3:1-3).

El faraón respondió a la petición con arrogancia, autoridad y rechazo. En primer lugar, al no conocer al Señor de los hebreos, rechazaba su petición y autoridad. Además, y en ese contexto, afirma que no está dispuesto a acceder a los reclamos de Moisés y Aarón que representaban la voluntad divina. El faraón de esa manera respondió a la petición de los israelitas en la negativa con firmeza. Dijo: "yo no conozco a ese Dios de los israelitas". Y esa respuesta clara, firme y directa era una manera de rechazar la pertinencia de la petición, y por esa razón, decidió no dejar salir al pueblo.

La confrontación continúa, pues Moisés y Aarón explican con más detalle el origen y fundamento de la petición. Al afirmar que el Dios de los hebreos se les había revelado, reiteraban la autoridad divina del reclamo; además, clarificaban el propósito de la salida: viajar tres días por el desierto, para ofrecer sacrificios al Señor, pues de esa manera se evitaban las manifestaciones del juicio divino (Éx 5:3).

El faraón responde con más autoridad. Indica a Moisés y Aarón que no distraigan a los israelitas que estaban inmersos en sus trabajos. Inclusive, ordenó a que regresaran a sus responsabilidades (Éx 5:4). En medio de la confrontación, el faraón reconoce que los israelitas eran un pueblo numeroso, que era una forma de reconocer la importancia de los trabajos que hacían para mover la economía y la sociedad egipcia.

Ese primer encuentro con el faraón no produjo buenos resultados para los hebreos. Una vez Moisés y Aarón abandonaron las instalaciones gubernamentales, el faraón ordenó a sus administradores que aumentaran el trabajo de los israelitas, que equivalía a acrecentar las dinámicas de opresión e incrementar las realidades del cautiverio. Se ordenó disminuir el apoyo en la construcción de ladrillos y mantener la producción, y como si fuera poco, se intensificaron los actos de violencia para mantener al pueblo sumiso y cautivo (Éx 5:7-14).

Cuando los israelitas se quejaron ante el faraón del aumento de labores y las nuevas manifestaciones de violencia, el argumento real fue que estaban ociosos y que, por esa razón, se les había revisado sus tareas diarias de construcción. Pensaba el monarca que la falta de trabajo es lo que los hacía desear ir a ofrecer sacrificios al Señor.

Los líderes de los israelitas que fueron ante el faraón, ante esas nuevas realidades de trabajos forzados e injusticia laboral, culparon a Moisés y Aarón de la desgracia novel. Para los líderes hebreos, la intervención de Moisés y Aarón ante el faraón no propició un ambiente de respeto y dignidad, sino que fomentó e incrementó el cautiverio y la opresión (Éx 5:21). En efecto, el primer encuentro de Moisés y Aarón y el faraón de Egipto no produjo resultados agradables para el pueblo, pues aumentaron sus vicisitudes, angustias y dolores, pues ante el faraón eran "odiosos", de acuerdo con las narraciones del libro de Éxodo (Éx 5:21).

La reacción de Moisés ante las respuestas del faraón, y referente a las vivencias del pueblo, fue de frustración. Y en ese entorno emocional y espiritual, se queja ante Dios y pregunta con cierta indignación: por qué afligía al pueblo y con cuál propósito lo había llamado. El argumento de Moisés se fundamentaba en que una vez comenzaron los diálogos para la liberación nacional, ¡recrudecieron las aflicciones, los oprobios y las angustias del pueblo!

La respuesta divina no se hizo esperar (Éx 6:1-10). En primer lugar, el Señor reafirma su poder sobre el faraón, pues hará que deje ir de Egipto a los israelitas. La expresión "mi mano poderosa" (Éx 6:1) destaca el poder y la autoridad de la intervención divina, que supera el avance de los ejércitos y es mejor que las decisiones del faraón.

En la respuesta divina a Moisés, además, hay una reiteración de la naturaleza de Dios, que pone de relieve quién realmente es el Señor. En primer lugar, se presenta como el Dios Omnipotente o Todopoderoso, que se reveló previamente a los antepasados de los israelitas. Esa era una manera de destacar la naturaleza histórica del Dios bíblico, que en esta ocasión intervenía en la vida de Moisés y su pueblo ante las decisiones opresoras e injustas del faraón. El Señor de los israelitas ya había llamado a Abraham y se había revelado a sus antepasados hebreos.

En la revelación divina, el Señor también indica que en esta ocasión dio a conocer su nombre propio, que destaca la intimidad divina con Moisés y los israelitas. También recuerda el pacto que estableció con los patriarcas hebreos para llevarlos a la tierra de Canaán. Y esa reiteración del tema del pacto fue el contexto teológico para recordarle a los israelitas que el Señor escuchó el gemido del pueblo y decidió liberarlos de la esclavitud egipcia y de la autoridad del faraón.

¡El Dios que hablaba con Moisés e intervenía en la vida de los hebreos era liberador y redentor! Ese proceso de ruptura y superación del cautiverio se lleva a efecto "con brazo extendido y con justicia", que era una manera literaria y figurada de poner de manifiesto el poder divino sobre los ejércitos del faraón. Además, muestra de esa forma su firme compromiso con el bienestar de su pueblo (Éx 6:6). Y en ese contexto de afirmación teológica y liberación nacional es que el Señor se presenta como el Dios que cumple sus promesas (Éx 6:8).

La promesa divina a Abraham era llevarlo a una tierra especial, donde el Señor convertiría su descendencia en una nación grande y bendecida (Gn 12:1-2). Esa promesa se reitera en las narraciones de los patriarcas, como el hilo conductor de la gracia divina que llegaría a Moisés y a los hebreos o israelitas. Y los dos componentes fundamentales de esa promesa son: una descendencia numerosa (Gn 13:16; 15:5; 17:6; 22:17-18) y la posesión de la tierra donde los patriarcas vivieron como extranjeros (Gn 15:18-21; 26:3; 28:15; 50:24).

La respuesta de Moisés a las nuevas instrucciones divinas revela inseguridad e impotencia: si los israelitas no le hacen caso y rechazan las instrucciones mosaicas, ¿cómo el faraón va a aceptar esos reclamos como provenientes de parte de Dios? Inclusive, Moisés reconoció que era "torpe de labios" o "incircunciso de labios", según el texto hebreo (Éx 6:12), que posiblemente revela que el líder hebreo no tenía facilidad de palabra, que puede ser un indicio de que no dominaba la lengua hebrea, pues se había criado en el palacio del faraón. Otra posibilidad es que tenía algún impedimento físico, que dificultaba la comunicación verbal efectiva. Inclusive, hay personas que piensan que Moisés era tartamudo.

Los versículos siguientes (Éx 6:14-27) presentan una lista de los jefes de familias que saldrían con Moisés y Aarón de Egipto, y que participarían en el proceso de liberación. La lista es teológicamente importante, pues asocia a Moisés y Aarón con los patriarcas y las matriarcas de Israel, y llega hasta Rubén (Gn 6:14), Simeón (Gn 6:15) y Leví (Gn 6:16). De esa forma se relaciona la promesa divina hecha a los antepasados hebreos con Moisés, Aarón y los israelitas que vivían cautivos en Egipto. Es una manera literaria y teológica de afirmar que el Dios bíblico cumple sus promesas.

La tabla genealógica que se incluye va desde los hijos de Jacob hasta Eleazar, hijo de Aarón:

- Descendientes de los hijos de Jacob mayores que Leví (Éx 6:14-15).
- Descendientes de Leví (Éx 6:16-19).
- Descendientes de Queat, abuelo materno de Aarón y Moisés (Éx 6:20-22).
- Descendientes de Aarón y Córaj (Éx 6:22-24).
- Descendientes de Eleazar (Éx 6:25).

La narración bíblica continúa y retoma el diálogo de Moisés con Dios. El Señor reitera su autoridad y su poder, y recuerda las palabras de la revelación inicial en Egipto. Y Moisés repite sus dificultades de comunicación, pues era "incircunciso, lento o torpe de labios" (Gn 6:30).

En medio de ese ambiente de autoridad divina e impotencia humana, Dios indica a Moisés que Aarón sería su profeta, para superar definitivamente las dificultades de comunicación. Como los profetas son voceros de la voluntad divina (Jer 1:9; Ez 3:10), Aarón transmitiría el mensaje que el Señor daba a Moisés. La dinámica era simple y clara: Dios manifiesta su voluntad a Moisés, que a su vez transmite ese mensaje a Aarón que, como profeta de Moisés, presenta la palabra divina al faraón. El mensaje al farón de Egipto era claro: deja salir de Egipto a los hijos de Israel (Éx 7:2).

La comunicación entre Moisés y Aarón y el faraón continúa, de acuerdo con las narraciones del libro de Éxodo (Éx 7:3-5). En el relato se incorpora una señal adicional de la autoridad, el poder y la voluntad de Dios. El Señor, antes de comenzar los procesos de liberación de los israelitas, endurecerá el corazón del faraón y multiplicará en Egipto sus señales y maravillas.

En efecto, el faraón no hará caso a las palabras divinas dadas por Moisés y Aarón (que, según el texto bíblico, tenían 80 y 83 años respectivamente). Sin embargo, esa actitud testaruda del líder egipcio no tiene el poder ni la capacidad de detener el plan divino de liberación nacional. Y las acciones maravillosas del Señor harán que el pueblo egipcio reconozca su poder y autoridad (Éx 7:5).

Las plagas de Egipto

El proceso de preparación de las conversaciones entre Moisés y Aarón y el faraón egipcio incluye una serie de instrucciones divinas. Dios habló a los líderes de los israelitas e indicó lo que debían hacer si el monarca egipcio pedía algún milagro. Debían usar la vara de Aarón para demostrar el poder divino: en primer lugar, la vara se convertiría en una culebra; luego, cuando los sabios y hechiceros egipcios hicieron lo mismo con sus encantamientos, la vara y serpiente del libertador hebreo se comería las culebras de los magos.

Esa dinámica inicial pone de relieve varios temas de importancia teológica. La vara de Aarón y de Moisés es signo no solo de autoridad y responsabilidad humana, sino que representa el poder divino. Esa vara muestra la intención liberadora de parte de Dios, pues es una manifestación física y visual de la capacidad divina de intervenir de manera milagrosa en medio de las realidades humanas y las vivencias del pueblo.

La respuesta del faraón revela algunas dinámicas internas del imperio egipcio que tenía no solo administradores y militares, sino una infraestructura religiosa de alto nivel gubernamental que incluía magos y encantadores. Tradicionalmente, los magos egipcios han sido famosos por los encantamientos de serpientes. Al presionar el área que está detrás del cuello de las víboras, inducen un estado de catalepsia en el animal que deja a las serpientes tiesas e inmóviles, pero vivas. Además, en la cultura egipcia, la serpiente es signo de poder, que se expresa tanto en el bien como en el mal; también se entendía como protección y amenaza, simultáneamente.

En las narraciones bíblicas del éxodo de Egipto hay un relato donde la serpiente tiene un significado positivo de salvación (Nm 21:4-9). Luego de vivir las adversidades del desierto y las persecuciones de los ejércitos del faraón, y después de la muerte de Aarón, los israelitas cansados y desanimados, murmuraron contra Dios y Moisés. Como resultado de esas actitudes impropias, Dios envió sobre el pueblo una plaga de serpientes venenosas. Cuando el pueblo reconoció su error, Dios le indicó a Moisés que levantara una serpiente de bronce para que cuando las serpientes mordieran a alguna persona, mirara la que había preparado el líder hebreo para superar la muerte y vivir.

De esa forma, según la narración bíblica, la serpiente se convirtió en signo de vida y esperanza. Y ese fue el pasaje escritural que utilizó el evangelista Juan para indicar que, como Moisés levantó la serpiente en el desierto en símbolo de triunfo, era necesario que el Hijo del hombre fuera "levantado", en una alusión a la resurrección de Cristo (Jn 3:14).

En esta narración, previa a la presentación de las plagas, se destaca el poder de Dios sobre las magias egipcias y sobre la sabiduría del faraón. La vara de Aarón y Moisés representa al Dios que tiene la voluntad y el poder de liberar a los hebreos del cautiverio egipcio, al superar de manera definitiva las magias de los hechiceros faraónicos. El texto bíblico desea afirmar de esta forma el poder divino ante todo lo que representa al faraón, las políticas opresoras de Egipto y sus manifestaciones religiosas.

Las llamadas plagas en el libro de Éxodo son una serie de calamidades que experimentó el pueblo egipcio, como resultado de la soberbia del faraón y de su actitud testaruda ante la revelación divina. Esos infortunios ponen de relieve el poder de Dios ante el corazón endurecido del faraón, que pensaba que era una divinidad. La rebeldía de Egipto y la irracionalidad del faraón fueron los detonantes de esta serie de plagas que afectaron adversamente, no solo al faraón y las estructuras gubernamentales egipcias, sino al pueblo en general.

De singular importancia literaria y teológica es descubrir que las primeras nueve plagas se presentan en tres ciclos de calamidades. El primer ciclo incluye las advertencias al faraón fuera de las instalaciones del palacio:

- Primera plaga de sangre
- Cuarta plaga de moscas
- Séptima plaga de granizo

El segundo, las advertencias se presentan en el palacio mismo del faraón:

- Segunda plaga de ranas
- Quinta plaga de ganado
- Octava plaga de langostas

Y, para culminar, el tercer ciclo de plagas no incluye advertencias directas al faraón:

- Tercera plaga de piojos
- Sexta plaga de úlceras
- Novena plaga de tinieblas

Esa estructura destaca el crecimiento dramático en la gravedad de las adversidades, que se asocia directamente a las actitudes negativas y recalcitrantes del faraón. Las plagas aumentan las dificultades y las calamidades en Egipto de manera gradual y continua.

De suma importancia es notar que la terquedad del faraón, al rechazar la petición de Moisés y Aarón, que presentaban la voluntad de Dios, es el fundamento de la manifestación de esas plagas. Y que esas calamidades tienen implicaciones nefastas en la vida y la economía del pueblo egipcio, y que finalizan con la muerte de sus primogénitos.

Al estudiar las diez plagas se pueden descubrir varias enseñanzas que se desprenden de la lectura cuidadosa de las narraciones bíblicas:

- El Señor que se reveló directamente a Moisés en el monte Horeb, el Dios de los hebreos, es la única divinidad capaz de poner de manifiesto su poder liberador en medio de la sociedad egipcia.
- Los israelitas o hebreos son, de acuerdo con las narraciones bíblicas, el pueblo elegido, pues Dios escuchó el clamor del pueblo que estaba oprimido, vio sus desgracias y dolores, y descendió a liberarlos del cautiverio del faraón.
- Las plagas son una demostración clara del poder del Dios de los israelitas en medio de la sociedad egipcia ante la negativa, hostilidad, testarudez e irracionalidad del faraón.
- Además, las plagas son una especie de corrección física, política, ética, moral y espiritual a las decisiones impropias, irracionales, opresoras e injustas del faraón, que propiciaban el ambiente de cautiverio, opresión y desesperanza que vivían los israelitas en la sociedad egipcia bajo el liderato del faraón.

1-Conversión del agua en sangre

La primera plaga, según las narraciones bíblicas, es la conversión del agua en sangre (Éx 7:14-25). Esta plaga es el resultado directo del endurecimiento del corazón del faraón, al no permitir que el pueblo saliera a adorar al Señor en el desierto. La plaga se desarrolló en dos etapas. En la primera, Moisés golpeó con su vara las aguas del río que, de forma inmediata, se convirtió en sangre. Esa transformación generó la muerte de los peces y produjo rechazo de los egipcios al agua.

La segunda etapa de la plaga se manifiesta cuando Aarón tomó la vara y la extendió sobre ríos, arroyos, estanques y otros cuerpos de aguas de Egipto, que también se convirtieron en sangre. Esa plaga llegó a todas las tierras egipcias, y se manifestó, inclusive, en los envases de bebida. Y como resultado de la actitud del faraón, la voluntad divina y las acciones de Moisés y Aarón, hubo sangre en todo el imperio egipcio, que es signo de juicio, muerte y destrucción.

La respuesta del faraón fue de reafirmar su actitud negativa de no dejar salir a los hebreos, pues sus magos y encantadores hicieron lo mismo. El pueblo hizo pozos para beber agua y el faraón persistió en su negativa en contra de la voluntad divina y las peticiones de Moisés y Aarón.

Esta primera demostración del poder divino es importante, pues hiere uno de los elementos fundamentales de la vida: el agua. Para Moisés y Aarón este signo era determinante, pues los egipcios pensaban que el Nilo estaba protegido por las divinidades Osiris, Hatmehyt, Jnum, Satet y Sotis. La intervención divina era una manifestación de poder que superaba a esos dioses faraónicos. Y esta plaga inicial desafiaba la existencia misma de Egipto, representada en el río Nilo, que era visto como el centro de la vida nacional.

Algunos estudiosos de este tipo de fenómeno físico, que es capaz de transformar físicamente al Nilo, indican que ese cambio se produce por la contaminación de las aguas del río, que les daba un aspecto rojizo. Es posible que esas dificultades se generen por un exceso de algas rojas que, al liberar las toxinas, comprometen la potabilidad de las aguas y dan un color similar a la sangre.

2-Plaga de ranas

Ante las reiteradas respuestas negativas del faraón, el Señor indicó a Moisés que regresara al palacio. Y ante el faraón, Moisés anuncia una nueva calamidad: la plaga de las ranas (Éx 8:1-15). Esa nueva manifestación del juicio divino llegaría a todo el territorio egipcio, desde el interior de la casa del faraón hasta las viviendas de sus siervos y en todo el pueblo. La nueva desgracia, originada por la testarudez faraónica ante los reclamos divinos, tendría repercusiones nacionales.

Sin embargo, cuando el faraón se vio herido por esas plagas, volvió a llamar a sus hechiceros, que repitieron la hazaña de Moisés y trajeron ranas sobre las tierras de Egipto. Y ante las acciones de sus encantadores, el faraón decidió mantener su postura inicial de no permitir la salida de los hebreos para adorar al Señor en el desierto, para ofrecer sacrificios. Sin embargo, el monarca dijo a Moisés y Aarón que oraran a Dios para que terminara la plaga y las ranas permanecieran en el río.

Ante la oración de Moisés y Aarón, el próximo día las ranas murieron, y la descomposición trajo mal olor al pueblo. Y el faraón, al verse liberado de las ranas, decidió rechazar la petición de liberar al pueblo, pues su corazón volvió a endurecerse: decidió no escuchar la voz divina e impedir la salida del pueblo.

Una comprensión natural de esta segunda plaga se puede asociar con un fenómeno ambiental relacionado a cambios en el ambiente acuático. Este tipo de calamidad, conocida como "lluvia de ranas", se produce cuando estos animales ven su hábitat afectado, y salen masivamente de los cuerpos de agua y se dispersan a buscar alimentos. En ese proceso, arrasan con la agricultura y afectan la salud de animales y personas. Esta plaga, en efecto, tuvo repercusiones económicas, sociales y salubristas. Posiblemente, este desorden ecológico está asociado a la contaminación de los ríos con la sangre de la primera plaga.

Esta segunda plaga puede ser un signo del poder de Dios que puede herir la naturaleza con implicaciones en diversos sectores de la sociedad, especialmente en la economía. Además, como en el antiguo Egipto las ranas eran consideradas animales sagrados, no las podían exterminar. Sin embargo, la plaga que propició la multiplicación desmedida de las ranas hirió también las percepciones religiosas del pueblo. El Dios de los israelitas tenía la capacidad de alterar los entendimientos religiosos del pueblo egipcio. Una demostración adicional de la autoridad y el poder del Dios hebreo en la sociedad egipcia.

3-Plaga de piojos

La tercera plaga fue enviada por Dios sin anuncio previo. Ante el continuo endurecimiento del corazón del faraón, el Señor ordenó a Moisés que Aarón extendiera la vara para que el polvo de la tierra se convirtiera en piojos, que llegaron a todo el país egipcio, y afectaron tanto a los humanos como a los animales. La calamidad conmovió adversamente la cadena alimenticia que atentaba contra la vida misma del pueblo.

En esta ocasión, sin embargo, los hechiceros egipcios no pudieron imitar las hazañas de Moisés y Aarón, y declararon al faraón que esa calamidad nacional era producto del "dedo de Dios" (Éx 8:19). Esa importante afirmación teológica en la boca de los magos, que representaban las divinidades egipcias que estaban al servicio del faraón, es el reconocimiento público del poder del Dios de los israelitas sobre las divinidades faraónicas. Esa declaración de los encantadores oficiales del imperio es una manera directa de reconocer la impotencia del faraón ante la voluntad y los designios del Dios de los israelitas.

Esta plaga es posiblemente una infección general de piojos, pulgas e insectos, que se genera cuando no hay condiciones higiénicas adecuadas. Y ese ambiente de carencia de buenas condiciones sanitarias, puede ser uno de los resultados inmediatos de la contaminación previa de las aguas y de la muerte en masa y la descomposición de las ranas. Todas estas plagas tienen el poder de causar la muerte de personas y animales.

La lectura atenta de esta narración revela que representa la primera ruptura entre el poder político y religioso en Egipto. Mientras que los magos del reino reconocieron el poder del Dios de los hebreos, el faraón y las autoridades políticas y militares se mantuvieron firmes al rechazo de la voluntad divina que reclamaba la salida de los israelitas al desierto para adorar al Señor. Era tan fuerte el resentimiento y la hostilidad del faraón hacia los israelitas, que decidió desobedecer a sus oficiales religiosos.

Esta tercera plaga es importante para el avance de los israelitas en el proceso de liberación. Desacreditó la autoridad religiosa de Egipto, pues no podían llevar a efecto sus funciones sacerdotales, además de declarar la impotencia de los dioses Geb, que representaba la abundancia, y de Horus, en su forma infantil, que protegía a los animales silvestres y los insectos.

Las primeras tres plagas fueron anunciadas a Moisés, pero presentadas al faraón por Aarón. En las narraciones siguientes Moisés es quien directamente interactúa con el monarca egipcio.

4-Plaga de moscas

Las confrontaciones de Moisés y Aarón con el faraón continuaron. La cuarta plaga es un golpe firme a la salud pública de la sociedad egipcia (Éx 8:20-32). El Señor pide a Moisés que llegue ante el faraón muy de mañana, cuando el rey salía al río, que indica que el monarca siguió su estilo de vida tradicional. En ese contexto, el líder hebreo debía anunciar la nueva plaga: la llegada abrupta de toda clase de moscas, que afectaría los diversos estratos sociales del pueblo egipcio.

La nueva plaga era una respuesta adicional a la negativa del faraón de impedir que los israelitas salieran al desierto a adorar al Señor. Y en esta nueva calamidad, los egipcios serían heridos, pero los hebreos serían protegidos.

Referente a esta singular plaga es importante indicar que en el Oriente Medio las moscas eran consideradas como animales sobrenaturales. Inclusive, en Egipto se adoraba a una divinidad conocida como "el señor de las moscas", identificado directamente como Baalzebub.

El singular tipo de mosca que generó esta plaga es posiblemente conocido como tábano y representaba al dios Ra, que ocupaba un lugar prominente en el panteón egipcio. Y la referencia a "toda clase de moscas" (Éx 8:20), da la impresión de que la plaga incluye una variedad de insectos dañinos, que tenían el potencial de herir de forma adversa y significativa la sociedad egipcia.

En la narración bíblica, se destaca el poder del Dios de los israelitas en medio de la plaga, pues se afirma que el Señor controlaba tanto el tiempo de la calamidad como el lugar donde se manifiesta. Inclusive, el relato bíblico indica que es el Señor de los hebreos quien controla el movimiento de las moscas: la plaga se manifestó en todo Egipto, excepto en las tierras de Gosén, que era el lugar donde vivían los israelitas, en una demostración adicional de juicio divino en las tierras del faraón y de protección de Dios a su pueblo. En efecto, el Señor tiene la potestad de indicar el día en que llegan las moscas y en el que se van, que es una manera clara de afirmar el poder divino sobre la plaga.

Una vez el faraón sintió el poder y la autoridad del Dios de los hebreos, intentó negociar con Moisés alguna salida intermedia a la crisis. Ofreció al pueblo un día feriado para adorar a Dios, pero en las tierras egipcias, que implicaba que se mantenía la negativa de dejar salir a los israelitas.

El rechazo de Moisés fue firme: Dios llamaba al pueblo a salir de las fronteras egipcias para adorar, pues ese acto de salida era el inicio del proceso de liberación. De singular importancia en los diálogos entre Moisés y el faraón es que las condiciones que Dios presentaba al faraón para liberar al pueblo no estaban en la mesa de negociaciones.

Posteriormente, el faraón ofreció a Moisés otra concesión. Permitió que salieran al desierto, pero que no se alejaran mucho. Esta nueva acción del líder egipcio revela que su preocupación real era que los israelitas salieran y luego no regresaran, que en efecto era la intención mosaica, fundamentada en la revelación divina. Al finalizar las negociaciones, el faraón pidió a Moisés que orara a Dios para que finalizara la plaga de las moscas. Sin embargo, cuando la crisis finalizó, el faraón regresó a su postura original de no dejar salir al pueblo de Egipto.

La presencia excesiva de las moscas en la sociedad egipcia puede relacionarse con las variaciones climáticas en la región. Las moscas se caracterizan por picar animales y personas, y causar grandes enfermedades. Inclusive, se pensaba que la picadura de estos insectos podía causar tumores malignos.

5-Plaga en el ganado

Las plagas continuaron, pues el corazón del faraón permanecía endurecido. Una vez finalizó la plaga de las moscas, un nuevo desafío llegaba a la sociedad egipcia y al faraón: la plaga del ganado (Éx 9:1-7). En esta ocasión, el anuncio de la plaga por Moisés incluyó dos componentes de gran importancia. En primer lugar, Moisés indica que la nueva plaga será gravísima, que era una manera de afirmar que las implicaciones sociales de las calamidades iban en aumento. Además, se hace una distinción clara de que el ganado egipcio sería afectado de manera mortal, mientras que los animales israelitas no sufrirían daño alguno.

Los animales identificados en la plaga son los siguientes: caballos, asnos, camellos, vacas y ovejas. Y con la identificación de los sectores afectados se afirma que esta plaga va a herir la sociedad completa, pues toca, entre otros, los sistemas de alimentación, agricultura y transportación. De esa manera, la narración bíblica enfatiza la gravedad de la plaga, la complejidad de la crisis. Si el faraón no respondía positivamente a los reclamos de Moisés y a la voluntad de Dios, según el texto bíblico, todo el pueblo egipcio sufriría las consecuencias de esas actitudes testarudas y nefastas del faraón.

En el análisis de esta plaga no debemos olvidar que las vacas en el Egipto antiguo eran consideradas sagradas. Y que la plaga enviada por Dios al ganado era una manera directa de poner de manifiesto el poder del Dios de los hebreos sobre las divinidades egipcias. La alta mortalidad de la plaga revela el absoluto poder del Dios de los israelitas sobre el pueblo, la sociedad y el monarca egipcio.

Las personas que investigan los orígenes y las manifestaciones de las plagas en el libro de Éxodo, y que están asociadas a las confrontaciones entre Moisés y el faraón, piensan que la desgracia que hirió al ganado egipcio fue la peste bovina. Esta enfermedad es causada por una singular bacteria que se transmitía por insectos, como las moscas. Esta complicada enfermedad, que posiblemente llegó originalmente a Egipto desde Asia a través de las rutas comerciales, debió haberse manifestado como resultado de las plagas anteriores, que afectaron la salubridad de todos los sectores sociales de Egipto, incluyendo los animales.

Esta plaga en el ganado tiene implicaciones de gran importancia. En primer lugar, era un golpe mortal a la economía nacional y a la estabilidad y seguridad del pueblo egipcio. Afectaba adversamente los sistemas económicos y alimenticios, que son fundamentales para el sostenimiento de cualquier sociedad. Además, era un golpe mortal a la diosa Hathor, que se representaba como una vaca y se asociaba con la renovación y la fertilidad.

Esta plaga era una manera de afirmar que el Dios de los israelitas tenía más poder que las divinidades egipcias, que no podían evitar las intervenciones poderosas de Dios. Era una forma teológica de declarar la autoridad y capacidad del Señor de los hebreos, ante la impotencia de las divinidades del faraón.

6-Plaga de úlceras

Ante la actitud negativa y persistente del faraón, continuaron las confrontaciones con Moisés, que representaba la voluntad divina ante el gobierno egipcio. El rechazo continuo e irracional del monarca a la petición del líder hebreo, era el marco de referencia no solo de las confrontaciones, sino de las manifestaciones de las plagas. Como el faraón no cambiaba su actitud adversa ante las peticiones israelitas, las calamidades al pueblo continuaban y aumentaban.

La sexta plaga llega como una nueva calamidad que afecta a las personas y los animales. La forma que se anuncia la plaga y que llega al pueblo es singular. Moisés toma cenizas del horno y las esparce en el aire, y ese polvo u hollín transportará la plaga por todo el país. La nueva manifestación del juicio divino es salpullido y úlceras.

En esta nueva plaga hay varios elementos de importancia. El horno, que se identifica en hebreo como "de ladrillos" (Éx 5:15), representaba el lugar de opresión de los israelitas. Esos hornos aludían a los trabajos forzados que hacían en la sociedad egipcia. El acto físico de Moisés, ordenado por Dios, era signo relevante del fin del cautiverio sobre las comunidades hebreas.

La simbología del acto es digna de analizar. Los magos orientales, cuando pronunciaban una maldición sobre alguna ciudad o individuos, tomaban las cenizas del estiércol de las vacas y las tiraban al aire, que era una forma simbólica de indicar que ya la desgracia se manifestaba en el lugar o en las personas. Moisés siguió ese estilo y modelo cultural, pero usó las cenizas del horno que representaba el cautiverio del pueblo. Con ese acto simbólico, y también profético, el líder hebreo afirmaba el fin del cautiverio de los israelitas en Egipto.

La explicación científica de esta plaga tiene dos posibilidades. En primer lugar, las úlceras y reacciones físicas del cuerpo pueden ser respuestas de la piel a la descomposición de los animales muertos en la plaga anterior. Otra posibilidad es que se trate de una proliferación de viruela, causada por un virus. Esta explicación es muy interesante y pertinente, pues en la momia del faraón Ramsés V, y en otras momias de la época, hay marcas que se pueden relacionar con la viruela.

Las úlceras en la piel impedían que los egipcios pudieran tomar baños de agua caliente, que necesitaba un proceso complejo en su preparación. Ese trabajo recaía sobre los esclavos israelitas. De esa forma se detenían los trabajos forzados entre los hebreos; además, los egipcios sufrían la plaga que generaba la picazón insoportable en la piel.

En esta etapa de las confrontaciones, los magos del faraón quedaron fuera de los diálogos y procesos gubernamentales. Se contaminaron con las plagas que les impedía cumplir con sus funciones religiosas. Una vez más se destaca en la narración bíblica el poder divino sobre los sacerdotes, hechiceros y magos del faraón.

7-Plaga de granizo

Las dinámicas de confrontación entre Moisés y el faraón continuaron. Independientemente de las plagas y sus devastaciones, el líder egipcio no cambiaba su actitud negativa, rebelde y desafiante a la revelación divina. De un lado, estaba Moisés que tenía como objetivo presentar a las autoridades egipcias la voluntad de Dios, que deseaba la liberación de los hebreos. Del otro, estaba el faraón con su corazón endurecido, que no respondía positivamente a los reclamos de Moisés y los israelitas. Era una lucha intensa por hacer cumplir la voluntad liberadora del Dios bíblico, en un ambiente de cautiverio y opresión en las tierras egipcias.

La plaga de granizo estuvo precedida por el anuncio de Moisés al faraón de una nueva calamidad. En esta ocasión, desde las primeras etapas del proceso la descripción de la intervención divina era de dimensiones especiales. La nueva plaga era como "todas las plagas" juntas sobre el faraón, sus siervos y el pueblo (Éx 9:14). Y la narración explica con claridad que el propósito de la plaga es que el faraón reconozca que el Dios de los hebreos es único en toda la tierra.

Moisés, luego del anuncio profético, hizo los gestos necesarios para que lloviera granizo en todas las tierras de Egipto, excepto en Gosén, donde vivían los israelitas. Era un nuevo juicio divino, donde morirían siervos y animales, y se destruirían las cosechas. La devastación sería total, afectando la seguridad nacional y la estabilidad económica.

Ante las palabras y advertencias de Moisés, hubo dos reacciones inmediatas: unos siervos obedientes sacaron de los campos a sus siervos y animales, y sobrevivieron a la lluvia de granizo. Otros trabajadores, sin embargo, hicieron caso omiso al mensaje del Señor, recibieron el resultado adverso de sus decisiones impropias.

La descripción de esta plaga tiene detalles que no deben subestimarse. Cuando Moisés extendió la mano y la vara al cielo, según el relato escritural, hubo truenos y granizo, y el fuego se descargó sobre la tierra (Éx 9:23). Los truenos, con frecuencia en la Biblia, se consideran como signos de la voz de Dios (Job 37:2; Sal 18:13; 29:3). Además, el fuego, es posiblemente una referencia a los relámpagos, pues la tormenta que traería los granizos era muy fuerte.

La descripción del fenómeno meteorológico es singular, pues nunca hubo tormentas de esa naturaleza y magnitud en Egipto (Éx 9:24). La devastación generada por el granizo fue total, pues hirió a personas, animales y árboles. En efecto, la crisis afectó adversamente a las familias, la ganadería y la agricultura.

En esta ocasión, sin embargo, la reacción del faraón tomó momentáneamente un nuevo giro. El líder egipcio reconoció su pecado y suplicó a Moisés que detuviera la tormenta. Además, aceptó la autoridad y la naturaleza justa del Dios de los israelitas, y reconoció la impiedad de su pueblo que ciertamente él representaba.

Moisés respondió positivamente a la petición del faraón, aunque sabía que su arrepentimiento era temporero y fundamentado en la conveniencia. La tormenta se detuvo, y los truenos, las lluvias y los granizos cesaron; pero el faraón, al ver que la crisis había terminado, se obstinó en pecar y endureció su corazón. Y como consecuencia de esa actitud de rechazo a la voluntad de Dios, articulada por Moisés, no dejó salir a los hijos de Israel de Egipto.

Este tipo de tormentas intensas se manifiestan con alguna frecuencia en regiones de Egipto y la Península del Sinaí. Referente a este fenómeno, hay estudiosos que afirman que, en Creta, isla ubicada en el mar Egeo, hubo una erupción volcánica hace unos 3500 años. Es posible que las cenizas volcánicas se hayan desplazado hasta Egipto y que se unieron a tormentas eléctricas propias de la región y se hayan creado los granizos, que unían el hielo y el material volcánico.

La descripción de esta plaga incluye elementos noveles en las negociaciones de Moisés y el faraón. Es de notar que en esta ocasión las advertencias de Moisés llegaban no solo al líder egipcio, sino también a las personas del pueblo que deseaban salvarse de esa nueva calamidad. Esa dinámica novel pone en evidencia clara la amplitud de la misericordia divina. Además, esta plaga une dos elementos contrarios: el fuego y el hielo, que puede ser una manera de destacar el poder divino sobre los fenómenos naturales y sobre signos contrarios, representados en el faraón y Moisés.

8-Plaga de langostas

La octava de las plagas incluye un componente educativo de gran importancia para los israelitas. Uno de sus propósitos es comunicar a sus hijos y nietos lo que el Dios de los israelitas hizo en las tierras del faraón. La finalidad es que el pueblo entendiera que solo el Señor es el Dios verdadero, que tiene la capacidad y el poder, no solo de intervenir y liberar a su pueblo, sino que puede manifestar su autoridad y sus prodigios contra las autoridades egipcias y específicamente contra las decisiones y actitudes del faraón.

En esta ocasión las palabras de Moisés son aún más firmes y directas. Reclama directamente al monarca egipcio que las plagas son el resultado de su desobediencia y rechazo a la revelación divina. La nueva plaga de langostas, que eran insectos voraces (Éx 10:1-20), es descrita como algo nunca visto (Éx 10:5-6) por su gran potencial destructivo y llegará a todo el territorio egipcio para terminar con lo que quedó de las calamidades anteriores.

Esta nueva manifestación del juicio divino es para completar las destrucciones que previamente habían azotado al pueblo. Era un golpe fuerte a la infraestructura alimenticia de la nación, que era un desafío mayor a la seguridad nacional. Representaba un quiebre absoluto a la economía egipcia, además de la división del pueblo.

Ante la posibilidad de una catástrofe mayor, funcionarios del gobierno del faraón recomendaron que dejara salir a los israelitas para evitar calamidades mayores. Reconocieron que la situación era grave y se podía deteriorar aún más. El golpe a la infraestructura económica y social del país era enorme, y los oficiales del faraón estaban muy seriamente preocupados.

El faraón, al escuchar las recomendaciones de sus consejeros, ordenó traer a Moisés nuevamente a su presencia. Y en ese ambiente de negociación, ofrece al líder hebreo la salida de una representación de los hombres del pueblo, pero que no permitiría que salieran las mujeres ni los niños. El monarca egipcio estaba dispuesto a aceptar la voluntad divina solo de manera parcial. Y esa respuesta revela que el líder de Egipto estaba consciente que el objetivo final de Moisés y los hebreos era salir de esas tierras para no volver a sus trabajos forzosos ni regresar a la vida de cautiverio.

El rechazo de Moisés a la propuesta faraónica fue firme y clara: la liberación de los israelitas era para todo el pueblo, no solo para los hombres. En esa respuesta no solo se revela el rechazo a la iniciativa del faraón, sino la reafirmación de la voluntad divina. El gran problema en Egipto era el cautiverio del pueblo hebreo, era la opresión a los trabajadores y era el maltrato a las familias de los israelitas. La solución divina era la liberación total y absoluta que no se conseguía con salidas parciales o temporeras. Además, la narración bíblica desea afirmar la importancia y primacía de la voluntad de Dios en contraposición a las órdenes del faraón.

Al faraón no le agradó la respuesta de Moisés y ordenó que lo echaran fuera de su presencia. Esa dinámica de rechazo físico es común en el Oriente Medio. Cuando las personas de autoridad se sentían molestas con algún individuo o por alguna petición, hacía señales a los oficiales pertinentes para que agarraran a la persona por el cuello y los arrastraran con violencia fuera de las instalaciones oficiales.

Una vez llegar la plaga de las langostas, y el faraón descubrir que la destrucción fue extraordinaria, volvió a pedir ayuda a Moisés. Y aunque el líder hebreo detuvo la calamidad, cuando llegó "un fortísimo viento occidental" (Éx 10:18), el faraón persistió en su negativa de dejar salir a los israelitas de sus tierras.

Las langostas eran animales del desierto que llegaban a las ciudades traídas por los vientos y las tormentas de arena. En este caso, las langostas llegaron movidas por "un viento oriental" (Éx 10:13). Este tipo de plaga tiene tantos animales que llegan hasta "oscurecer el sol", que es una manera de enfatizar la extensión y complejidades de la calamidad.

Referente a este singular tipo de plaga, algunos estudiosos la asocian con las erupciones volcánicas, como la que ocurrió en el volcán Santorini. Las cenizas volcánicas afectan el ambiente y propician cambios climáticos que favorecen la manifestación de este tipo de fenómeno. En medio de esas dinámicas, se producen lluvias en exceso y grandes concentraciones de humedad, que son condiciones que favorecen la reproducción descontrolada de estos insectos.

9-Plaga de tinieblas

La novena plaga se manifiesta de manera poderosa, pues Moisés anuncia al faraón que todo Egipto será herido por una oscuridad intensa por tres días. La descripción del evento es singular, pues para destacar la intensidad de las tinieblas, el texto bíblico afirma que "cualquiera podía palparlas", es decir, la naturaleza de la crisis sería de tal magnitud que la gente la podía sentir. La oscuridad cubriría Egipto por tres días.

De particular importancia en la crisis es que mientras Egipto estaba en tinieblas, los grupos israelitas estaban iluminados hasta en las habitaciones. Ese detalle físico, muy difícil de explicar, es una demostración del juicio divino en las tierras y entre las comunidades egipcias, mientras que los grupos hebreos tenían luz sin dificultad. Además, la duración de tres días apunta hacia lo bien que se manifestaba el juicio divino, pues el tres es símbolo de algo completo y bien hecho en las Escrituras.

En medio de la crisis, el faraón, una vez más, llama a Moisés para proseguir las negociaciones. En esta ocasión, el líder egipcio permite que todos los hebreos salgan al desierto a adorar al Señor, pero se negó a permitir que se llevaran los animales. La narración de estos diálogos está bien estructurada, pues el faraón va cediendo, poco a poco, ante los reclamos de Moisés.

El líder israelita rechazó tajantemente la oferta del faraón, pues la voluntad divina no estaba en juego y Dios no estaba interesado en llegar a un punto intermedio con el monarca egipcio. La liberación del pueblo era total, e incluía sus animales, pues eran necesarios para ofrecer los sacrificios y holocaustos al Señor. Y la respuesta de Moisés fue firme y desafiante (Éx 10:25-26), pues no estaba dispuesto a dejar nada de sus pertenencias en Egipto, que representaba un estado de cautiverio del cual deseaban salir.

El faraón, en un estado de ira y con el corazón endurecido, no quiso aceptar la respuesta de Moisés y no quiso dejar ir al pueblo hebreo. Además, ordenó a Moisés salir de su presencia y lo amenazó de muerte si lo volvía a ver. Y la respuesta de Moisés fue igual de firme: no voy a ver más tu rostro, que era una manera de decir que finalizaban los diálogos y las negociaciones.

La explicación científica de las tinieblas es complicada. Para algunos estudiosos, la oscuridad se puede asociar con un eclipse solar, pues existe documentación de la manifestación de ese tipo de movimiento solar hacia el año 1223 a. C. Y la referencia a los tres días puede ser otra indicación de lo completo y firme de la crisis, pues es muy importante el significado y simbolismo de ese número en la Biblia.

La importancia teológica de esta plaga es determinante, pues la oscuridad desafiaba el poder del dios Ra, venerado por los egipcios, que pensaban era el creador del mundo. Era una forma teológica de declarar que esa divinidad egipcia era una forma de idolatría que no tenía poder para detener la voluntad divina. La plaga de las tinieblas representaba la derrota definitiva de Ra, que se asociaba a la luz del sol, el calor y el crecimiento, elementos indispensables para la vida y que hacía que el faraón quedara en tinieblas y no pudiera tomar decisiones efectivas.

10-Plaga de la muerte de los primogénitos

La plaga final y definitiva es la muerte de los hijos primogénitos de Egipto, mientras que los israelitas serían protegidos de esa nueva y nefasta calamidad (Éx 11:1-10). La palabra de Dios a Moisés revela que sería el golpe final al faraón, que después de sentir el dolor profundo de perder un sector importante de la sociedad, accedería a dejar salir al pueblo hebreo (Éx 11:1).

En el contexto de las negociaciones con el faraón, y la conversación final (Éx 10:29), Moisés ordenó al pueblo que se preparara para la salida final y definitiva de Egipto. Indicó que pidieran oro y plata a sus vecinos, pues el Señor haría que los israelitas sintieran el apoyo y favor de los egipcios; además, Moisés era reconocido en el pueblo, y hasta entre los siervos del faraón, como un buen hombre (Éx 11:3). Y ese reconocimiento popular propiciaría el apoyo de la comunidad egipcia al proyecto liberador de los israelitas.

Este nuevo juicio divino afectaría todas las clases sociales, desde el primogénito del faraón, hasta los primogénitos de sus siervos; además, moriría hasta el primogénito de los animales. La nueva crisis en Egipto será mortal, extensa e intensa. Sin embargo, una vez más la providencia divina protegió a los hebreos, pues sus primogénitos no morirán.

La plaga de la muerte de los primogénitos llegó a todo Egipto e hirió inclusive la casa del faraón. En su desesperación personal y gubernamental, el monarca egipcio expulsó a los hebreos, con todos sus bienes y pertenencias, de sus tierras, quienes salieron al desierto con el apoyo del oro y la plata de sus vecinos egipcios. Y en todo el proceso, los israelitas vieron la mano de Dios junto al cumplimiento de la voluntad divina y la afirmación y el reconocimiento del liderato de Moisés.

Referente a una explicación científica de esta singular plaga en Egipto, hay dos hipótesis primarias. La primera se relaciona con la contaminación del río Nilo. El exceso de algas rojas en el río liberó grandes concentraciones de toxinas letales que llegaron a las cosechas. Y como los primogénitos eran los primeros en recoger el grano de las cosechas, eran los primeros en contaminarse.

Otra posibilidad se asocia a las erupciones volcánicas, que generan gases tóxicos que pueden producir muertes. Y como los primogénitos en Egipto tenían el privilegio de dormir en las plantas bajas de las casas, serían los primeros en contaminarse y morir al inhalar los gases mortales.

En el Oriente Medio antiguo, el hijo mayor de una familia era especialmente valorado, pues se consideraba sucesor del linaje familiar. Esa comprensión familiar hace de esta plaga una calamidad mayor, pues hería mortalmente a la familia, incluyendo la del faraón. Y ese dolor de perder su primogénito, es decir, "su futuro", significó un punto importante en las respuestas del faraón a las peticiones de Moisés y a la voluntad de Dios.

Capítulo tres
La Pascua

En Egipto el Señor habló con Moisés y Aarón.
Les dijo: "Este mes será para ustedes el primero;
será el primer mes del año.
Hablen con toda la comunidad de Israel
y díganles que el día décimo de este mes
todos ustedes tomarán un cordero o un cabrito por familia,
uno por cada casa.
Si alguna familia es demasiado pequeña
para comerse un cordero o un cabrito entero,
deberá compartirlo con sus vecinos más cercanos,
teniendo en cuenta el número de personas que sean
y las raciones de cordero que se necesiten,
según lo que cada persona haya de comer.
El animal que se escoja puede ser un cordero
o un cabrito de un año y sin defecto,
al que cuidarán hasta el catorce del mes,
día en que la comunidad de Israel en pleno
lo sacrificará al caer la noche.
Tomarán luego algo de esa sangre
y la untarán en los dos postes y en el dintel
de la puerta de la casa donde coman el cordero.
Deberán comer la carne esa misma noche, asada al fuego
y acompañada de hierbas amargas y pan sin levadura.
No deberán comerla cruda ni hervida,
sino asada al fuego, junto con la cabeza, las patas y los intestinos.
Y no deben dejar nada para mañana.
En caso de que algo quede, lo quemarán al día siguiente.
Comerán el cordero de este modo:
con el manto ceñido a la cintura,

con las sandalias puestas,
con la vara en la mano y de prisa.
Se trata de la Pascua del Señor.
Esa misma noche pasaré por todo Egipto
y heriré de muerte a todos los primogénitos,
tanto de personas como de animales,
y ejecutaré mi sentencia contra todos los dioses de Egipto.
Yo soy el Señor".

Éxodo 12:1-12

Institución de la Pascua judía

Después de la presentación de la décima y última plaga, la muerte de los primogénitos (Éx 11:1-10), y antes de la descripción de la calamidad (Éx 12:28-38), el texto bíblico incluye la institución de la fiesta de la Pascua (Éx 12:1-28). Esta fiesta es fundamental en el calendario hebreo, pues celebra la liberación del pueblo del cautiverio egipcio bajo el liderato del faraón. Ese evento de salida es un componente fundamental en la historia de los israelitas, pues marca el momento histórico en que los descendientes de Abraham, guiados bajo el liderato de Moisés, salen del cautiverio egipcio para descubrir, conquistar y disfrutar la Tierra Prometida, Canaán.

La Pascua (en hebreo, *Pesaj*) es una de las tres fiestas de peregrinaje del judaísmo, que en hebreo se conocen como *Shelóshet Haregalim*. Cuando el templo de Jerusalén estaba erguido, los judíos peregrinaban anualmente a la Santa Ciudad a llevar sus ofrendas y celebrar su existencia como un pueblo libre. Además de la Pascua, las otras festividades hebreas de peregrinación al templo son: Pentecostés o de las Semanas (en hebreo, *Shavuot*; Lv 23:11-13) y de los Tabernáculos o las Cabañas (en hebreo, *Succot*; Lv 23:34). Las tres festividades están prescritas en la Biblia y se pueden asociar inicialmente con la vida rural y agraria, y con las estaciones del año, pero con el tiempo esas fiestas adquirieron un matiz espiritual, educativo y teológico fundamental en la vida del pueblo.

La sección en el libro de Éxodo que presenta la institución de la Pascua (Éx 12:1–13:22) ofrece una estructura literaria y temática compleja. Incluye recomendaciones prácticas relacionadas con el culto y las celebraciones judías (Éx 12:1-28; 13:1-22), junto a narraciones asociadas a la décima plaga (Éx 12:20-36) y la salida de Egipto (Éx 12:37-51). Toda la sección destaca la capacidad divina de liberación; además, afirma la responsabilidad del pueblo al reconocer y celebrar esas intervenciones redentoras de parte de Dios.

Entre las recomendaciones cúlticas que se incluyen en el texto bíblico, se describe la fiesta de la Pascua y se enfatizan dos componentes de gran importancia. El primero es la comprensión de que la cena constituye un banquete sagrado, que es un espacio educativo importante para las familias. Además, se utiliza el elemento de la sangre (Éx 12:2-14, 21-27, 43-49), que simboliza la esencia misma de la vida que constituye un tipo de signo protector del pueblo en medio de la crisis. Y el componente familiar es muy importante en la celebración, pues el entorno básico de la fiesta es el hogar.

La narración bíblica continúa con la presentación de algunos componentes de la fiesta de los Panes sin levadura, que es una extensión de la Pascua (Éx 12:15-20; 13:3-10). También se incluyen algunos detalles de la consagración de los hijos mayores o primogénitos (Éx 13:1-2, 11-16). Además, el texto bíblico presenta la salida rápida de los israelitas de Egipto (Éx 12:37-42), que llegaron hasta el extremo del desierto (Éx 13:17-22). Y todos estos relatos están unidos por el tema mayor de la intervención divina, que tenía el objetivo preciso de liberar a los hebreos del cautiverio egipcio y de las manos del faraón.

La presentación de la Pascua la hace directamente Dios a Moisés y Aarón. La celebración se debía llevar a efecto cada año el décimo día del mes de Abib (o Nisán, Neh 2:1), que en el calendario occidental representa los meses de marzo y abril; además, ese mes se debe considerar el primer mes del año. La implicación es clara: el año debía iniciar con la celebración del acto divino fundamental en la historia hebrea, la liberación de Egipto. Y esa celebración anual, le daba al pueblo una oportunidad única de recordar de manera reiterada el fundamento de su existencia como pueblo libre. En efecto, era una fiesta con un componente educativo extraordinario.

La celebración incluía una comida especial, pues en el Oriente Medio antiguo las celebraciones de importancia se hacían en el contexto de un gran banquete, que era signo de felicidad personal, familiar, comunitaria y nacional. La cena incluía la preparación de un cordero (o una cabra), que no podía tener defecto alguno, y del cual no podía sobrar nada. La cena incluía hierbas amargas y panes sin levadura.

Como parte del proceso culinario y educativo, se utilizaría la sangre del animal que el pueblo debía poner en los postes de las puertas de las casas. Se incorpora en la descripción de los detalles de la cena una forma específica de vestimenta: un manto ceñido en la cintura, las sandalias puestas y la vara en la mano (Éx 12:11), que denota el respeto, la dignidad y el orden del evento. Finalmente, la cena se debe hacer rápido, pues es una manera de recordar que la liberación de Egipto necesitó que la salida de los israelitas se llevara a efecto con prisa.

Como se trata de una cena con significado educativo, de acuerdo con la narración bíblica, hay una serie de directrices que se debían cumplir de forma puntual, pues la cena de Pascua es del Señor. La carne no podía ser cruda ni cocida en agua, sino asada al fuego. Era necesario, además, comer toda la carne, incluyendo la cabeza, las patas y las entrañas. No debía quedar nada para el día siguiente, y si quedaba algo, debía quemarse.

En medio de la narración, el texto bíblico incluye algunos detalles pedagógicos del origen histórico de la Pascua (Éx 12:12), específicamente del juicio contra los primogénitos egipcios. La noche de la intervención divina, el Señor trajo juicio, no solo a las personas y los animales de Egipto, sino a sus dioses. La Pascua es una gran afirmación teológica que destaca el poder del Dios de los hebreos sobre las divinidades egipcias. Y el texto bíblico acentúa esa extraordinaria intervención divina con una afirmación teológica extraordinaria: "Yo soy el Señor" (Éx 12:12), que era como un sello de autoridad divina sobre el origen de la Pascua y su importancia histórica.

En la explicación de los detalles de la Pascua, el relato bíblico presenta el símbolo de la sangre, que alude al poder divino sobre la vida y la muerte. La sangre en los postes de las casas hebreas era el signo visible y claro de la protección divina. El hisopo era una planta que se asociaba a las ceremonias de purificación. Y esa dinámica debía servir de experiencia educativa a la comunidad hebrea, pues se convertiría en el fundamento indiscutible de la historia nacional.

La sangre en las puertas de las casas hebreas era signo de protección divina. Y esa presencia salvadora de Dios en los hogares, era capaz de proteger a los israelitas del destructor (Éx 12:23) que representa la figura del mal, la muerte, el cautiverio y la desesperanza. Ese personaje malévolo es representante del divino que llegaba a Egipto por la desobediencia del faraón.

Ese día de liberación nacional será memorable, pues alude a la experiencia fundamental del pueblo. La liberación de Egipto habla de un Dios liberador, de un pueblo liberado, y del recuerdo de la manifestación extraordinaria de la gracia y la misericordia divina. La celebración será por siete días, periodo en el cual se eliminará la levadura para comer panes sin leudar. El primer y el séptimo día serán dedicados a una convocación santa, que recuerdan la naturaleza y extensión de la liberación divina.

De acuerdo con el testimonio escritural, Moisés explicó al pueblo israelita todos los detalles de la Pascua, tanto lo referente a la celebración anual como a su importancia educativa. Y la respuesta del pueblo fue de humildad y reconocimiento del poder y la misericordia del Señor (Éx 12:27-28).

La salida de Egipto

Finalmente, el faraón acepta que debe dejar salir al pueblo hebreo de sus tierras. Al ver que la matanza asociada a los primogénitos, que no se manifestaba entre los israelitas, podía extenderse al resto del país, decidió echarlos de Egipto. Y la salida de los israelitas fue abrupta y rápida, pues no confiaban que las decisiones del faraón se mantuvieran, pues el líder egipcio se caracterizaba por un temperamento volátil y cambiante, como ya lo había demostrado ante las plagas previas.

La narración bíblica de forma continua desea afirmar la importancia de la voluntad divina en todo el proceso de liberación. Como parte integral de los procesos de salida, la Biblia afirma que Dios puso en gracia a las familias hebreas, que recibieron vestidos y prendas de plata y oro como parte del proceso de liberación. Esos recursos, posteriormente se convirtieron en agentes de bendición y maldición: sirvieron de ofrenda en las ceremonias del Tabernáculo (Éx 25:1-8) y; a la vez, se utilizaron para crear el becerro de oro que ofendió a Dios y a Moisés (Éx 32:1-3).

La salida de los israelitas fue desde las ciudades de Ramsés y Sucot, que eran los centros donde se habían establecido y trabajaban. Referente al éxodo de Egipto, es de notar que hay estudiosos que piensan que ese proceso no fue el de la huida de una comunidad asustada, derrotada y amargada. Una manera de describir ese singular proceso es el de un ejército que sale victorioso de un campo de guerra, luego de triunfar y despojar de las riquezas a sus enemigos. En efecto, fue una salida triunfal, un éxodo de victoria, un proyecto de liberación fundamentado en la voluntad divina. El Dios de los hebreos había triunfado sobre el faraón, y había demostrado su poder contra los ejércitos y las divinidades egipcias.

El número de hebreos que, de acuerdo con el testimonio bíblico, salieron a pie de Egipto es considerable: ¡seiscientos mil hombres! ¡Y ese número no incluía a los niños! En efecto, la cifra debe ser estudiada con detenimiento, pues si extrapolamos el número para incluir a las mujeres y al resto de la comunidad israelita, ¡posiblemente las personas que salieron de Egipto eran como dos o tres millones!

Esa cifra tan alta de hebreos presenta algunas dificultades que debemos evaluar en detalle. Para comprender adecuadamente la naturaleza del desafío, debemos tomar en consideración estos cinco aspectos importantes:

- Esa cifra de dos o tres millones de personas es posiblemente mayor a la población en los reinos de David y Salomón.

- Sería muy difícil mover una cifra tan grande de personas en el desierto u organizarla frente al monte Sinaí.
- Probablemente, el cruce del mar Rojo fue de noche (Éx 14:20-24), lo que complicaría enormemente el movimiento del grupo.
- El relato bíblico comenta que uno de los problemas para ocupar la Tierra Prometida era el número: ¡eran pocos! (Éx 23:29-30).
- Y el faraón Ramsés II contó con un ejército de unos veinte mil soldados en su batalla más grande contra los hititas, que revela que los israelitas los superaban mucho en números.

Han sido varias las explicaciones que se han propuesto para comprender adecuadamente la alta cifra de los hebreos que salieron de Egipto. Y entre esas explicaciones están las siguientes:

- En la referencia a los seiscientos mil hombres que salieron a pie de las tierras egipcias, la palabra "mil" proviene del hebreo *eleph*, que también puede ser una referencia a un grupo familiar o clan. De acuerdo con esta comprensión, la cifra sería seiscientos clanes que participaron del éxodo. En este caso, se trataría de grupos familiares que se identificaban de esa forma con propósitos militares (Nm 1:20-26; 1Sa 10:19).
- Las traducciones de la Biblia, de acuerdo con esta comprensión, destacan el "mil" pues es un elemento impresionante ya que la finalidad teológica es resaltar el poder divino en la liberación.
- Otra posibilidad es que esa cifra tan elevada se relaciona con la población en el reino de David y Salomón, que representaba un periodo ideal en la comprensión de la Biblia.
- Inclusive, hay académicos que piensan que esa cifra elevada es una especie de hipérbole para afirmar y destacar que todos los hebreos que estaban en Egipto salieron en el éxodo. De esa manera se subraya que la liberación del pueblo hebreo fue total y absoluta. Ante las intervenciones redentoras del Señor de los israelitas, nadie quedó cautivo en las tierras del faraón.

Con los grupos israelitas salieron también "toda clase de gente" (Éx 12:38), que no es una expresión necesariamente despectiva. Alude a los diferentes grupos étnicos que vivían en Egipto que también sentían y vivían la opresión del faraón. Entre esos grupos que salieron con Moisés o se les unieron en el camino de la liberación, podemos identificar: egipcios casados con israelitas (Lv 24:10); por lo menos, una mujer cusita casada con Moisés (Nm 12:1); madianitas (Nm 10:29); queneos (Jue 1:16) y; calebitas (Jos 15:13).

En este proyecto liberador no podemos descartar la posibilidad de que otros esclavos y grupos étnicos se hayan unido a las caravanas de Moisés y Aarón. Ser parte del éxodo de Egipto no era un asunto exclusivamente de raza, sino de reconocimiento teológico: quien organizó y dirigió ese plan maestro para romper las cadenas del cautiverio egipcio fue el gran Yo soy, el Dios de los hebreos, que se reveló a Moisés en una zarza en el monte Horeb.

El tiempo que los israelitas vivieron en Egipto es de cuatrocientos treinta años (Éx 12:40; Gá 3:17), aunque en algunas porciones bíblicas el periodo de cautiverio fue de cuatrocientos (Gn 15:13; Hch 7:6). Posiblemente, las cifras de los años en Egipto destacan que el periodo de esclavitud bajo el faraón fue largo y complejo. Los números cuarenta y sus múltiplos se relacionan en las Escrituras con una lección aprendida (Gn 8:6; 1Re 19:8; Hch 1:3). ¡Los israelitas estuvieron cautivos en Egipto hasta que aprendieron la lección! Y esa lección se relacionaba directamente con el conocimiento y la obediencia que debían darle al Dios de Abraham, Isaac y Jacob, que se había revelado posteriormente a Moisés (Éx 3:14-15).

Una vez de describe la salida de Egipto, de acuerdo con las narraciones bíblicas, Dios habló nuevamente a Moisés y Aarón para darles más instrucciones en torno a la celebración de la fiesta de Pascua (Éx 12:43-51). La celebración debía tener los siguientes componentes: la comida será únicamente para los hebreos, o para quienes se hayan circuncidado; se comerá en la casa, pues es una celebración de hogar; y todo el pueblo debía participar de la fiesta. Y la prohibición de extranjeros se relacionaba con tres tipos de grupos: esclavos comprados con dinero (Éx 12:44), transeúntes o visitantes (Éx 12:45) o incircuncisos o extranjeros residentes entre los israelitas (Éx 12:48).

La referencia a no quebrar ningún hueso del animal sacrificado, posiblemente, pone de manifiesto una creencia antigua. En esas culturas se pensaba que hacer sufrir o dañar el animal sacrificado más de lo necesario, podía traer al pueblo aflicción y problemas.

La fecha del éxodo

De acuerdo con el testimonio bíblico, el libro de Éxodo comienza unos cuatrocientos años después de la llegada de Jacob a Egipto (Gn 15:3; Éx 12:40). Posteriormente, en el capítulo inicial del libro (Éx 1:8), se afirma que se levantó un faraón que no había conocido a José, pero no identifica con precisión al nuevo monarca egipcio. Y esa peculiaridad en la narración bíblica, que destaca los eventos sin determinar con precisión los personajes, presenta una serie de desafíos históricos que debemos superar.

De acuerdo con la historia de Egipto, por el año 1570 a. C. hubo una revuelta que expulsó la dinastía extranjera de los hicsos de las tierras egipcias luego de doscientos años de presencia y administración nacional. Esa derrota permitió que llegara al poder una nueva dinastía egipcia, de raza semita, que gobernó el país hasta el 1310 a. C. Y con esos cambios abruptos es que las políticas internas egipcias se transformaron y afectaron adversamente la situación de los hebreos en Egipto.

Con las transformaciones internas en Egipto, el gobierno de los faraones vivió cambios importantes de dinastías. El general y futuro faraón Ramsés llegó al poder en el 1310 a. C. y estableció la dinastía decimonovena. Le sucedió en el gobierno su hijo, Seti I (1308-1290 a. C.) y, posteriormente, con su muerte, llegó al poder el famoso Ramsés II (1290-1224 a. C.), que para algunos estudiosos fue el faraón de Egipto en la época del éxodo de los israelitas hacia la Tierra Prometida. Y bajo el liderato de ese nuevo faraón, comenzaron los problemas de opresión e injusticias de los hebreos.

La liberación de Egipto constituye uno de los eventos con implicaciones teológicas más importantes en la vida del pueblo hebreo. Esa experiencia de ruptura y terminación del cautiverio se entiende en la Biblia como la intervención del Dios de los israelitas en medio de la sociedad egipcia. El objetivo era demostrar su extraordinario poder y revelar su voluntad renovadora, en contraposición a las divinidades egipcias y la autoridad de los faraones.

El éxodo de los hebreos de las tierras del faraón, en efecto, brinda al pueblo un sentido amplio de identidad e identifica el momento crucial en que los israelitas nacen y se organizan como nación. Descubrieron el poder de tener conciencia de ser un pueblo soberano y libre de cautiverios. Se trata de un evento de fundamental importancia en la historia bíblica.

Las narraciones del éxodo de Egipto (Éx 12:37-51) tienen importantes ecos teológicos en la literatura histórica (1Sa 12:6; 1Re 8:51), poética (Sal 78:12-16) y profética (Is 11:16; Jer 2:6; Ez 20:9) en las Sagradas Escrituras. Presentan, de manera elocuente, el corazón de la revelación bíblica. Ponen de relieve, de forma magistral, la naturaleza y voluntad de un Dios que es capaz de escuchar el clamor de un pueblo y ver su cautiverio para descender a liberarlo. Ese singular Dios, identificado como el Señor de los israelitas o hebreos, se presentó ante Moisés de forma extraordinaria (Éx 3:1-13), y manifestó su esencia profunda al revelar su nombre propio (Éx 3:14-15).

Ese recuerdo de liberación y formación de los hebreos como nación, se mantiene vivo no solo en el Antiguo Testamento sino en el Nuevo (Hch 7:40; Heb 8:9). Inclusive, en medio de las penurias del exilio y cautiverio en Babilonia, el pueblo soñaba con una nueva experiencia de liberación, que comparaba a la experiencia del éxodo de Egipto.

Como en las narraciones bíblicas del éxodo se destacan las intervenciones especiales de Dios en el pueblo, además de afirmar la teología bíblica de rechazo al cautiverio, es difícil determinar la fecha del evento con precisión. Dos elementos complican la determinación de la época del éxodo: en primer lugar, los relatos bíblicos no identifican específicamente el faraón que rechazaba la voluntad de Dios y respondía negativamente a los reclamos de Moisés y Aarón, pues estaba con el corazón endurecido. Y como los faraones que se conocen en esos siglos son varios, y con nombres repetidos, la tarea se hace complicada.

Un segundo factor de importancia, que desafía nuestra comprensión plena de la cronología del evento, es que las referencias concretas al éxodo de los hebreos en la literatura egipcia son casi inexistentes. Ese silencio oficial de los archivos faraónicos, sin embargo, no debe ser sorpresa ni motivo de preocupación, pues las autoridades egipcias evitaban hacer referencia escrita a experiencias de derrota o desafío nacional. En la sociedad de los faraones, no era común hacer constar de forma escrita eventos donde se presenta a Egipto de manera negativa o circunstancias donde se aluda al gobierno con debilidad.

Referente al éxodo de los israelitas de las tierras egipcias, el evento debe haber sido una gran vergüenza para los faraones, pues debió haber afectado adversamente la economía nacional; además, la incapacidad del ejército de detener a los grupos israelitas debió constituir una seria preocupación en el gobierno, pues afectaba directamente la seguridad nacional. Esos factores pueden ser la causa del silencio oficial de la salida de Egipto de los israelitas y otros grupos oprimidos que deseaban huir de una sociedad que los marginaba y oprimía.

Como la evidencia bíblica que contribuye a identificar la fecha de la salida de los grupos hebreos de Egipto no es clara, los estudiosos dependen de dos fuentes básicas. La primera evidencia es interna, y se encuentra en las narraciones de varios pasajes bíblicos. Uno de esos textos hace referencia al año cuatrocientos ochenta, luego que los hijos de Israel salieran de Egipto y al cuarto año del reinado de Salomón (1Re 6:1). Esta fecha ubica el éxodo a mediados del siglo XV a. C., como en el 1450 a. C.

Otra posibilidad de identificación de la fecha del éxodo se apoya en la evidencia externa. El fundamento de esta comprensión alterna se relaciona con el estudio y la arqueológica de los descubrimientos en la región. La destrucción de las grandes ciudades en Canaán se produce alrededor del siglo XIII a. C., especialmente en la época administrativa del faraón Ramsés II, también conocido como el Grande en Egipto. Y si se toma en consideración el componente arqueológico, la lectura de los cuatrocientos ochenta años en el texto bíblico (1Re 6:1), debe entenderse como una referencia simbólica a doce generaciones de cuarenta años cada una (p. ej., 12 x 40 = 480 años).

La opresión de los israelitas se manifestaba principalmente en las antiguas ciudades de Pitón y Ramsés, que eran centros importantes en la economía y la administración pública egipcia. La arqueología ha permitido ubicar la ciudad de Pitón en un lugar cerca del lago Timsah, en medio de un valle que llega hasta el río Nilo.

La ciudad de Ramsés se asocia con Tanis, como se le conoce el día de hoy, donde los hicsos tenían su capital al norte del país. Esa ciudad también se identifica como Avaris, que fue totalmente destruida y desocupada, luego de la derrota y expulsión de los hicsos (c.1550 a. C.). Posteriormente, fue reedificada por Ramsés II, aunque la capital de la nueva dinastía faraónica se ubicó al sur de la nación, en Tebas.

Los faraones asociados al éxodo de los israelitas de Egipto podrían ser los siguientes, de acuerdo con la arqueología: el faraón que no conocía a José y comenzó la opresión y el mal trato de los hebreos, puede ser Seti I (1308-1290 a. C.); el faraón del éxodo sería Ramsés II (1290-1224 a. C.) y el primer faraón que alude a los israelitas, de acuerdo con los descubrimientos arqueológicos, es Merneptah (1224-1216 a. C.).

La verdad es, sin embargo, que la comprensión arqueológica de la fecha del éxodo también presenta dificultades. Especialmente debemos aludir a la importante inscripción del faraón Merneptah de finales del siglo XIII a. C., en la cual se alude a Israel como uno de los pueblos que ya estaban asentados en Canaán. Y esa referencia hace posible que el éxodo se produjera en el siglo XV a. C.

Independientemente de la fecha del evento, la salida de los hebreos de Egipto constituye una de las afirmaciones teológicas más importantes de la Biblia. En primer lugar, pone de relieve al Dios que rechaza los cautiverios y las opresiones; además, identifica un punto fundamental en la historia del pueblo de Israel. En efecto, para la teología bíblica el éxodo presenta al Dios libertador, y para la historia de Israel, la salida del cautiverio egipcio identifica el inicio de un peregrinar histórico como nación con conciencia de pueblo independiente. El tema de las intervenciones divinas en las sociedades y la historia tienen un punto culminante en las narraciones del éxodo.

La ruta del éxodo

La determinación precisa de la ruta que siguieron los israelitas al salir de Egipto hacia la Tierra Prometida presenta desafíos formidables. Salieron de Ramsés y Sucot, cruzando el mar Rojo, para llegar a Canaán, cruzando el río Jordán; ambos cuerpos de agua fueron superados por las intervenciones especiales y milagrosas de Dios. Desde el inicio del peregrinar, hasta que llegaron a la Tierra Prometida, las narraciones bíblicas destacan el poder divino con una finalidad básica: liberar a los israelitas del cautiverio del faraón en Egipto. Los prodigios divinos y las intervenciones milagrosas son componentes constantes en las narraciones del éxodo.

Antes de explorar las diversas alternativas del viaje, vamos a identificar los lugares a los cuales las narraciones bíblicas hacen referencia. Las alusiones a montes, ciudades, desiertos y oasis son muy importantes, pues pueden servir de apoyo para comprender la ruta y analizar las dificultades que encontraron los israelitas en el viaje que los llevó de Egipto a Canaán. Además, esos lugares constituyen los escenarios en los cuales el texto bíblico afirma se llevaron a efecto intervenciones divinas milagrosas.

A continuación, se presenta la ruta tradicional del éxodo que sigue las narraciones que se incluyen en el Pentateuco, especialmente en el libro de Éxodo. Se trata de una lista de lugares de importancia histórica y teológica. Esta ruta, conocida como el Camino del mar, llega hasta la punta de la Península del Sinaí al sur, y luego prosigue hacia el norte, cruza los terrenos de Transjordania, para finalmente llegar al monte Nebo, frente a la antigua ciudad de Jericó. Y desde esos lugares, el pueblo hebreo, al mando de Josué, entró a la Tierra Prometida.

La lista de lugares que forman parte del peregrinar de los israelitas es la siguiente:

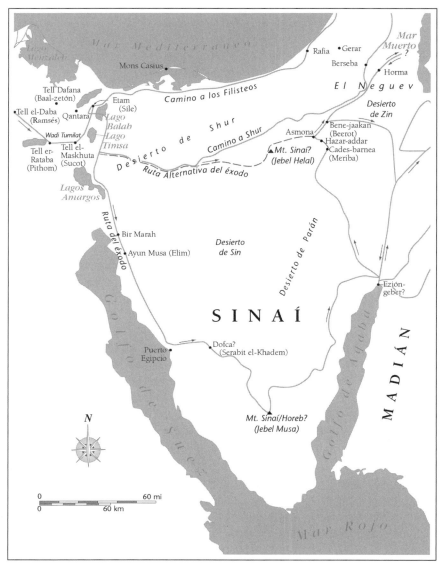

Mapa de posibles rutas durante el éxodo.

- Ramsés: en esta ciudad es donde comienza el viaje de salida de los hebreos de las tierras de Egipto (Éx 12; Nm 33:5).
- Sucot: constituye el primer lugar de campamento cuando los israelitas salieron de las tierras del faraón, junto a otros grupos de esclavos (Éx 13:20-22).

- Etam: al salir de Sucot acamparon en Etam, a la entrada del desierto (Éx 13:20). De singular importancia teológica es que el Señor acompañaba al pueblo de día, con columnas de nubes; y de noche, con columnas de fuego (Éx 13:21).
- Pi-hahirot: fue en este lugar donde los israelitas cruzaron el mar Rojo, entre Migdol y el mar, y frente a Baal-zefón (Éx 14:2).
- Mara: en hebreo, *mara* significa "amargo", que es una referencia a las condiciones del agua que se encontraban en el pozo del lugar (Éx 15:23-26). Y para apoyar la salud y el paso liberador de los israelitas, el Señor "endulzó" las aguas; es decir, las transformó para que los hebreos pudieran saciar la sed para seguir su camino hacia la liberación.
- Elim: en el viaje por el desierto, los israelitas acamparon en este lugar, que posiblemente era un oasis, con doce fuentes de aguas y setenta palmeras (Éx 15:27). La referencia a los números "siete" y "doce", puede ser una indicación de que el lugar, para la narración bíblica, era ideal. Estaba a unos 130 km. del canal de Suez.
- Desierto de Sin: ubicado entre el oasis de Elim y el monte Sinaí, esta región del desierto era importante, pues se constituyó en el contexto de los milagros del maná y las codornices para alimentar a los hebreos.
- Refidim: posiblemente está ubicado en las cercanías del monte Sinaí, y fue el escenario de la importante batalla de Moisés contra la tribu de Amalec, que provenían del sur de Canaán, cerca de Edom en el Neguev (Nm 13:29; 1Sa 15:7). Este conflicto era una especie de preámbulo a los desafíos militares que enfrentaría el pueblo para conquistar la Tierra Prometida.
- Monte Sinaí, también identificado como monte Horeb o Jebel Musa: la importancia del lugar no puede subestimarse, pues es el escenario de la revelación extraordinaria y milagrosa de los Diez Mandamientos, es el monte donde Dios dio a Moisés la Ley. Además, de acuerdo con las narraciones bíblicas (Éx 19:1–40:38; Lv 1:1–27:34; Nm 1:1–10:10), los israelitas se quedaron en el Sinaí hasta que el Señor les ordenó proseguir el camino a la Tierra Prometida. Tradicionalmente, el monte se ha ubicado al sur de la Península del Sinaí en el lugar conocido como Jebel Musa.
- Desierto del Sinaí: en este desierto de la Península del Sinaí es donde Dios da las instrucciones a Moisés y al pueblo para construir el Tabernáculo de reunión, que representaba el centro del encuentro de Dios con su pueblo y lugar de los sacrificios (Éx 25:1–31:17).

- Campamentos en el desierto: en medio de una serie de dificulta-des alimenticias, Dios ordenó a Moisés que convocara a setenta ancianos del pueblo para organizar en esos campamentos la ad-ministración de los procesos alimenticios de la comunidad (Nm 11:1-35).
- Los montes de Seir: ubicados por el camino del Arabá que viene de Elat y Ezión-geber. Esos nombres identifican posiblemente la misma ciudad que estaba al norte del Golfo. Y los montes aluden a la región donde habitaban los edomitas, que eran descendientes de Esaú, hermano mayor de Jacob. Por esta razón en el texto bíblico se indica que se consideraban hermanos de los israelitas (Gn 36:8).
- Cades-barnea: se trata de un oasis entre los desiertos de Parán y Zin, que no está lejos de la sección sur de las tierras de Canaán (Nm 34:3-4; Jos 15:1-3). Desde ese lugar, Moisés envió los espías a explorar la Tierra Prometida. Además, los israelitas acamparon en este lugar por muchos años, pues se rebelaron al recibir los in-formes de los espías, y no pudieron conquistar las tierras de Ca-naán en ese momento (Nm 13:1-3, 17-33; 41-45; 32:8; Dt 2:14).
- Edom: luego de una larga estadía en Cades-barnea, los israelitas prosiguen su camino hacia Canaán, pero los edomitas, en Trans-jordania, que eran descendientes de Esaú (Gn 36:1-43), no per-mitieron el paso (Nm 20:14-21; 22:1—24:25).
- Monte Nebo: es el lugar desde donde Moisés contempló la Tierra Prometida y presentó sus últimos tres discursos (Dt 1:1—32:48-52). El lugar representa al Dios que cumple sus promesas, pues permitió que Moisés viera la Tierra Prometida, Canaán.
- Llanura de Moab: en su paso hacia Canaán, Dios instruyó a los israelitas para dividieran las tierras de Moab y echaran del lugar a sus habitantes (Nm 33:50-56).
- Río Jordán: los israelitas, bajo el mando de Josué, cruzaron el río Jor-dán en medio de un acto milagroso. Posteriormente, llegaron a Gil-gal e hicieron un altar con las piedras que habían traído del Jordán, para recordar el milagro de la división de las aguas (Jos 3:1—5:1).
- Jericó: es la primera ciudad conquistada y destruida por los is-raelitas en el proceso de llegar a la Tierra Prometida, Canaán. Constituye el inicio del proceso de conquista que hace realidad la promesa divina de llevarlos a unas nuevas tierras, donde no habrá cautiverio para el pueblo de Dios.

Entre los desafíos que enfrentan los estudiosos del éxodo para identificar la ruta precisa del peregrinar por el desierto de los israelitas está la falta de evidencia arqueológica del proceso de liberación que duró décadas. La carencia de referentes históricos y arqueológicas del paso de una muchedumbre de hebreos por el desierto ha hecho que algunos académicos destaquen la importancia teológica de las narraciones bíblicas y subestimen o rechacen la historicidad del evento.

Referente al recorrido del éxodo, en primer lugar, debemos afirmar que, según el testimonio bíblico, Dios no llevó a los israelitas por la ruta más corta. Esa ruta rápida, conocida como el camino de Horus, estaba fuertemente protegida por los ejércitos egipcios y los llevaba por las tierras filisteas, en las cuales debían luchar para proseguir el camino. Posiblemente, en esta etapa temprana del peregrinaje, los israelitas no estaban bien preparados para la guerra. Y quizá, ante unos enemigos fuertes como los filisteos, la tentación del pueblo hubiese sido regresar a las tierras del cautiverio en Egipto.

El camino del desierto que siguió Moisés los llevaba por una ruta más larga, pero le daba al pueblo el tiempo necesario para reflexionar sobre las decisiones tomadas. Además, ese sendero largo que los llevaba por el sur de la Península del Sinaí era como una especie de contexto educativo y de preparación antes de llegar a la Tierra Prometida. Esa singular ruta del desierto, aunque les tomaría más tiempo, permitía a Dios intervenir en medio de la comunidad para demostrar al pueblo su poder y revelar la Ley a Moisés en el monte Sinaí. Y ese camino largo fue testigo de intervenciones milagrosas de Dios, que prepararon al pueblo para llegar a Canaán.

Una nota de importancia histórica y teológica se incorporó en los relatos del éxodo. Moisés tomó los huesos de José para llevarlos a la Tierra Prometida (Éx 13:20-22). Ese acto debe entenderse en el contexto teológico de un Dios que cumple sus promesas. Dios prometió a José y a los patriarcas del pueblo un futuro glorioso, y con el éxodo ese porvenir grato se traducía a la realidad de la historia. Esta narración referente a José destaca una importante cualidad teológica de Dios que se hace realidad en todo el peregrinar del éxodo: el Dios de Abraham, Isaac y Jacob, y también de Moisés, cumple sus promesas.

La ruta de la salida de los israelitas de Egipto se presenta con detalles en las narraciones del libro de Éxodo hasta Deuteronomio, aunque en Números hay un relato conciso (Nm 33). En general, los relatos en el libro de Números concuerdan con la narración total del Pentateuco, pues las diferencias son en detalles que no afectan adversamente la importancia del itinerario, la identificación de los lugares de estadía del pueblo y la pertinencia de las revelaciones divinas.

La consagración de los primogénitos hebreos

Antes de proseguir con los detalles de la salida de Egipto y con la presentación de las demostraciones concretas de la presencia divina en medio del pueblo, el libro de Éxodo incorpora un detalle importante en el proceso. Se trata de una explicación de la importancia de la consagración de los hijos primogénitos (Éx 13:1-16). Dios habló a Moisés para que consagrara todo primogénito, tanto de los hijos de Israel como de los animales.

La explicación de Moisés al pueblo destaca la importancia educativa de la consagración, pues recordaba la salida de Egipto, que implicaba el fin del cautiverio del faraón. Además, esas instrucciones destacan un elemento teológico fundamental: fue el Señor quien propició la liberación, que llevó a efecto con "mano fuerte". La idea es afirmar el poder divino no solo contra el faraón y sus ejércitos, sino para afirmar la importancia de las revelaciones y los milagros que se llevaron a efecto durante el proceso. Y el mes de Abib, Nisán en el calendario israelita, incluye parte de los meses de marzo y abril.

Tradicionalmente, en el Oriente Medio antiguo se consideraba que el primer hijo de alguna familia pertenecía a la deidad. Esa convicción llevaba a algunas comunidades a sacrificar a esos hijos para asegurar la fertilidad de las tierras. Sin embargo, entre los hebreos, los primogénitos eran consagrados a Dios para que sirvieran en alguna función cúltica. Con el tiempo, esa función sacerdotal se transfirió a los levitas (Nm 3:11-13).

En las instrucciones mosaicas se incluye una referencia a Canaán como "tierra que destila leche y miel" (Éx 13:5), para destacar el cambio de ambiente después de vivir por años en territorios desérticos luego del éxodo de Egipto. La identificación de heteos, amorreos, heveos y jebuseos, aluden a los pueblos que habitaban esas tierras cananeas. Se reafirma la importancia educativa de la celebración, donde se explica al hijo el significado liberador de la Pascua y de la fiesta de los Panes sin levadura. Y se incluye, en el proceso educativo, una señal en la mano y en la frente, para recordar la Ley de Dios (Éx 13:9-10).

El sacrificio y la consagración a Dios incluía a los animales, excepto los asnos, posiblemente por su importancia para la carga como apoyo al pueblo. En vez de sacrificios, los asnos, así como los hijos primogénitos, podían ser redimidos y liberados del sacrificio con una ofrenda especial (Éx 13:13).

La salida de Egipto y el mar Rojo

El faraón, en medio de la crisis de la muerte de los hijos primogénitos en Egipto, dejó salir a los israelitas que, en vez de seguir la ruta de los filisteos, que era más corta para llegar a Canaán, tomaron un camino más largo por el desierto de la Península del Sinaí para llegar al mar Rojo. Y los hebreos salieron armados, dice el texto bíblico (Éx 13:18), que es una indicación que se entendían como un ejército presto para la batalla.

La reacción inicial de los israelitas al percatarse que el faraón y sus ejércitos los perseguían fue de temor. Ese sentimiento de angustia los hizo clamar al Señor (Éx 14:10-12), que más que una oración era una queja, un tipo de reclamo que culpaba a Dios por estar en esa situación de huida y persecución. El texto bíblico de esta manera trata de presentar las ambivalencias del grupo de hebreos, que ya habían visto las intervenciones divinas, pero que en medio de las dificultades se desorientaban.

La reacción de Moisés a las inseguridades del pueblo fue de valentía y exhortación (Éx 14:13-14). Los motivó a superar el temor, a no detenerse y a estar firmes para ver y disfrutar la liberación que el Señor traería. El fundamento de su mensaje es que Dios mismo peleará por el pueblo. La afirmación mosaica es a dejar de quejarse para ver la capacidad y el compromiso divino en acción. Y ante la actitud del pueblo y la revelación divina, Moisés dice al pueblo que marche (Éx 14:15).

El llamado "camino de la tierra de los filisteos" (Éx 13:17) era parte de la antigua ruta principal entre Egipto y Babilonia, que se conocía como el gran camino troncal. Esa ruta pasaba por los territorios filisteos a lo largo de la costa del mar Mediterráneo, llegaba al valle de Jezreel, al sur del monte Carmelo, y proseguía al norte para llegar a las tierras babilónicas. Este camino estaba fuertemente protegido por guarniciones de los ejércitos egipcios, pues era muy importante para la prosperidad comercial de Egipto y fundamental para la seguridad nacional del faraón.

La presencia del Señor con el pueblo israelita fue una constante desde que emprendieron su viaje de liberación. La primera demostración especial de esa cobertura divina se manifestó en una "columna de humo" durante el día para guiar al pueblo por el camino, y una "columna de fuego" en las noches para iluminar el sendero (Éx 13:21). Y ese acompañamiento milagroso del Señor siempre estuvo presente, pues era una especie de corroboración de la revelación divina a Moisés en la zarza (Éx 3:12).

Desde la perspectiva literaria, "la columna" alude un pilar que sostiene alguna estructura como el techo de una casa o edificio; y el humo y el fuego son símbolos de la presencia divina (Is 6; Éx 20). Además, la columna de humo se puede relacionar con los remolinos de viento y polvo que se forman en el desierto del Sinaí por los cambios bruscos en la temperatura; y la referencia al fuego puede aludir a los relámpagos que se pueden ver en el desierto, que en las noches se perciben como columnas. La imagen del fuego representa varios beneficios al pueblo, entre los que se encuentran luz y calor.

Una vez comenzaron el viaje de salida, los israelitas enfrentaron varios desafíos. Una vez más el faraón cambió de parecer, pues "endureció su corazón" (Éx 14:4). ¡Decidió perseguir a los hebreos con sus generales, ejércitos e infraestructura militar! Y los encontró cerca de Pi-hahirot y frente a Baal-zefón, al oeste del mar Rojo.

De acuerdo con la narración bíblica (Éx 14:12-31), el ambiente era de tensión, pues el faraón venía en una actitud desafiante de guerra y destrucción. Los israelitas reconocieron esa intención del líder egipcio y con temor se quejaron ante Moisés. El líder de la liberación hebrea respondió con una afirmación de esperanza y seguridad. Y dijo al pueblo que la salvación provenía del Señor; también indicó que no volverían a ver a los egipcios que los perseguían. Afirmó con seguridad y valentía que el Señor iba a pelear por ellos y que el pueblo debía estar tranquilo.

En medio de esas dinámicas de crisis y preocupaciones, y también con una palabra de esperanza y seguridad, el Señor continuó sus instrucciones. Ordenó a Moisés extender su mano y alzar la vara sobre el mar para dividirlo, y de esa manera poder cruzar el cuerpo de agua sin dificultad. El ángel del Señor y la columna de humo se pusieron detrás del pueblo para separarlo y protegerlo de los ejércitos del faraón. Y como los ejércitos egipcios entendían que la nube era tenebrosa, no se acercaron a los israelitas.

Finalmente, Moisés siguió las instrucciones divinas y se abrió el mar. Este milagro se llevó a efecto con un viento recio que separó las aguas para que el pueblo cruzara el mar en seco sin dificultad. Las aguas se dividieron como en dos muros, a la derecha y la izquierda, para el paso triunfante de los israelitas. Y la referencia al viento de Dios, simboliza el poder divino en acción.

De acuerdo con la narración bíblica (Éx 14:23-29), los egipcios persiguieron a los hebreos y comenzaron a cruzar el mar, pero a mitad de camino la división del mar terminó y el ejército pereció. Y al ver esas actividades e intervenciones divinas, los israelitas creyeron a Dios y a su siervo Moisés.

Se han propuesto varias teorías para explicar el fenómeno del cruce del mar. Algunos estudiosos sugieren que un viento occidental amontonó las aguas a la derecha y la izquierda, aunque sería difícil para los israelitas cruzar el mar en medio de vientos tan fuertes. Otros académicos piensan que, como producto de alguna actividad sísmica o volcánica, se propició en las aguas del mar una baja importante en la marea. Aun otros analistas del tema indican que los israelitas cruzaron el mar en medio de una marea baja, y los egipcios, por haberse desorientado con la oscuridad de las nubes, llegaron cuando la marea había subido y perecieron en el mar. Referente a este singular episodio, el texto bíblico indica que cuando llegó al mar el ejército del faraón, Dios envió otro viento recio para salvar a los israelitas y destruir a los egipcios, que cuando se percataron del peligro inminente fue tarde para salvarse (Éx 14:25).

El mar Rojo, en hebreo, se identifica como *Yam Suf*, que literalmente alude al mar de los juncos o de los cañaverales. La expresión mar Rojo proviene de la traducción al inglés de la versión griega del Antiguo Testamento conocida como la Septuaginta, que identifica el cuerpo de agua como Reed Sea que se entendió como Red Sea de donde viene la referencia al mar Rojo.

La identificación del lugar donde cruzaron los israelitas el mar es difícil de precisar. Los dos brazos de mar que rodean la Península del Sinaí, en la actualidad se identifican como el mar de Aqaba y el golfo de Suez. Las referencias al mar Rojo en la antigüedad incluían no solo los dos cuerpos de agua alrededor del Sinaí, sino los pantanos y lagos que estaban en lo que en épocas modernas se conoce como el canal de Suez, entre el golfo y el mar Mediterráneo.

Al estudiar las referencias al cruce del mar de los israelitas es de suma importancia notar que ese tema ha sido fundamental en el desarrollo de la teología bíblica (Sal 106:6-12; Is 42:13; 62:7-14; 1Co 10:1-2). Ese acto milagroso pone de relieve una vez más las siguientes afirmaciones teológicas: el compromiso divino con la liberación del pueblo, la naturaleza de Dios al cumplir sus promesas y el rechazo del Señor al cautiverio egipcio y la opresión del faraón.

El cántico de Moisés y María

Luego de presentar las narraciones de la salida de Egipto y del cruce del mar Rojo, y antes de comenzar los relatos de la revelación de la Ley en el monte Sinaí, el libro de Éxodo incluye un cántico de gran contenido teológico, referencias históricas y virtudes literarias tradicionalmente conocido como el Cántico de Moisés y María (Éx 15:1-21). Se trata de un poema de triunfo que expone, de forma poética, el cruce de los israelitas del mar Rojo. Es un himno de celebración que afirma las intervenciones redentoras de Dios en el momento oportuno. Y es una manera poética de cerrar esta etapa del proceso de liberación.

La alabanza a Dios se puede dividir en tres componentes básicos. El primero (Éx 15:1-12), celebra y canta a la victoria extraordinaria de Dios sobre el faraón y sobre los ejércitos egipcios. El segundo (Éx 15:13-18), describe cómo el Señor dirigió a los israelitas por el desierto en su peregrinar hacia la Tierra Prometida. Y finalmente, el tercero (Éx 15:19-21), que se presenta en prosa y en poesía, describe las reacciones del faraón y de María, la hermana de Moisés, ante el acto divino y milagroso.

Este poema, que también puede identificarse como el Cántico del mar, es la reacción de un pueblo que agradece la intervención de Dios en un momento de crisis terminal. Esa acción divina, en el momento preciso, generó en la comunidad hebrea un sentido amplio de esperanza y gratitud, pues frente al mar y perseguidos por el faraón todo parecía perdido. Y como resultado del milagro, y en respuesta de gratitud, nace una nueva experiencia de fe por la victoria y la liberación de Egipto.

De singular importancia, al analizar el poema, es descubrir que el cántico no exalta a Moisés ni a Aarón, que fueron agentes en el proceso de liberación, sino que alaba y glorifica al Señor, a quien describe como Dios, padre y guerrero (Éx 15:2-3). Además, el himno afirma al Señor como mi fortaleza, mi canción y mi salvación (Éx 15:2), que son maneras íntimas de describir las relaciones del pueblo con su Dios. Y la alabanza se fundamenta en el acto milagroso fundamental: Dios los salvó al arrojar al ejército del faraón a lo profundo del mar.

La referencia a Dios como "mi fortaleza" (Éx 15:2) es muy importante, porque alude a la seguridad que produce ser parte de un pueblo liberado y transformado. Y como la expresión tiene implicaciones de seguridad inmediata (Sal 61:3), expresiones figuradas como "torre fuerte" (Is 26:1), "poder físico" (2Sa 6:14), e ideas como "virtud personal, social y política" (Sal 118:14; Is 12:2; 45:24), se utilizan en la adoración del pueblo hebreo con alguna regularidad.

El Dios que es fortaleza es también salvación, idea que transmite los importantes conceptos de "bienestar y prosperidad" (Job 30:15), "liberación y auxilio" (2Sa 10:11), "superación de angustias" (Is 33:32; Jon 2:9) y "redención y liberación espiritual" (Is 42:6; 52:7; 59:11). Referente al cántico, además, es importante indicar que, aunque el contexto inmediato es la destrucción del ejército egipcio, en el preámbulo al poema hay una muy clara e importante profesión de fe ante el Señor (Éx 14:31). Y esos detalles destacan los dos componentes fundamentales del cántico de Moisés: la liberación de los ejércitos del faraón y la redención espiritual con implicaciones históricas.

Otras referencias a Dios en el poema incluyen las ideas de "mi padre" (Éx 15:3), que identifica al Señor de los patriarcas con Moisés y los israelitas que salen de Egipto, además de transmitir la idea de intimidad y protección divina; y "el Señor es un guerrero" (Éx 15:3) y "el Señor peleará por ustedes" (Éx 14:14) ubican la alabanza en un ambiente de guerra y tensión personal y nacional.

El cántico de Moisés es la presentación poética de la manifestación plena del poder de Dios. Con los relatos de la salida de Egipto, específicamente con las narraciones del paso por el mar y el triunfo de Moisés y los israelitas sobre los ejércitos egipcios, se destaca el poder y la autoridad divina no solo sobre el faraón, sino sobre las divinidades de Egipto.

La referencia a la "diestra" o mano derecha del Señor, alude al poder de Dios (Sal 20:6; 48:10), además de ser agente de bendición, gracia y de misericordia divina (Gn 48:17; Sal 16:11). El "soplo de tu aliento" (Éx 15:8) describe los vientos que dividieron el mar Rojo, que a su vez representan el poder del Señor, que es capaz de redimir al pueblo (Sal 77:15-20).

De singular importancia, es notar que el himno alaba a Dios por su naturaleza salvadora y su compromiso con el pueblo, y afirma el poder divino que ya se ha manifestado para la destrucción de los ejércitos enemigos y también agradece al Señor lo que hará en el futuro, especialmente en los procesos de conquista de las tierras de Canaán (Éx 15:11-18).

En ese singular contexto teológico, el poema destaca el poder divino sobre las divinidades egipcias y del mundo. El Dios del éxodo es majestuoso (Éx 15:11) o "glorioso" (Is 33:21), que significa amplio, grande, exaltado y noble, pues lo distingue la santidad, que incluye las ideas de "diferente", "separado" o "incomparable". Y ese extraordinario Dios es capaz de abrir la tierra para que se "tragara" a los ejércitos egipcios (Éx 15:11-12) que representaban un peligro mortal para los israelitas.

Posteriormente, la imagen del Dios guerrero se transforma en el Señor que es pastor, pues es capaz de guiar a su pueblo a la morada santa, en una referencia a la Tierra Prometida. La llegada a Canaán se hará posible por la manifestación del poder divino y mediante la misericordia del Señor que ha decidido redimir a los israelitas del cautiverio egipcio. Y esa misericordia divina se caracteriza por el amor fiel y constante del Señor.

El poema finaliza con una declaración firme y decidida del poder y el señorío divino. Con la afirmación "su reino es eterno" (Éx 15:18), se declara la superioridad del Señor que se reveló a Moisés en la zarza sobre el resto de las divinidades personales, locales y nacionales. Esa importante declaración teológica declara que el Dios del éxodo, que derrotó fulminantemente a los ejércitos del faraón en el mar Rojo, es Señor de señores, de la creación, de la humanidad y de la historia.

Al poema del triunfo en el mar Rojo se añade una sección final de reiteración. En esa ocasión la que canta es María, que se identifica solo como la hermana de Aarón, pues era el hermano mayor en la familia. Esta sección revela la costumbre israelita en la cual las mujeres celebraban las victorias nacionales con cánticos y danzas (Jue 11:34; 1Sa 18:6-7; Sal 87:7; 149:3; 150:4). La finalidad teológica de esta sección es destacar la intensidad extraordinaria de la victoria divina, pues el Señor "se glorificó" (Éx 15:21). La victoria sobre el faraón en el mar Rojo, en efecto, es una demostración clara y extraordinaria del poder del Señor de los israelitas.

Capítulo cuatro
Camino al Sinaí

Los israelitas llegaron al desierto de Sinaí
el primer día del tercer mes de haber salido de Egipto.
Después de partir de Refidín,
se internaron en el desierto de Sinaí
y allí en el desierto acamparon,
frente al monte, al cual subió Moisés para encontrarse con Dios.
Y desde allí lo llamó el Señor y le dijo:
Anúnciale esto al pueblo de Jacob;
declárale esto al pueblo de Israel:
"Ustedes son testigos de lo que hice con Egipto
y de que los he traído hacia mí como sobre alas de águilas.
Si ahora ustedes me son del todo obedientes
y cumplen mi pacto,
serán mi propiedad exclusiva entre todas las naciones.
Aunque toda la tierra me pertenece,
ustedes serán para mí un reino de sacerdotes
y una nación santa".
Comunícales todo esto al pueblo de Israel.

Éxodo 19:1-6

Las aguas de Mara

Luego del triunfo definitivo sobre el faraón y sus ejércitos en el mar Rojo, los israelitas siguen su marcha hacia la Tierra Prometida. Posterior a esa victoria especial de Dios sobre las divinidades egipcias, los hebreos orientan su peregrinar hacia el desierto y monte Sinaí. La llegada a ese lugar es de suprema importancia teológica en las narraciones del éxodo, porque ubica a Moisés como líder legislativo, político y espiritual, y también como el intermediario que Dios utilizó para revelar su voluntad al pueblo. Y esa voluntad divina, que se presenta en forma de Ley mosaica, ha jugado un papel protagónico en la historia, particularmente en la vida del pueblo de Israel, y también en el desarrollo teológico de las iglesias cristianas.

Los relatos que se incluyen antes de la revelación en el Sinaí (Éx 19:1–24:18) presentan una serie de experiencias fundamentales en la vida del pueblo hebreo, especialmente en las dinámicas entre la comunidad y Moisés, y las responsabilidades del pueblo con Dios. Estas narraciones, que prosiguen en el libro de Números (Nm 10:17), destacan la protección divina al pueblo, aun en medio de murmuraciones, problemas de alimentación, conflictos bélicos y desafíos administrativos. Y la manifestación de la misericordia de Dios se hace realidad en medio de milagros y prodigios que es una manera de indicar que, el Señor que sacó a los israelitas de Egipto, no ha terminado su labor de transformación, redención y liberación nacional.

La primera reacción de los israelitas al llegar al desierto, luego de la victoria en el mar, fue de frustración y desorientación. Inclusive, cuando se percataron de la falta de agua, añoraron la vida pasada en Egipto, aunque estuvieran cautivos y esclavizados. Pensaban que, aunque oprimidos, los amos egipcios brindaban lo indispensable para vivir. Sentían, en el camino hacia la liberación, que el cautiverio faraónico era mejor que el peregrinar hacia el futuro que era el camino hacia el cumplimiento de la voluntad de Dios.

El desierto era un desafío formidable, pues no tenía la infraestructura necesaria para las comodidades que los hebreos disfrutaban en Egipto. El desierto se caracteriza por la falta de agua y alimentos y por la inhospitalidad; además, las fieras y las tribus enemigas representaban problemas adicionales muy complejos. La superación del conflicto con el faraón abrió el camino para nuevos problemas y desafíos; en efecto, el camino al porvenir liberado trae consigo nuevas realidades y conflictos que el pueblo hebreo debía superar.

En ese singular contexto del desierto, en el cual la sed, el hambre y la incertidumbre eran problemas complejos, inmediatos y serios, los israelitas debían enfrentar y superar las adversidades con dignidad, sabiduría y valor. Además, las dificultades físicas afectaron adversamente el entusiasmo del pueblo que pensó, como posibilidad real para la supervivencia, regresar a Egipto con todo lo que representaba esa decisión en términos políticos, sociales y religiosos. ¡Creían que regresar al cautiverio del faraón era mejor que morir de hambre y sed en el desierto!

Una vez cruzaron el mar Rojo, Moisés se dirigió con el pueblo hacia el desierto de Shur, que se encontraba al oriente desde las fronteras de Egipto, cerca de Canaán. Sin embargo, al entrar en ese desierto inhospitalario se descubrieron sin agua y con sed. Y al llegar a un lugar identificado como Mara, que en hebreo significa "amarga", no pudieron beber las aguas del pozo, pues no eran potables.

La antigua Mara está, posiblemente, en la actual Howarah, en el Wadi-Amarah, donde el agua, aún el día de hoy, muestra las características amargas descritas en la Biblia. La tradición oral indica que hay un arbusto espinoso en la región que puede absorber la salinidad de las aguas. Posteriormente en la historia, hubo filósofos que reconocían la existencia de cebadas capaces de neutralizar el contenido salino de las aguas.

Esa primera adversidad de los israelitas al llegar al desierto de Shur fue el contexto básico para que el pueblo manifestara sus preocupaciones y frustraciones. ¡Comenzaron a murmurar contra Moisés! Culparon al líder israelita de estar en medio de una situación potencialmente de muerte. Responsabilizaron al líder del proyecto de liberación por enfrentar la escasez de agua al llegar al desierto.

De acuerdo con la narración bíblica, ese ambiente de murmuración y crisis propicia la intervención de Moisés, que clama al Señor ante la crisis del agua y en respuesta a la murmuración del pueblo. Las instrucciones divinas no se hicieron esperar: Dios mostró al líder israelita un árbol que, de acuerdo con las narraciones bíblicas, tenía la capacidad de endulzar el agua. Y de esa manera se superó la crisis inicial de la falta de agua en el desierto.

En ese contexto de murmuraciones y frustraciones, y también de prodigios y milagros, el Señor de los israelitas se muestra como el Dios sanador (Éx 15:26). De singular importancia en el relato es notar que el texto bíblico presenta una serie de "estatutos y ordenanzas" (Éx 15:25b-26) que afirman la importancia de la obediencia y la fidelidad como actitudes indispensables para evitar las enfermedades que el Señor envió a los egipcios como castigo por la testarudez del faraón. ¡La virtud de la sanidad, en la revelación divina, se relaciona directamente con la fidelidad y la obediencia!

Como parte de la transformación del agua en Mara, los israelitas llegaron con Moisés a Elim que se conoce en la actualidad como Wadi-Ghurandel, que tiene la corriente de agua más extensa en esa sección del desierto. Se trata de un oasis que tiene doce fuentes de aguas y setenta palmeras (Nm 33:9) que son números con gran simbología en las Escrituras. Este oasis tiene como un kilómetro y medio de ancho y es muy largo, y estaba a unos ciento treinta kilómetros de Suez; además, las palmeras en el desierto son signos de que cerca del lugar hay agua potable.

Dios da maná y codornices al pueblo

Las murmuraciones entre los israelitas no se detuvieron al superar las dificultades de agua en Mara. De acuerdo con el testimonio bíblico, Moisés y el pueblo salieron rumbo a Elim por el desierto de Sin que se encuentra al suroeste de la Península del Sinaí, al segundo mes y quince días de la salida de Egipto. Y en medio de ese nuevo desafío físico y soledad del desierto, y con escasez de alimentos y agua potable, el pueblo continuó con las murmuraciones contra Moisés y Aarón.

Los comentarios del pueblo, nuevamente, aludían a la comida que tenían en Egipto, en contraposición de la escasez que experimentaban en el desierto. El problema real era la posibilidad de morir de hambre y sed en el proceso de liberación, cuando en el cautiverio egipcio tenían comida y agua potable en abundancia. La lucha existencial del pueblo era clara: debían escoger entre la aparente comodidad y seguridad del cautiverio y la aventura e incertidumbres del proceso de liberación.

El tema bíblico prioritario en estas narraciones es la incapacidad del pueblo a reconocer, aceptar y disfrutar las virtudes de la redención nacional liderada por Moisés, aunque tenían que enfrentar adversidades y problemas en el proceso. Especialmente importante es notar que todas esas quejas se producen luego de experimentar la bondad y las intervenciones divinas previas a salir de Egipto ¡y después de ver cómo el poder del Señor los había librado de forma milagrosa de los ejércitos del faraón al abrir el mar Rojo! El texto destaca las actitudes impropias e irracionales del pueblo ante las manifestaciones misericordiosas y liberadoras de Dios.

La respuesta divina no se hizo esperar. Nuevos prodigios divinos se harán realidad en medio de los israelitas: tendrían maná de día y carne en la tarde. Los milagros, de forma significativa, vendrán de los cielos, que es una manera de enfatizar el poder divino en el proceso. Y en medio de ese entorno de revelación divina, se reafirma la importancia del día de reposo, el sábado, que es una manera de enfatizar la respuesta obediente que el pueblo debía dar a la manifestación de la misericordia divina.

El nombre "maná" (Éx 16:15) proviene del hebreo *man-hu*, que significa "qué es esto", y suena como *maná*. Las comunidades nómadas del desierto identifican el maná con una sustancia que segregan ciertos insectos en las hojas de los arbustos de los tamariscos que son abundantes en la región. Esa singular sustancia, que debe ser recogida temprano en la mañana pues se derrite ante los rayos del sol, se utiliza para la preparación de tortas y endulzar bebidas.

Para Moisés y los israelitas, de acuerdo con la narración bíblica, el maná era parte de la manifestación de la gloria de Dios (Éx 16:7), porque era enviado para apoyar y alimentar al pueblo en su peregrinar de liberación hacia la Tierra Prometida. Se trataba de la respuesta divina pertinente a las murmuraciones y preocupaciones del pueblo. Inclusive, mientras Aarón hablaba al pueblo (Éx 16:10), se manifestó la gloria divina en medio del desierto para que el pueblo entendiera que el Señor estaba pendiente de las necesidades de los israelitas.

Para mantener la memoria del milagro de la alimentación del pueblo en el desierto, se ordenó a Aarón a guardar en el Testimonio un gomer (que era una medida de aproximadamente litro y medio) o una muestra del maná (Éx 16:32), para que sirviera de evidencia a las futuras generaciones. Y esta referencia al "testimonio", puede aludir al Arca del Testimonio antes de que existiera, o a los Diez Mandamientos.

La gloria divina se manifestaba en las mañanas y también en las tardes cuando llegaban las codornices y cubrían el campamento de los hebreos. Esas aves emigran anualmente de Europa a África, en la temporada del otoño, para posteriormente regresar en la primavera. En esa emigración intercontinental, esas aves vuelan bajo por la Península del Sinaí, y si se encuentran con vientos contrarios fuertes, pueden ser capturadas al caer en tierra, pues están agotadas por el viaje.

La narración incluye, además, unos detalles importantes referentes al séptimo día, o el sábado, que no deben subestimarse. En las narraciones bíblicas, guardar el día de reposo era parte de la vida del pueblo, inclusive antes del éxodo y, ciertamente, antes de la revelación del Sinaí. El pueblo debía dedicar un día semanal para descansar y agradecer a Dios, pues estaba establecido desde los relatos iniciales del libro de Génesis (Gn 2:3).

Posteriormente, con la revelación en el monte Sinaí, el sábado se convirtió en señal del pacto de Dios con los israelitas, y también en el espacio educativo semanal, dentro del contexto íntimo de la familia, que permitía el recuerdo y la celebración de la liberación del pueblo de la servidumbre del faraón en Egipto. El sábado es un día de descanso, renovación y celebración (Gn 2:2-3; Éx 20:8-10; 23:12; 31:14-16; 35:1-2).

Para terminar la narración, el texto alude a la experiencia de comer el maná por cuarenta años, que puede ser un indicio del tiempo que tardarían en llegar a la Tierra Prometida. El pueblo siguió comiendo maná hasta que finalmente llegaron a Gilgal, que se encontraba en la tierra de Canaán (Jos 5:12).

Agua de la roca en Refidim

Una vez los israelitas salieron del desierto de Sim, acamparon en Refidim, que en la actualidad se piensa que está ubicado en el Wadi Freirán, de camino al monte Sinaí. Se trata de un desfiladero de unos 10 metros de ancho con rocas perpendiculares a ambos lados. Como el desierto de Sim es extremadamente seco, con muy poca vegetación, las sombras las producen las piedras a ambos lados del camino. La narración indica que los israelitas salieron por grupos, como lo había ordenado el Señor, que es una manera de destacar la administración efectiva, el orden y la obediencia al mandato divino.

Sin embargo, Refidim es un lugar sin agua y el pueblo, al verse inmerso nuevamente en el ambiente inhóspito del desierto, con inseguridad y sed, comenzó a protestar o discutir con Moisés. Las murmuraciones en esta ocasión no se hacían a espaldas del liderato, sino que los líderes del pueblo presentaron la queja de manera oficial, ¡pues necesitaban agua para sobrevivir!

La necesidad de agua en el desierto es una realidad que no debe ignorarse, pues es un elemento indispensable para la vida que puede determinar el éxito o fracaso de un peregrinar o algún proyecto de vida. Esa carencia del elemento fundamental para la supervivencia fue el contexto de una nueva ronda de murmuraciones. Y en esta ocasión, añaden los israelitas, que el objetivo de Moisés era llevarlos a morir en el desierto con sus hijos y animales.

Esa actitud de los israelitas representa un nivel adicional en la sociología de las quejas, los resentimientos y las murmuraciones. Era una manera de oponerse al liderato de Moisés de forma pública, además de ser una actitud de desconfianza pública al cuidado divino y de ignorar las acciones divinas que propiciaron la salida de Egipto y la derrota de los ejércitos del faraón.

La respuesta de Moisés ante el reclamo del pueblo fue directa: estaban quejándose a la persona equivocada, pues quién podía responder con efectividad a la crisis era el Señor (Éx 17:2). Además, clamó al Señor para que respondiera a la necesitad ya que parece que el pueblo estaba a punto de levantarse en contra del liderato de Moisés, pues la narración indica que estaban listos para apedrearlo (Éx 17:4).

Dios respondió a Moisés con unas instrucciones específicas. Debía tomar la vara, que representa la autoridad y el poder de Dios, y golpear la peña que estaba en Horeb, que significa "lugar desolado", para que salieran las aguas y saciar la sed del pueblo. Se trata de un milagro adicional que reitera el poder divino y vuelve a confirmar la naturaleza del Dios que había sacado a los hebreos de Egipto. El texto bíblico de esta forma destaca que el milagro se produce en un lugar que se caracterizaba por lo solitario, desértico e infructífero.

Luego del milagro, Moisés cambió el nombre del lugar para que sirviera de memorial de lo que Dios había hecho para salvar al pueblo. En esta ocasión, el acto milagroso del Señor no solo respondió a la falta de agua y a la actitud soberbia y prepotente del pueblo, sino que propició el cumplimiento de la promesa divina de llevar a los israelitas a la Tierra Prometida.

El lugar del prodigio divino se identifica con dos nuevos nombres: *Masah*, que significa en hebreo, "prueba", también se puede utilizar con la descripción de un proceso; y *Meriba*, que en hebreo alude a alguna querella o pleito. Esos nombres se convirtieron en símbolos de la falta de fe e imprudencia de los israelitas (Dt 6:16; 9:22; 33:8; Sal 95:8-9; Heb 3:7), a la vez que eran signos de la providencia divina y de la misericordia del Señor.

La batalla contra Amalec

Una vez se superaron las dificultades del agua en Refidim, los israelitas enfrentaron un problema nuevo y complicado: la férrea oposición de las tribus amalecitas que vivían en la región. Según el relato escritural, los amalecitas, que eran descendientes de Abraham y Esaú (Gn 36:12), atacaron a los hebreos en la región de Refidim, posiblemente de forma sorpresiva, con la finalidad de eliminar al grupo que desafiaba la autoridad y el control de las rutas comerciales entre Arabia y Egipto. Posiblemente, pensaban que, dadas las condiciones desérticas de la región, no había suficientes pastos y agua para sostener a un nuevo grupo de peregrinos.

Los amalecitas eran un grupo tribal que vivía en el Neguev, cerca de Edom, que dominaban el comercio y la seguridad de la región. Tradicionalmente, la Biblia los presenta como enemigos de Israel. En unión a los cananeos, los amalecitas trataron de detener el paso de los hebreos a la Tierra Prometida. Era un grupo antiguo (Nm 14:23-45) que posteriormente, inclusive, peleó contra los reyes Saúl y David (1Sa 15:30) para ser eliminados de manera definitiva en tiempos de Ezequías (1Cr 4:43). Incluso, de acuerdo con el libro de Ester (Est 3:1), Amán, el enemigo acérrimo de los judíos, era descendiente del rey Agag, rey de los amalecitas (1Sa 15:32, 33), que puede explicar su hostilidad irracional e inmisericorde contra la comunidad israelita en el reino.

Como el desafío militar de los amalecitas era formidable, Moisés nombró a Josué como general principal para guiar a los israelitas en la batalla. Y como parte de los protocolos militares, Moisés estaría, junto a Aarón y Hur y la vara divina, en el monte para dar las órdenes precisas a los combatientes.

La batalla duró horas, pero en el fragor del combate, los israelitas se percataron que mientras Moisés mantenía sus manos en alto triunfaban en la guerra, pero cuando las bajaba los amalecitas prevalecían contra los hebreos. Esa dinámica en las comunicaciones militares, que puede relacionarse con la capacidad del ejército israelita de ver las directrices de Moisés a la distancia, propició unos cambios importantes en las dinámicas de guerra. En ese contexto bélico, Moisés se sentó y, de acuerdo con el texto bíblico, Aarón y Hur se encargaron de mantenerle las manos alzadas.

Levantar las manos, posiblemente con la vara de los milagros de Dios empuñada, era signo de triunfo y presencia divina, aunque algunos estudiosos indican que era una manera de que los israelitas en el campo de batalla vieran las señales que hacía Moisés a Josué y sus generales. Esta narración es la primera que menciona a Josué en la Biblia, cuyo nombre significa "el Señor es salvación". Y Hur es, posiblemente, como indica la tradición judía, el esposo de María, cuñado de Moisés y Aarón, aunque el Talmud babilónico lo identifica como el hijo de Caleb y María.

El triunfo de Josué fue definitivo y firme, pues destruyó o deshizo "a Amalec y su pueblo" (Éx 17:13), que es una manera literaria de destacar la naturaleza de la victoria. Esa victoria se logró con un ejército sin previa experiencia bélica, no poseían necesariamente las mejores armas de combate, estaban acostumbrados al cautiverio y estaban prestos a murmurar en contra de sus líderes y quejarse ante las adversidades de la vida.

Ese triunfo significativo en el proceso de liberación nacional sirvió de base para que Moisés presentara una muy importante enseñanza a las futuras generaciones de israelitas. Dios mismo indicó que escribiera lo acontecido en un libro que destaca la importancia de la literatura en los procesos de preservación de la historia nacional.

Posteriormente, el líder hebreo edificó un altar que denominó *Yavé nisi*, que significa "el Señor es mi bandera o estandarte". Y con ese monumento, Moisés declaró públicamente el triunfo divino y perpetuó de una victoria definitiva de Dios contra los enemigos de su pueblo.

La visita de Jetro a Moisés

Las noticias de las victorias de Moisés sobre los ejércitos del faraón se diseminaron en las comunidades del desierto. La salida de los israelitas de Egipto y el triunfo sobre los ejércitos del faraón fueron actos extraordinarios que el pueblo atribuía directamente a Dios. Y esas extraordinarias acciones divinas en medio del pueblo, se convirtieron en motivos para que las familias celebraran el poder y la misericordia de Dios.

En medio de ese contexto de celebraciones y esperanzas, Jetro decidió visitar, felicitar y bendecir a su yerno. Llegó al Sinaí, al monte de Dios, y se presentó con la esposa e hijos de Moisés: Séfora y Gersón y Eliezer. El reconocimiento del poder divino se revela hasta en los nombres de los hijos, pues Gersón afirma que fue "forastero en tierra ajena" y; Eliezer, revela que "el Dios de su padre lo salvó de la espada del faraón" (Éx 18:3-4). Y la visita fue motivo de saludos, contentamiento y de testimonio de lo que Dios había hecho con los israelitas. Para Jetro era muy importante que, en el peregrinar hacia la Tierra Prometida, toda la familia de Moisés estuviera unida.

El relato del encuentro de Jetro y Moisés tiene detalles de importancia. En primer lugar, Moisés sale a recibirlo, en señal de bienvenida, y se inclina ante su suegro y lo besa, que era una forma de reconocer autoridad. Además, el líder hebreo contó a su suegro todo lo que Dios había hecho en el éxodo y frente al mar. Y Jetro, como muestra de agradecimiento a Moisés y aceptación del poder de Dios, reconoció que el Señor que había llamado a Moisés en la zarza era más grande y poderoso que todas las divinidades egipcias.

Nombramiento de jueces y apoyo administrativo

Al día siguiente de llegar a visitar a Moisés, Jetro se percata de las dinámicas relacionadas con la administración de la justicia en el pueblo. De importancia capital es el papel que jugaba Moisés en el proceso, que laboraba solo todo el día atendiendo las necesidades del pueblo. Era una labor extensa e intensa. De acuerdo con la respuesta de Moisés, el pueblo venía a consultar a Dios para cualquier asunto (Éx 18:15-16), y recibía del líder hebreo las leyes (en hebreo, *hukkai*) e instrucciones divinas (en hebreo, *torah*). Moisés era una especie de mediador, que presentaba la voluntad divina al pueblo en el desierto.

Las dos palabras que utiliza el texto hebreo para describir las acciones de Moisés son importantes, pues destacan elementos diferentes del proceso legal y judicial. En primer lugar, *hukkai* alude a las prescripciones, los decretos o las recomendaciones legales que en este contexto se refieren a diversos aspectos familiares, sociales, económicos y políticos de la vida (Is 10:1; Jer 32:11). *Torah* es la palabra que describe en esta narración los estatutos religiosos, las directrices divinas específicas y los elementos relacionados con la espiritualidad.

Respecto a estas expresiones es también importante señalar que la palabra hebrea *torah*, que tradicionalmente se entiende y traduce como "ley", literalmente significa "dirigir" o "señalar el sentido de dirección". Esas leyes divinas, que inicialmente orientaban al pueblo de forma oral, posteriormente fueron transformadas en un cuerpo escrito de recomendaciones y regulaciones.

Esas leyes divinas, asociadas a la tarea de Moisés, daban orientación en las esferas civiles, religiosas, políticas, éticas y morales. Referente a este tema de las labores de Moisés, es importante recordar su trasfondo en el palacio del faraón que, junto a su conocimiento de las tradiciones de los patriarcas, le brindó la infraestructura religiosa, legal y académica necesaria para llevar a efecto estas responsabilidades espirituales, jurídicas, legales y administrativas con el pueblo hebreo.

Una lectura cuidadosa de la Biblia hebrea revela que la palabra *torah* se utiliza en, por lo menos, cuatro formas específicas:

- Presenta las instrucciones, tanto divinas como humanas, que se brindan al pueblo en medio de sus realidades específicas.
- Describe los Diez Mandamientos de Moisés o el Decálogo.
- Identifica al Pentateuco, como un todo, para aludir a la Ley de Moisés (Neh 8:2; Mt 5:17; Lc 24:44).
- Y como referencia al Antiguo Testamento o la Biblia hebrea en general, pues contiene las instrucciones divinas necesarias para vivir a la altura de las revelaciones de Dios (Jn 12:34; 1Co 14:21).

La reacción de Jetro fue de asombro al ver la complicada tarea que Moisés llevaba a efecto solo. Como respuesta a esas dinámicas alrededor del líder hebreo, dio a su yerno dos recomendaciones básicas. Debía reorganizar sus labores diarias para convertirse prioritariamente en mediador o intermediario entre Dios y el pueblo; además, lo instruyó a identificar y seleccionar hombres fieles para atender los asuntos básicos en el pueblo. Y las personas que servirían de ayuda a Moisés, serán responsables y oficiales de grupos de mil, cien, cincuenta y diez personas, que indica su sabiduría administrativa y su capacidad organizacional.

De esa manera, Jetro destacó la importancia de las tareas que Moisés debía atender con prioridad como la intercesión y diálogo con Dios y la educación de la comunidad. Esa singular tarea didáctica incluía los componentes civiles y las instrucciones religiosas, que representan áreas de la vida que pueden generar tensión interpersonal y comunitaria.

Las características de las personas que debían servir de apoyo a la tarea administrativa diaria son las siguientes:

- Capaces (Éx 18:21): palabra que se asocia con la idea de tener fuerzas físicas, y se refiere a identificar personas con experiencia, competentes y aptos para la tarea legal que se les encomendaría. El propósito es tener personas capaces física, moral y espiritualmente.
- Temerosos de Dios (Éx 18:21): expresión que alude a personas con integridad y con valores morales y espirituales; además, identifica hombres firmes en sus convicciones, con reverencia a Dios y a los valores morales, éticos y espirituales relacionados con la revelación divina.
- Íntegros (Éx 18:21): literalmente se refiere a hombres que amen y vivan la verdad, para que sus opiniones, recomendaciones y decretos sean aceptados y reconocidos como confiables en la comunidad. La

palabra se asocia a un verbo que significa "confirmar", "sostener" y "creer", que implica que las personas seleccionadas por Moisés deben ser confiables.

- Aborrecedores de las ganancias mal habidas (Éx 18:21): los asistentes de Moisés en esa tarea administrativa y legal debían ser honestos, con la determinación y autoridad de identificar y rechazar los sobornos y los falsos testimonios que representan dinámicas que hieren los sistemas justos.

Finalmente, Moisés aceptó las recomendaciones de Jetro y las puso en práctica. Y despidió a su suegro que regresó a su tierra. Estas referencias a las dinámicas interpersonales y de autoridad entre suegro y yerno, ponen de relieve la cultura hebrea y destacan la importancia de aceptar los consejos y recomendaciones de las autoridades familiares.

Signos y enseñanzas

Las narraciones del peregrinar por el desierto y el cruce del mar pueden ser signos de una serie de enseñanzas importantes para el pueblo. Y entre esas lecciones, están las siguientes:

- Una vez comenzaron el viaje, era muy difícil regresar a Egipto.
- Las complejidades del camino hacían difícil la persecución de parte de los ejércitos del faraón.
- En el proceso, de acuerdo con el testimonio bíblico, el pueblo recibió una serie de enseñanzas importantes como aprender a confiar en las promesas de Dios en medio de los grandes desafíos de la existencia humana.
- Y era una manera de manifestar el poder de Dios en medio de las realidades de la vida de los israelitas.

La vida del pueblo hebreo camino al Sinaí, antes de llegar a la Tierra Prometida, Canaán, revela una tendencia singular de los israelitas hacia la murmuración, que preparaba el camino para las rebeldías contra Moisés, e inclusive, contra Dios. Este tema de la queja impropia del pueblo ante los desafíos del desierto se pone en evidencia clara, no solo en el libro de Éxodo, sino en las narraciones de Números (Nm 11:1-6; 14:2-3; 16:13-14; 20:2-13; 21:4-5) y Deuteronomio (Dt 1:26-46; 15:24-25; 16:2-3, 8; 17:1-7).

Esa actitud reiterada y temeraria de murmuración de los israelitas pone en clara evidencia, por lo menos, dos dinámicas sociales e interpersonales de importancia. La primera es el reconocimiento de una necesidad real del pueblo, a la que el Señor responde de forma especial y milagrosa (Éx 15:22-25; 17:1-7; Nm 2:1-13). Y la segunda, es una actitud impropia contra Dios sin un fundamento real de los hebreos (Nm 11:1-3; 17:6-13; 21:4-9).

Referente al tema de la murmuración es menester notar que los autores del Antiguo Testamento, al aludir a ese periodo fundamental de formación del pueblo de Israel, reconocen esas actitudes como parte del proceso de liberación (Os 2:14; Jer 2:2; Sal 105:11-45), o como rebeliones impropias ante el Señor (Ez 20:13; Sal 78:8-17; 106:6-33).

Capítulo cinco
Moisés en el monte Sinaí

En la madrugada del tercer día
hubo truenos y relámpagos,
y una densa nube se posó sobre el monte.
Un toque muy fuerte de trompeta
puso a temblar a todos los que estaban en el campamento.
Entonces Moisés sacó del campamento al pueblo
para que fuera a su encuentro con Dios,
y ellos se detuvieron al pie del monte Sinaí.
El monte estaba cubierto de humo,
porque el Señor había descendido sobre él en medio de fuego.
Era tanto el humo que salía del monte,
que parecía un horno;
todo el monte se sacudía violentamente,
y el sonido de la trompeta era cada vez más fuerte.
Entonces habló Moisés y Dios le respondió en el trueno.

Éxodo 19:16-19

La revelación divina en el monte Sinaí

Con el capítulo 19 del libro de Éxodo, comienza una sección de narraciones que tienen gran importancia teológica, social y ética para los grupos de hebreos que salieron de Egipto (Éx 19:1–24:18). En estos capítulos se encuentra el eje teológico no solo del libro de Éxodo, sino del Pentateuco. El punto culminante de esos relatos es la revelación divina a Moisés en el monte Sinaí. Y esa manifestación extraordinaria de poder y virtud incluye la presentación de los Diez Mandamientos, que constituyen el fundamento espiritual del pueblo de Israel y también de las iglesias cristianas.

Esos mandamientos revelados en el Sinaí ponen claramente de relieve la base moral de la vida de los israelitas, además de inspirar e incentivar un tipo de experiencia religiosa que tiene implicaciones inmediatas en los estilos de vida, las prioridades y la ética de individuos, familias y comunidades. El Dios libertador, que llamó y comisionó a Moisés en el Sinaí, demostró de manera firme y elocuente su soberanía sobre el faraón y sus ejércitos, y también reveló su poder sobre las divinidades egipcias y la naturaleza.

Esa singular revelación divina en el desierto constituye el momento en que Israel nace como pueblo, ya no como grupos de tribus nómadas de hebreos, sino como país con identidad propia e historia. Además, esta narración pone de relieve la especial naturaleza de un Dios que rechaza el poder faraónico y la opulencia de sus palacios para manifestar su voluntad, autoridad y poder en el desierto, en medio de las realidades cotidianas donde el pueblo vivía.

El encuentro del Dios eterno con los israelitas en el monte presenta el corazón de la teología del éxodo de Egipto y destaca la superación de las adversidades en el desierto. En efecto, se trata de una teología contextual y pertinente que rechaza el cautiverio como estilo de vida y se opone a la opresión como experiencia diaria. Además, esos relatos están en consonancia con las promesas divinas a los antepasados de Israel como Abraham, Isaac y Jacob.

La finalidad de ese encuentro transformador de Dios y Moisés es presentar y celebrar el pacto o la alianza que Dios hacía con los grupos hebreos dirigidos por Moisés, a quienes les caracterizaba las consecuencias espirituales, políticas y sociales, tanto personales como colectivas, del cautiverio en Egipto y de las acciones opresivas del faraón. Además, afirma la esperanza de llegar a la Tierra Prometida por Dios a Moisés. La lectura cuidadosa de estos relatos pone de manifiesto una clara teología

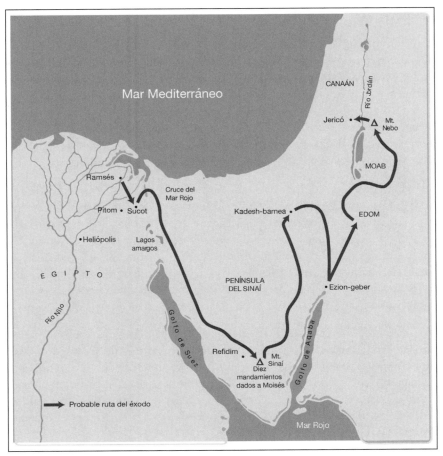

Lugar de la presentación de los Diez Mandamientos dados a Moisés.

de restauración y de esperanza, de renovación y de futuro, y de ruptura del cautiverio egipcio y de celebración de la liberación para llegar a la Tierra Prometida.

De estas importantes narraciones se desprende que los israelitas llegaron al Sinaí a los tres meses de salir de Egipto (Éx 19:1, 2), y que la estadía en ese lugar fue de casi un año (Éx 19:1; Nm 10:11, 12). Además, las lecturas cuidadosas de los relatos identifican tres eventos de importancia capital:

1. Dios se reveló al pueblo en la tradición de las manifestaciones divinas a Moisés (Éx 3:1-6; 19:16-19).

2. El Señor estableció un singular Pacto con los grupos hebreos (Éx 19:5-6).

3. Y la revelación divina incluye una serie de leyes con implicaciones éticas, morales y espirituales, que son determinantes para guiar al pueblo a cumplir con las encomiendas divinas (Éx 20:3-17).

El Pacto o Alianza de Dios con los israelitas

"Si ahora ustedes me son del todo obedientes y cumplen mi pacto, serán mi propiedad exclusiva entre todas las naciones. Aunque toda la tierra me pertenece, ustedes serán para mí un reino de sacerdotes y una nación santa". Éxodo 19:5-6

Referente al Pacto de Dios con los israelitas, es prudente estudiar y comprender la naturaleza y extensión de los pactos en el Oriente Medio. En primer lugar, hay que entender que en esas épocas antiguas (p. ej., 1500-700 a. C.), se establecieron pactos entre reyes y súbditos que se identifican como "pactos de soberanía", como es el caso de las alianzas que hacían los reyes hititas.

En hebreo, la palabra que se traduce al castellano como "pacto" o "alianza" es *berit*, que aparece en el Antiguo Testamento en, por lo menos, 262 ocasiones. La mayoría de las veces se encuentra en el Pentateuco (p. ej., 12 en Éxodo y 27 en Deuteronomio), aunque es también una palabra significativa en la literatura profética (p. ej., 23 en Jeremías, 17 en Ezequiel, 12 en Isaías, 6 en Malaquías y 5 en Oseas). La importancia del concepto no solo se muestra en el número de ocasiones que la palabra *berit* aparece en la Biblia hebrea, sino en los contextos teológicos en los cuales se incorpora.

La palabra se puede relacionar, posiblemente, con dos raíces verbales hebreas de gran importancia teológica, cultural y social: la primera está unida a los conceptos de "comer", "tener comunión" o "estar asociado con"; y la segunda, con las ideas de "ligarse", "atar", "unir" o "vincularse con". En ambos casos, el sentido que se destaca es el de estar relacionados, vinculados, unidos y asociados. La idea general enfatiza las relaciones, los compromisos, las asociaciones y las responsabilidades compartidas.

Un pacto era una especie de acuerdo, contrato o tratado formal entre dos partes que estaban ligadas de diversas formas históricas, políticas, económicas, culturales, étnicas o religiosas. En ese tipo singular de acuerdos, el concepto de fidelidad constituía un elemento de importancia capital. Y en el caso del Pacto de Dios con los israelitas, esa idea de fidelidad y lealtad se destaca de forma reiterada en los mensajes de los profetas que criticaban y rechazaban la infidelidad del pueblo, a la vez que soñaban con el establecimiento de un nuevo pacto (Jer 31:27-40).

La idea de "cortar un pacto", posiblemente proviene de la costumbre antigua de matar un animal para los sacrificios, cortarlo en dos partes, y esperar que las personas que participaban del pacto caminaran entre las partes cortadas del animal (Gn 15:17, 18; Jer 34:18, 19). Y la idea básica que se transmitía en la ceremonia era que, si alguna de las partes incumplía con las responsabilidades asociadas al pacto, correría la misma suerte que el animal inmolado.

En la Biblia hebrea o el Antiguo Testamento se pueden identificar, por lo menos, tres tipos de pactos:

1. Pactos entre iguales o de paridad, como es el caso de David y Jonatán (1Sa 18:1-4).
2. Pactos entre tribus y naciones, como es el acuerdo de los israelitas y los gabaonitas (Jos 9:3-27).
3. Y las asociaciones o alianzas fundamentadas en la soberanía, como es el caso del monte Sinaí (Éx 19:3-8).

En la antigüedad, y en el singular caso de los pactos de soberanía, el monarca se identificaba como "rey de reyes" y "señor de señores" para destacar su autoridad y poder absoluto. De esa manera, el rey se distanciaba de otros monarcas o súbditos que, en su comprensión, no estaban a su altura política, militar, económica y religiosa.

En el acuerdo, además, se destacan los siguientes aspectos:

1. El nombre, los títulos y los atributos del monarca.
2. Los hechos históricos que preceden esa relación y alianza.
3. Las actitudes bondadosas y gratas del rey.
4. Se afirma que las alianzas o los pactos con otros monarcas u otras naciones están prohibidas.
5. Las responsabilidades de los vasallos.
6. El lugar donde se guardará el acuerdo.
7. Se identifican las divinidades que serán testigos de la alianza.
8. Y el acuerdo finaliza con una lista de las bendiciones por ser fieles al pacto y otra lista con las maldiciones que vienen como consecuencia de la desobediencia a la alianza.

En efecto, se trata de relaciones interpersonales, interinstitucionales, internacionales y políticas muy bien pensadas que tenían deberes, responsabilidades e implicaciones.

Asociada a las ideas de Pacto o Alianza de Dios con su pueblo, el texto hebreo incorpora otra palabra de importancia legal y teológica, *hesed*. Ese término es de difícil traducción, pues el contexto, en muchas ocasiones, afecta directamente su sentido inmediato.

Entre las palabras en español que pueden transmitir la idea del término bíblico *hesed* están las siguientes: "amor", "misericordia", "lealtad", "bondad" y "fidelidad". Y se utiliza en el contexto de las intervenciones divinas con las personas, como respuesta de individuos y comunidades ante Dios y entre las relaciones interpersonales.

Entre las narraciones que afirman los pactos de Dios con su pueblo se encuentran, por ejemplo, las siguientes:

1. El pacto de Dios con Noé (Gn 6:18; 9:8-17).
2. La alianza del Señor con Abraham (Gn 12:1-3, 15; 17:1-14).
3. El Pacto o Alianza en el Sinaí (Éx 19:1–20:26).
4. Y el que Dios estableció con David (2Sa 7:8-16).

Al tercer mes de haber salido de las tierras del faraón, posiblemente en junio, los israelitas llegan al desierto de Sinaí, luego de salir de Refidim. Acamparon frente al monte Sinaí, desde donde Moisés subió a encontrarse con Dios. Y Refidim, que en hebreo significa "espacios", "camas" o "sostén", es el lugar donde los israelitas estuvieron y reposaron luego de derrotar a los amalecitas (Éx 17:1-16). Se trata de un lugar de descanso y recuperación, donde Moisés golpeó la roca para darle agua al pueblo.

Llegada al monte Sinaí

Los israelitas llegaron al desierto de Sinaí
el primer día del tercer mes de haber salido de Egipto.
Después de partir de Refidín,
se internaron en el desierto de Sinaí
y allí en el desierto acamparon, frente al monte,
al cual subió Moisés para encontrarse con Dios. Éxodo 19:1-3a

La ubicación exacta del monte Sinaí es un desafío para los estudiosos del libro de Éxodo, y también para los arqueólogos. Entre las posibilidades de identificación del monte se encuentran, por lo menos, dos alternativas prioritarias que los académicos y eruditos piensan pueden describir y situar el lugar de la singular revelación divina.

En el sur de la Península del Sinaí están esos dos montes identificados en la actualidad como Jebel Musa y Jebel Serbal, que pueden ser buenas alternativas para la ubicación del famoso monte de la revelación divina. Desde el siglo IV a. C., sin embargo, se ha identificado Jebel Musa como el monte Sinaí bíblico, aunque su localización precisa se escapa al análisis científico contemporáneo. Otras posibilidades están en el norte de la Península o, inclusive, en Arabia.

El monte de Moisés, o Jebel Musa, está ubicado a unos 88 kilómetros al norte de la sección sur de la península y tiene como 2 275 metros de altura sobre el nivel del mar, y se levanta unos 790 metros sobre las tierras que lo rodean. Es un lugar alto, rocoso, árido y aislado, y está rodeado valles.

De acuerdo con la narración bíblica (Éx 19:3), Moisés subió al monte para "encontrarse con Dios", que es una forma literaria de destacar la iniciativa divina en la descripción de la relación entre el Señor y Moisés. En ese contexto de intimidad y revelación especial, Dios envía un mensaje a los hebreos liberados de Egipto, que en esta ocasión se identifican como la "casa de Jacob" y los "hijos de Israel", para evocar la revelación divina a los patriarcas del pueblo. De singular importancia es el deseo de las narraciones en el libro de Éxodo de relacionar las revelaciones asociadas a la liberación con las que recibieron los antepasados de Israel.

La revelación comienza con una alusión al triunfo divino sobre los egipcios y los ejércitos del faraón. Se destaca de esta forma el poder divino en el proceso, y se utiliza una singular frase para describir la acción divina: "sobre alas de águilas" (Éx 19:4). La imagen de las águilas evoca el poder y la protección que proviene del Señor. La palabra traducida "águila" en el texto bíblico, tradicionalmente se aplica al buitre, pues el ancho entre las alas puede llegar hasta tres metros, que puede ser una buena imagen literaria para describir y aludir al tema de la protección divina.

Referente a la metáfora del ave es importante señalar que en el panteón faraónico la importante diosa del buitre representaba al Alto Egipto, y que para sus seguidores era una divinidad protectora del faraón y de la tierra. Que el Dios de los hebreos llevara al pueblo sobre las alas de las aves, identificada en el texto bíblico como "águilas", era una manera de destacar el poder y la superioridad del Señor sobre todas las divinidades egipcias.

El primer mensaje divino a los israelitas en el monte Sinaí por medio de Moisés fue claro, firme y decidido:

> *Si ahora ustedes me son del todo obedientes y cumplen mi pacto,*
> *serán mi propiedad exclusiva entre todas las naciones.*
> *Aunque toda la tierra me pertenece,*
> *ustedes serán para mí un reino de sacerdotes y una nación santa.*
> Éxodo 19:5-6

El Dios que creo los cielos y la tierra (Gn 1:1–2:25), que llamó a los antepasados de Israel (Gn 12:1-9), que también se reveló a Moisés (Éx 3:1–4:17) y que, además, liberó a los israelitas del cautiverio faraónico (Éx 14), se revela una vez más al pueblo para presentar su voluntad. Los hebreos se pueden convertir en "propiedad exclusiva", "reino de sacerdotes" y "nación santa" si son obedientes a los mandatos divinos y cumplen las encomiendas del Señor que se presentan en el pacto que próximamente recibirán.

De importancia capital en la revelación divina es la afirmación referente a la manifestación plena de la voluntad del Señor. Esa promesa al pueblo está claramente condicionada a la fidelidad y la obediencia, que son dos pilares éticos, morales y espirituales que sostienen las relaciones entre Dios y el pueblo. La obediencia a la voluntad de Dios, en la teología bíblica, es un requisito indispensable, no un extra optativo.

La singular frase, que ha sido traducida como "propiedad exclusiva", "pueblo especial" o "posesión atesorada", es usada en hebreo, y en otros idiomas semíticos del Oriente Medio, para describir bienes acumulados que se asocian a las herencias y los botines de guerra. El rey de la antigua ciudad de Ugarit, por ejemplo, se identificaba como "propiedad atesorada o especial" del jefe de los heteos para destacar su importancia, poder y autoridad en el reino. Y en la ciudad de Alakakh, al norte de Siria, el monarca se presentaba como "posesión especial" del dios Hadad para presumir su poder y dominio.

Ser "propiedad exclusiva" de Dios era una manera de destacar las responsabilidades de los israelitas en relación con el resto de los pueblos de la tierra. Pone de relieve, además, el fundamento ético, moral y espiritual de la revelación divina en el Sinaí. Y esa especial Alianza, también evidencia la importancia histórica y teológica que enfatiza al presentar al pueblo hebreo como "reino de sacerdotes", que es una manera de afirmar la singular responsabilidad de servir como representante de Dios ante el resto de las naciones.

Es común en el Oriente Medio que una ciudad o grupo que es liberado de un rey o monarca (que literalmente implica estar bajo la autoridad de una deidad local) se ubique directamente bajo el poderío del dios que ayudó en el proceso de liberación. Y en el caso de los israelitas, fue el gran "Yo soy" –que también es el Dios que llamó a Abraham a salir de la ciudad de Ur (Gn 12:1-9)– quien se reveló a Moisés en el Sinaí (Éx 19:1-25) que, a su vez, fue quien los libró del cautiverio y la opresión en Egipto. Y ese singular Dios es el rey de todo lo existente y Señor de todos los pueblos de la tierra.

Un Dios santo reclama santidad del pueblo

Una vez Moisés recibió la revelación divina, descendió del monte Sinaí para dialogar con los ancianos y líderes del pueblo sobre las instrucciones divinas y sus implicaciones. Y la respuesta de todo el pueblo fue unánime, firme y clara: cumpliremos con todo lo que el Señor nos ha ordenado (Éx 19:8). En efecto, el pueblo mostró humildad y obediencia.

La preparación del pueblo para hablar con Dios era específica e intensa, e incluía componentes físicos, emocionales y espirituales. En primer lugar, los israelitas debían lavar sus ropas, que destacaba la dignidad y solemnidad del evento (Gn 35:2; Lv 11:25, 28, 40). Además, en esta singular revelación como el Sinaí se convertía en un espacio especial de la manifestación divina, el pueblo no podía sobrepasar los límites físicos impuestos para evitar alguna cercanía impropia que podía conllevar la muerte.

Los israelitas no debían acercarse mucho al lugar de la revelación divina, pues podían morir. Tradicionalmente, en las comunidades semíticas antiguas, se pensaba que quienes veían a Dios morían. Y para evitar esa posibilidad nefasta, se demarcó el lugar hasta donde el pueblo podía llegar, sin estar preocupados por la mortal intervención divina.

Referente a los detalles de la preparación del pueblo para encontrarse con Dios, las instrucciones incluían la abstención de las relaciones sexuales (Éx 19:15; Lv 15:18). Esa recomendación no se hace porque se considere en la Biblia al sexo como algo pecaminoso o impuro, sino que afirma la importancia de la revelación sin estar pendiente de cuestiones humanas que eran estimadas como secundarias. En el proceso de revelación, el pueblo no podía distraerse, sino que debía estar únicamente atentos a la revelación de Dios y prepararse para el encuentro con el Dios de los antepasados del pueblo y del gran "Yo soy" de Moisés.

La manifestación divina en el monte Sinaí fue, además, una demostración extraordinaria de poder sobre la naturaleza. El relato se caracteriza por el drama y la emotividad, por el asombro y el temor, por el poder y la misericordia. La imagen que la narración revela es la de una tormenta en la cima del monte, donde se manifiestan truenos, relámpagos y nubes densas (Éx 19:16, 18; Jue 5:4-5; 1Sa 12:17; Sal 18:7-15; Sal 29) que se escuchan, ven y experimentan en los lugares llanos del Sinaí donde el pueblo estaba acampando. ¡Era una especie de volcán, con luces y sonidos, lo que se veía y sentía en el monte! ¡Se trata de una demostración extraordinaria del poder de Dios!

En medio de la revelación divina se escucha un toque de trompeta, que en el Israel antiguo era un llamado al culto, los sacrificios y la adoración, además de servir de advertencia ante la posibilidad de algún peligro. Inclusive, la llegada de reyes se anunciaba con trompetas. Posiblemente, en la manifestación especial del monte Sinaí, el sonido de las trompetas se relaciona con esos tres temas de importancia nacional: la celebración del culto, al anuncio de algún peligro y el reconocimiento y respeto a Dios, que ciertamente era visto y entendido como rey.

El Señor descendió a la cumbre del monte Sinaí
y desde allí llamó a Moisés para que subiera.
Cuando Moisés llegó a la cumbre,
el Señor dijo: —Baja y advierte al pueblo
que no intenten romper el cerco para verme,
no sea que muchos de ellos pierdan la vida.
Hasta los sacerdotes que se acercan a mí deben consagrarse;
de lo contrario, yo arremeteré contra ellos. Éxodo 19:20-22

Todas esas dinámicas físicas sobre la naturaleza hicieron que el pueblo se estremeciera ante la presencia y revelación de Dios. El encuentro de Dios con los israelitas se intensificaba, en medio del sonido de las trompetas, ¡pues el Señor dialogaba con Moisés en medio de truenos! En ese ambiente especial de intimidad y revelación divina, Dios indica a Moisés que baje a donde está el pueblo para reiterar la importancia de los límites y evitar la posibilidad de muerte. Y posteriormente, dijo al líder hebreo que trajera a Aarón, su hermano, para que fuera testigo de las extraordinarias manifestaciones divinas.

Esa especial intervención de Dios en el monte Sinaí fue solo el preámbulo de la revelación extraordinaria del Decálogo o los Diez Mandamientos, que incluye una serie de principios morales, éticos y espirituales que deben gobernar la vida de los israelitas. Además, esas "diez palabras" o enseñanzas son la base principal de la legislación del pueblo de Israel de acuerdo no solo con las narraciones del libro de Éxodo, sino también del Deuteronomio (Dt 5:6-21). Como un Dios santo requiere un pueblo santo (Lv 11:45), la revelación en el Sinaí incluye principios y enseñanzas indispensables para lograr esa necesaria relación íntima divino-humana. Y esa cercanía divino-humana necesita el marco de referencia de la integridad, descrita en las Escrituras con la palabra santidad.

Los Diez Mandamientos ponen de manifiesto la voluntad divina que debe gobernar las relaciones adecuadas entre Dios y el pueblo, y también revelan las dinámicas de respeto y dignidad que deben caracterizar las relaciones interpersonales.

Capítulo seis
Los Diez Mandamientos

Dios habló y dio a conocer todas estas palabras:
"Yo soy el Señor tu Dios.
Yo te saqué de Egipto, del país donde eras esclavo.
No tengas otros dioses además de mí.
No te hagas ninguna imagen,
ni nada que guarde semejanza con lo que hay arriba en el cielo,
ni con lo que hay abajo en la tierra,
ni con lo que hay en las aguas debajo de la tierra.
No te postres delante de ellos ni los adores.
Yo, el Señor tu Dios, soy un Dios celoso.
Cuando los padres son malvados y me odian,
yo castigo a sus hijos hasta la tercera y cuarta generación.
Por el contrario, cuando me aman fielmente
y cumplen mis mandamientos,
les muestro mi amor por mil generaciones.
No uses el nombre del Señor tu Dios en vano.
Yo, el Señor, no tendré por inocente
a quien se atreva a usar mi nombre en vano.
Acuérdate del día sábado para santificarlo.
Trabaja seis días y haz en ellos todo lo que tengas que hacer,
pero el día séptimo será un día de reposo
para honrar al Señor tu Dios.
No hagas en ese día ningún trabajo,
ni tampoco tu hijo, ni tu hija, ni tu esclavo, ni tu esclava, ni tus animales,
ni tampoco los extranjeros que vivan en tus ciudades.
Porque en seis días hizo el Señor los cielos y la tierra,
el mar y todo lo que hay en ellos,
y descansó el séptimo día.
Por eso el Señor bendijo y consagró el día de reposo.

Honra a tu padre y a tu madre,
para que disfrutes de una larga vida
en la tierra que te da el Señor tu Dios.
No mates. No cometas adulterio. No robes.
No des falso testimonio en contra de tu prójimo.
No codicies la casa de tu prójimo,
ni codicies su esposa, ni su esclavo, ni su esclava,
ni su buey, ni su asno, ni nada que le pertenezca".

Éxodo 20:1-17

El Decálogo

El término "Decálogo" proviene del idioma griego y alude a "las diez palabras" que Dios dio a Moisés en el monte Sinaí. Esas "palabras", que contienen la revelación divina, se conocen tradicionalmente como los Diez Mandamientos (Éx 20:1; 34:28; Dt 4:13; 10:4). Incluyen principios éticos, morales y espirituales, que constituyen la base para el comportamiento humano y el fundamento de los procesos decisorios en la vida. Y esos mandamientos, que ponen de relieve el fundamento teológico del judaísmo y el cristianismo, fueron vividos, evaluados y apreciados por Jesús de Nazaret en su ministerio (Mt 5:21, 27, 33, 43).

El contenido fundamental de esos mandamientos divinos se encuentra, con algunas variantes, en los libros de Éxodo y Deuteronomio (Éx 20:1-17; Dt 5:6-21). En el Éxodo, se ubican al comienzo de las leyes que se presentan en el monte Sinaí (Éx 20:1—Nm 10:10). El propósito general de la revelación divina en este contexto es identificar los deberes fundamentales de los israelitas hacia Dios y hacia el prójimo. El primer lugar en las instrucciones dadas lo ocupa Dios, sin embargo, la ética en las relaciones interpersonales no puede ser ignorada, rechazada o subestimada.

El libro de Deuteronomio también incorpora en sus narraciones una presentación del Decálogo, pero la ubica en medio del discurso que Moisés brindó a los israelitas en Moab. Cuando el pueblo se disponía a cruzar el río Jordán para llegar a la Tierra Prometida (Dt 1:5), el líder israelita

Las montañas del Sinaí, en las que se forjó la alianza de
Israel con el Señor su Dios.

recuerda la importancia del Decálogo. Y en este contexto de recuerdos y esperanzas, el objetivo es afirmar que las bendiciones divinas están directamente asociadas a la fidelidad y obediencia a la voluntad del Señor.

La lectura cuidadosa del libro de Éxodo pone de manifiesto dos momentos de importancia histórica y teológica para los israelitas. El primero es la experiencia de la Pascua (Éx 12:1-28), que se asocia a los procesos de liberación de los hebreos del cautiverio y la opresión del faraón de Egipto. Y el segundo es la revelación del Decálogo, que une a las narraciones del éxodo una serie de leyes que presenta el fundamento ético, moral y espiritual de las relaciones del pueblo israelita con Dios, además de incluir los principios que deben guiar las dinámicas interpersonales de respeto, justicia y dignidad en la comunidad.

A la gran pregunta teológica y práctica de cómo debe vivir una nación santa en medio de las realidades y los desafíos de la vida (Éx 19:6), la respuesta bíblica se presenta en la revelación de los Diez Mandamientos. Ese pueblo liberado de Egipto y del faraón, que emprendía un peregrinar transformador y de esperanza al futuro, necesitaba una constitución o una serie de directrices concretas y prácticas. Requería una orientación que lo guiara a un futuro geográfico e histórico, y también que lo llevara a un buen porvenir ético, moral y espiritual. Y esas necesidades imprescindibles de la vida se llenaron con la revelación extraordinaria del Decálogo que Dios dio a Moisés en el monte Sinaí.

La sección que incluye el Decálogo en el libro de Éxodo (Éx 20:1—23:33), también se conoce como el "libro del Pacto". Esos relatos no solo incorporan los Diez Mandamientos, sino que presentan las respuestas iniciales del pueblo a la revelación divina; también identifican varias leyes de importancia social, política y económica en la comunidad: específicamente sobre la esclavitud (Éx 21:1-11), la violencia (Éx 21:12-25), las responsabilidades de los dueños y amos (Éx 21:26-36), la restitución (Éx 22:1-15) y las humanitarias (Éx 22:16—23:13). Además, este "libro del Pacto" identifica tres fiestas anuales de gran importancia para el pueblo (Éx 23:14-19); y también afirma que un ángel del Señor acompañará a los israelitas en el proceso del peregrinar por el desierto (Éx 23:20-33).

Las fiestas judías que se identifican en el "libro del Pacto" son las siguientes:

1. De los panes sin levadura, que se celebraba a continuación de la Pascua (Éx 12:14-20; Lv 23:6-8; Nm 28:17-25).

2. De las semanas o la Siega, que se llevaba a efecto en el mes de junio y agradecía las cosechas del trigo (Lv 23:15-21; Nm 28:26-31).
3. Y de las enramadas, también conocida como de la cosecha, que se disfrutaba al terminar el año judío (Lv 23:33-43).

Los Diez Mandamientos exploran dos temas principales. En primer lugar, exponen las relaciones correctas entre los israelitas y Dios, que es el fundamento de la salud mental, espiritual, social y política de la comunidad. Además, identifica valores que pueden contribuir positivamente a la convivencia respetuosa y cordial entre los israelitas. Esas enseñanzas se complementan para propiciar y afirmar la paz personal, interpersonal y colectiva.

La narración bíblica destaca que fue Dios mismo quien reveló a Moisés y a los israelitas estos mandamientos (Éx 20:1), en medio de una serie de fenómenos visuales y auditivos. El pueblo estaba en el valle, mientras Dios hablaba con Moisés en la cima del monte. De singular importancia en el texto bíblico es notar el tono de autoridad y firmeza que inicia y enmarca la revelación divina. Es Dios mismo el que se revela a los hebreos, para darles un muy importante y necesario marco de referencia ético, moral y espiritual.

> *Yo soy el Señor tu Dios.*
> *Yo te saqué de Egipto,*
> *del país donde eras esclavo.* Éxodo 20:2

Desde la perspectiva temática, los Diez Mandamientos ponen en evidencia clara tres elementos claves en la vida del pueblo: las buenas relaciones con Dios (Éx 20:2-7), las maneras adecuadas de adorar al Señor (Éx 20:8-11) y las formas correctas de vivir como parte de la comunidad que establecía esta singular alianza divino-humana (Éx 20:12-17).

La estructura emocional y espiritual grata en la revelación se transmite con las expresiones "Yo soy" (Éx 20:2), "acuérdate" (Éx 20:8) y "honra" (Éx 20:12), que destacan la iniciativa divina y las posibles debilidades humanas. Y las expresiones negativas de la revelación (Éx 20:13-17) intentan evitar las consecuencias adversas de la desobediencia, que ciertamente tiene implicaciones espirituales y sociales.

El Decálogo presenta una serie de leyes que responden a las tendencias humanas hacia la infidelidad y el egoísmo. A la vez, de manera directa, trata de detener los comportamientos antisociales e irrespetuosos de las personas. Esta revelación divina favorece el bienestar de individuos y comunidades, y rechaza las desobediencias, el egocentrismo y las infidelidades como actitudes que desorientan las sociedades y enferman emocional y espiritualmente a las personas.

La *Torah* o la Ley

La palabra hebrea que tradicionalmente se traduce como "ley" es *Torah*. Proviene de una raíz semita que generalmente significa "arrojar", "tirar" o "disparar", que incluye los conceptos de "señalar", "enseñar" o "mostrar el camino". Fundamentada en esas comprensiones del término es que la expresión hebrea en el Antiguo Testamento se entiende como "instrucción", "dirección", "enseñanza" "mostrar el camino", o sencilla y directamente "ley". Y cuando la *Torah* alude al pacto de Dios con los israelitas, entonces se traduce como "Ley", pues identifica de manera precisa las enseñanzas divinas y los mandamientos fundamentales dados al pueblo.

Para Jesús de Nazaret, que provenía de un hogar judío piadoso en la región de la Galilea, la Ley era muy importante. Constituía el fundamento ético, moral y espiritual de su vida, doctrina y mensajes. En sus discursos, inclusive, caracterizó y resumió los Diez Mandamientos en dos enseñanzas fundamentales: amar a Dios sobre todas las cosas y al prójimo como a uno mismo (Mt 22:34-40; Mc 12:28-31; Jn 13:34). Y basado en esos principios cardinales, el Señor llevó a efecto un ministerio educativo transformador.

La Ley de Moisés era vista por muchos israelitas como una bendición, pues orientaba al pueblo a vivir de acuerdo con la voluntad divina de forma clara y precisa (Sal 1:1; 19:7-11; 119:97). Jesús siguió esa tradición, pues afirmó con claridad que no había venido a suplantar, subestimar o rechazar la Ley, sino a cumplirla (Mt 5:17). El Señor era un rabino galileo respetuoso de tradiciones judías y de la Biblia hebrea, especialmente del Pentateuco y del Decálogo.

Referente a ese tema teológico y legal es importante hacer una distinción entre la revelación mosaica en el Sinaí y las interpretaciones religiosas que hacían de la Ley los líderes rabínicos de la época, que presentaban a la comunidad judía en general del primer siglo d. C. con gran autoridad. Esas interpretaciones rabínicas eran presentadas en la comunidad israelita como si fueran parte del Decálogo.

Los rabinos en Jerusalén habían establecido un sistema complicado y detallado de ordenanzas que debían cumplirse de forma precisa y rigurosa. Eran interpretaciones de las leyes mosaicas a la luz de sus comprensiones de la vida y la sociedad. Jesús rechazó ese tipo de interpretación rabínica "oficial" en reiteradas ocasiones (Mt 5:17-48; Mc 7:5-8), pues no reconocía que esas interpretaciones rabínicas de los fariseos y publicanos tuvieran la misma autoridad que la Ley de Moisés.

Los Diez Mandamientos

La identificación precisa de cada uno de los mandamientos del Decálogo varía de acuerdo con las tradiciones religiosas. Aunque el contenido es el mismo, la extensión de los mandamientos específicos puede variar en las tradiciones judías, católicas y evangélicas.

A continuación, presentamos una tabla que puede orientar a los lectores en referencia a los detalles de extensión literaria de los mandamientos.

Los Diez Mandamientos	Tradiciones judías: la Torá, Biblia hebraica	Iglesias evangélicas: Nueva Versión Internacional	Iglesias católicas: Biblia de Jerusalén
1	v.2	vv.2-3	vv.2-6
2	vv.3-6	vv.4-6	v.7
3	v.7	v.7	vv.8-11
4	vv.8-11	vv.8-11	v.12
5	v.12	v.12	v.13
6	v.13	v.13	v.14
7	v.14	v.14	v.15
8	v.15	v.15	v.16
9	v.16	v.16	v.17a
10	v.17	v.17	v.17b

La forma literaria en que está escrito el Decálogo es directa, clara e incondicional, identificada tradicionalmente como apodíctica. Se trata de una serie de mandamientos categóricos y absolutos que el pueblo judío en general debe recibir, aceptar y cumplir sin objeciones ni dilaciones. No hay espacio para las discusiones o negociaciones, pues se trata de una revelación divina firme e irrevocable que los israelitas deben obedecer.

En el libro del Pacto (Éx 20:22–23:33) también se incluyen leyes con cláusulas de condicionalidad, que se conocen como casuísticas. Esas regulaciones complementan las que se incluyen en el Decálogo.

La lectura cuidadosa del Decálogo descubre que la revelación de la Ley, más que discursos extensos referente a algún mandamiento o directriz que el pueblo debe obedecer, consiste en una serie de palabras precisas y directas (Éx 20:1) que Dios le presenta al pueblo. Son declaraciones y afirmaciones teológicas que transmiten valores y enseñanzas indispensables para desarrollar una buena relación con Dios y para disfrutar una convivencia humana grata, responsable y en paz.

Y cuando terminó de hablar con Moisés en el monte Sinaí,
le dio las dos tablas del pacto,
que eran dos lajas escritas
por el dedo mismo de Dios. Éxodo 31:18

Moisés dio vuelta y bajó de la montaña.
Cuando bajó, traía en sus manos las dos tablas del pacto,
las cuales estaban escritas por sus dos lados.
Tanto las tablas como la escritura grabada en ellas
eran obra de Dios. Éxodo 32:15-16

Posteriormente en el libro de Éxodo, para destacar la importancia teológica y legal del Decálogo, se afirma que el texto de la revelación fue escrito directamente por el dedo de Dios (Éx 31:18; 32:16), que es una manera de destacar la autoría y autoridad divina. La revelación se escribe en dos tablas. En la primera se incluyen los cuatro mandamientos iniciales, que se relacionan directamente con los deberes humanos hacia Dios. Y en la segunda tabla se comparten las directrices divinas que destacan y regulan las relaciones interpersonales de respeto y dignidad, que son factores indispensables para la paz y armonía familiar, comunitaria, nacional e internacional.

Primer mandamiento

El primer mandamiento se relaciona directamente con Dios. Presenta su identidad única y naturaleza liberadora junto a su relación cercana con el pueblo hebreo. Además, destaca la condición de cautiverio de los israelitas en las tierras egipcias bajo el dominio del faraón. El mandamiento no solo es el primero del Decálogo, sino que ubica las revelaciones del Sinaí en una perspectiva teológica singular, y brinda a la experiencia en el monte un especial marco de referencia espiritual, que en este contexto es necesario y pertinente.

El mandato es directo, claro y firme: como el Señor es Dios, la comunidad hebrea no puede tener otros dioses.

Yo soy el Señor tu Dios.
Yo te saqué de Egipto, del país donde eras esclavo.
No tengas otros dioses además de mí. Éxodo 20:2-3

El Señor es Dios de los israelitas no solo por ser creador del mundo (Gn 1:1—2:25) y haber llamado a Abraham de la ciudad de Ur de los caldeos (Gn 12:1-9), sino porque es capaz salvar, liberar y transformar a un pueblo cautivo (Éx 14:1-31). Esa primera afirmación teológica del Decálogo pone en evidencia clara la especial naturaleza divina y destaca su capacidad de intervención en medio de la historia de la humanidad, especialmente en las vivencias cotidianas de los israelitas.

La revelación divina inicial presenta el éxodo de Egipto como una demostración plena de la misericordia y el amor del Señor. El primer mandamiento introduce al Dios que establece una alianza o pacto con su pueblo, y que rechaza con firmeza el servir a otras divinidades. Y como la finalidad divina es establecer un Pacto, la primera instrucción es poner de relieve la naturaleza misma del Dios que se revela en el Sinaí, que es Señor, liberador y único.

De acuerdo con el primer mandamiento, los israelitas debían reconocer y adorar únicamente al Dios liberador, el Gran Yo soy. El Pacto que establecía el Señor que se reveló a Moisés en la zarza, y que posteriormente mostró su gloria y voluntad en el monte Sinaí, no acepta de ninguna manera que el pueblo se relacione con otras divinidades.

Los israelitas debían reconocer, como parte del Pacto, una característica divina fundamental e indispensable: el rechazo absoluto a otras divinidades. El pueblo no puede tener, de acuerdo con el texto bíblico, ninguna divinidad "delante del Señor", "aparte del Señor", "frente al Señor" o "en su presencia". Se trata de un rechazo decidido a todas las divinidades, independientemente del origen étnico, cultural, político o nacional. El Señor bíblico, en efecto, ¡es un Dios celoso! ¡Es un Dios que no admite sustitutos!

Ya el Señor había demostrado que era superior a las deidades locales egipcias al triunfar sobre los ejércitos del faraón. Y ahora iban camino a la Tierra Prometida y debían enfrentarse a otros dioses locales y nacionales como Baal, que era una divinidad asociada a la fertilidad y, Astarté, su consorte.

El monoteísmo que se revela en este mandamiento es muy práctico, no es teórico ni filosófico. Aunque los pueblos puedan tener deidades locales, ninguna tiene el poder liberador del Gran Yo soy que constituye el fundamento teológico del primer mandamiento. ¡Solo un Dios liberador puede ser adorado! ¡Solo un Dios que triunfa sobre los ejércitos de un faraón poderoso puede ser reconocido como Dios verdadero! Y, para ser parte del Pacto, los israelitas debían obedecer y aceptar el señorío divino de manera absoluta y sin inhibiciones.

Segundo mandamiento

No te hagas ninguna imagen,
ni nada que guarde semejanza
con lo que hay arriba en el cielo,
ni con lo que hay abajo en la tierra,
ni con lo que hay en las aguas debajo de la tierra.
No te postres delante de ellos ni los adores.
Yo, el Señor tu Dios, soy un Dios celoso.
Cuando los padres son malvados y me odian,
yo castigo a sus hijos hasta la tercera y cuarta generación.
Por el contrario, cuando me aman fielmente
y cumplen mis mandamientos,
les muestro mi amor por mil generaciones. Éxodo 20:4-6

El segundo mandamiento continúa las afirmaciones teológicas del primero. El Dios que se reveló a Moisés en el monte Sinaí prohíbe terminantemente la adoración y el reconocimiento de otras divinidades creadas por las personas, y rechaza con vehemencia la creación o elaboración de imágenes que lo representen, ya sean en madera, piedra o metales preciosos (Éx 20:23; 34:17; Dt 27:15; Jn 4:24).

En la antigüedad, los pueblos se identificaban con diversas divinidades locales que eran objeto del reconocimiento y la adoración de los ciudadanos de esas comunidades. Para representar esas deidades se preparaban expresiones artísticas que el pueblo reconocía y apreciaba. El acto cúltico y de adoración no necesariamente era a las estatuas o las representaciones físicas, sino a la deidad nacional o regional, o la que representaba la capacidad de responder a las calamidades que debían enfrentar los pueblos.

El Dios que se revela en el Decálogo no acepta representaciones físicas, pues se manifiesta en el pueblo y en la historia a través de su palabra (Dt 4:11-16; Sal 115:3-8). Esa revelación histórica se hizo realidad en la creación, en el llamado a los patriarcas, en la revelación a Moisés en la zarza y, ciertamente, en las extraordinarias manifestaciones divinas en el monte Sinaí. En efecto, ¡esa voz y autoridad divina no se puede representar en imágenes!

Para explicar la naturaleza del mandamiento que iba en contra de la cultura y las expectativas religiosas de su época y de la región, el Decálogo afirma que no hay nada en los cielos, ni en la tierra, ni en las aguas que están debajo de las tierras que puedan representar al Dios verdadero de forma adecuada. Como el Señor es espíritu, eterno, infinito e inefable, no existe en el mundo nada que lo pueda describir o figurar de manera efectiva.

Ese Dios indescriptible y extraordinario es celoso, que es una manera figurada de afirmar y destacar que el Señor está dispuesto a velar por el cumplimiento del Pacto. Además, el amor de Dios hacia los israelitas y la humanidad no acepta lealtades a medias. El Señor que se reveló en el Sinaí no está interesado en compartir su naturaleza especial y su gloria con otras deidades u objetos de culto.

Posteriormente en la historia, el profeta Isaías desarrolla el tema de los ídolos, las deidades nacionales y las imágenes (Is 40:18-26). Además de afirmar que los dioses de las naciones son ídolos, los desafía públicamente pues no tienen la capacidad de hablar, escuchar o intervenir en medio de las realidades de la humanidad (Is 44:9-20).

De singular importancia es comprender las implicaciones éticas del segundo mandamiento. El objetivo no es rechazar las obras de arte ni limitar la creatividad artística. La finalidad es incentivar la adoración a Dios, como se requiere en el primer mandamiento, pero sin imágenes o representaciones visuales. En el singular caso del Dios de la Biblia, las imágenes no representan su esencia, sino que presentan las limitadas percepciones humanas de lo eterno, inefable e indescriptible. El rechazo absoluto del mandamiento es a todo lo que intente representar o sustituir a Dios de forma visual, pues el Señor que se reveló a Moisés no puede ser visto ni representado por imágenes.

Tercer mandamiento

> *No uses el nombre del Señor tu Dios en vano.*
> *Yo, el Señor, no tendré por inocente*
> *a quien se atreva a usar mi nombre en vano.* Éxodo 20:7

El tercer mandamiento prosigue la directriz general de la revelación divina. En esta ocasión explora específicamente las actitudes humanas en referencia al nombre divino. Es un mandato directo y claro: hay que respetar el nombre de Dios y reconocer su singular naturaleza. Se prohíbe usar el nombre divino para actividades vanas, que pueden ser para asociarlo a ceremonias paganas y mágicas, para engañar o defraudar a alguien, o para jurar en falso. Además, debe entenderse que actuar de forma impropia en referencia al nombre de Dios es una forma de desprecio que tiene serias repercusiones inmediatas.

En la sociedad contemporánea, los nombres son signos y distintivos que identifican a las personas en la comunidad. Es una manera de ubicar a la gente por familias y comunidades. En la antigüedad, sin embargo, los nombres representaban la esencia misma de las personas, pues era una forma de aludir a su naturaleza, sus características específicas y sus particularidades físicas, morales y espirituales fundamentales.

En la Biblia hebrea, conocer el nombre de alguien o algo le daba poder sobre lo nombrado (Gn 32:29). La expresión "tomar en vano", además de describir una actitud de blasfemia, alude a algo vacío o inútil, y describe lo falso y mentiroso. Y la lectura cuidadosa de la expresión, en sus diversos contextos, pone de relieve implicaciones importantes del tercer mandamiento. Que pueden ser algunas de las siguientes:

1. No blasfemar o maldecir haciendo uso del nombre del Señor.
2. No perjurar, que significa no jurar falsamente utilizando el nombre de Dios.
3. No manipular personas para beneficio propio, fundamentado en la autoridad que se desprende del nombre de Dios.
4. No pronunciar o utilizar el nombre divino de forma trivial, vana

e impropia, o en ceremonias mágicas de manipulación. El nombre divino se debe asociar con la reverencia, la santidad, el respeto y la dignidad.
5. Y afirmar los valores que representa el nombre del Señor, p. ej., paz, justicia, amor, misericordia, gracia, fidelidad, perdón…

Un componente singular del tercer mandamiento es que la revelación se puede relacionar con las formas de adorar a Dios. La reverencia y la seriedad al pronunciar el nombre divino no son extras optativos en las ceremonias religiosas, sino requisitos indispensables de las personas que adoran y sirven. Además, este mandamiento tiene implicaciones inmediatas en los compromisos que se hagan ante Dios, pues la mentira, el irrespeto, la falsedad y la infidelidad, pueden entenderse como blasfemias o usos impropios del nombre divino.

En efecto, Dios no tomará por inocente a quienes actúen de manera indecorosa e impropia ante el Señor al utilizar de manera irresponsable o blasfema el nombre divino.

Cuarto mandamiento

Acuérdate del día sábado para santificarlo.
Trabaja seis días
y haz en ellos todo lo que tengas que hacer,
pero el día séptimo será un día de reposo
para honrar al Señor tu Dios.
No hagas en ese día ningún trabajo,
ni tampoco tu hijo, ni tu hija,
ni tu esclavo, ni tu esclava, ni tus animales,
ni tampoco los extranjeros que vivan en tus ciudades.
Porque en seis días hizo el Señor
los cielos y la tierra,
el mar y todo lo que hay en ellos,
y descansó el séptimo día.
Por eso el Señor bendijo y consagró el día de reposo. Éxodo 20:8-11

La estructura literaria del Decálogo varía con la presentación del cuarto mandamiento. La revelación comienza de forma grata, pues más que una afirmación u ordenanza es una invitación a recordar los actos de creación divina. Fundamentados en esas añoranzas, los israelitas deben separar un tiempo de calidad todas las semanas para celebrar, santificar o dedicar un día al Señor, y de esa manera recordar sus intervenciones salvadoras extraordinarias en medio de la historia, la naturaleza y la vida.

La lectura cuidadosa del texto hebreo del mandamiento pone de relieve dos verbos de gran importancia teológica que motivan a la adoración y a la santificación. El día de reposo o sábado se separa no solo para descansar, sino para "dedicarlo" y "santificarlo" a Dios. Y en ese proceso de dedicación y santificación es que el pueblo israelita se recupera de forma física de los trabajos diarios, además de participar de un ambiente especial de celebración e intimidad con Dios que propicia la adoración verdadera e incentiva el crecimiento espiritual, personal y profesional.

La consagración del sábado al Señor representa la dedicación de toda la semana, todo el mes y todo el año al Dios creador. Una vez finalizó su proceso de creación de la tierra, los cielos, los animales y las personas (Gn 1:1—2:3), se manifestó un descanso del Señor, que brinda el ejemplo divino a la humanidad para seguir su ejemplo.

El trabajo en la Biblia es visto como algo bueno, necesario y digno, no es una carga opresiva y angustiante, sino como una oportunidad de vida y de sustento personal, familiar y comunitario. Sin embargo, para llevar a efecto las labores diarias de manera efectiva, el descanso juega un papel protagónico. Guardar el día del Señor y separar tiempo para descansar, permite la renovación de las energías físicas, emocionales y espirituales para proseguir las tareas diarias con efectividad. Además, los días de reposo permiten disfrutar momentos de calidad con las familias.

De singular importancia teológica es el fundamento bíblico para guardar el día de reposo: seguir el ejemplo divino. Dios no está exigiendo a las personas hacer algo imposible o irracional, pues el descanso es parte del proceso de creación divina. El verbo hebreo utilizado para describir el día significa "reposar", "tomar fuerzas", "recuperar energía", inclusive, "refrescarse". Y el descanso es importante no solo para las personas, sino para los animales (Éx 20:10; 23:12).

En la iglesia cristiana, desde muy temprano en la historia, el día de reposo se celebra el domingo, o el día del Señor, el primer día de la semana. Fundamentados en la declaración teológica de que el día de reposo recuerda la liberación de los hebreos de Egipto (Dt 5:15), y como las iglesias ven a Cristo como el libertador de los pecados y los cautiverios de la humanidad, se hizo el cambio del sábado al domingo. Y de esa forma, los primeros seguidores de Jesucristo mantuvieron la tradición judía de descanso semanal, pero cristianizaron el día al destacar la liberación que se produce con la muerte de Jesús y la resurrección de Cristo.

Quinto mandamiento

Honra a tu padre y a tu madre,
para que disfrutes de una larga vida
en la tierra que te da el Señor tu Dios. Éxodo 20:12

Con el quinto mandamiento comienzan las instrucciones divinas de la segunda tabla de la Ley. Como el mandamiento anterior en torno al séptimo día incluye elementos de adoración y dinámicas sociales, se convirtió en una buena transición para las instrucciones divinas que tienen que ver con las relaciones personales e interpersonales que comienzan ciertamente con la familia. Y las dinámicas de respeto y reconocimiento a la familia, en general, y a los padres, en particular, son comunes en la mayoría de las culturas.

El mandamiento comienza con una instrucción directa y clara: "honra". Esa palabra está asociada al verbo hebreo *kabed*, que transmite la idea de algo pesado, distinguido e importante. De la misma raíz hebrea proviene la palabra bíblica *kabod*, que alude a la gloria que se asocia directamente con Dios (Is 6:3). En efecto, honrar al padre y a la madre, que implica mostrar respeto, dignidad, amor y reconocimiento, es mucho más que un acto ceremonial o protocolar momentáneo, pues presupone una acción continua.

Lo determinante de ese singular acto de honrar a los progenitores se pone en evidencia clara en la narración bíblica al ubicarlo en el corazón del Decálogo. Esos Diez Mandamientos contienen la revelación divina que da a los israelitas las directrices éticas, morales y espirituales que deben guiar sus decisiones, estilos de vida y prioridades personales y comunitarias. La inclusión de este mandamiento en la Ley de Moisés, además de presentar su importancia teológica, revela que la familia es un componente principal en las comunidades hebreas y que, en efecto, es la unidad básica de la sociedad.

En el contexto íntimo de la familia es que los padres brindan lo necesario para el buen desarrollo físico, intelectual, moral y espiritual de sus miembros. Ese singular foro familiar constituye el espacio educativo principal en donde se brindan las bases éticas que preparan a las nuevas generaciones a vivir en paz, justicia, libertad y dignidad, en medio de los desafíos continuos y formidables que se manifiestan en las sociedades. Es un mandamiento general, pues llega a todos los niveles familiares y sociales, pues debe ser cumplido por la niñez, la juventud, los matrimonios y los ancianos. Y, además, es el único mandamiento que incluye promesas divinas para quienes lo cumplan.

Cumplir este mandamiento tiene importantes implicaciones nacionales. Al honrar a los padres se establecen las bases físicas, morales, éticas, emocionales y espirituales que dan paso a una sociedad que afirma la dignidad de las personas y destaca el respeto que debemos a la humanidad. Y es en ese singular ambiente educativo que se establecen las bases indispensables para el establecimiento de una estructura social justa.

Al estudiar con detenimiento el quinto mandamiento se descubren algunos elementos de importancia que superan los límites del tiempo. En primer lugar, y de suma importancia, es que la revelación divina honra de igual forma al padre y a la madre (Éx 20:12; Lv 19:3). Esta afirmación de igualdad es muy importante, pues se produce en medio de culturas en las cuales los derechos de las mujeres no eran muy apreciados ni reconocidos. Además, se asocia directamente el respeto a los padres con el disfrute de una vida digna en la ancianidad. Este mandamiento era una forma de incentivar la seguridad en un periodo humano de debilidad e inseguridad en las personas (Pr 19:26; 20:20; 28:24).

De importancia capital es descubrir que este mandamiento de reconocimiento paternal y familiar es el único en el Decálogo que tiene recompensas divinas. Esa promesa de prolongación de la vida individual debe asociarse a la vida nacional, pues la familia es la estructura básica del pueblo, y esa afirmación personal y familiar se debe entender con sus implicaciones al pueblo hebreo, pues los israelitas estaban de camino en el desierto hacia el cumplimiento y disfrute de las promesas divinas en la Tierra Prometida, Canaán.

Respecto a este mandamiento se deben destacar dos implicaciones ulteriores. En primer lugar, Jesús de Nazaret criticó a los grupos fariseos por no proseguir con el espíritu y las enseñanzas asociadas al honrar a los padres y las madres (Mr 7:9-13). Además, el sabio apóstol Pablo relaciona las implicaciones de este mandamiento y sus enseñanzas con los procesos educativos y el cuidado de los hijos:

Y ustedes, padres,
no hagan enojar a sus hijos,

sino críenlos según la disciplina
e instrucción del Señor. Efesios 6:4

Hijos, obedezcan a sus padres en todo,
porque esto agrada al Señor.
Padres, no exasperen a sus hijos,
no sea que se desanimen. Colosenses 3:20-21

Sexto mandamiento

No mates. Éxodo 20:13

Los dos mandamientos que siguen al reconocimiento y la honra del padre y de la madre, y de la santidad de la familia, se relacionan con el respeto a la vida. Se prohíbe terminantemente quitar la vida a alguien o adulterar, que puede ser el origen de la concepción de una nueva vida. Para el mandamiento mosaico era importante la vida, tanto en su forma desarrollada como en el momento de la procreación. Y los dos mandamientos presuponen que el respeto a la vida es un componente indispensable para el establecimiento de una comunidad sana, estable y funcional.

La revelación divina en el Sinaí pone limitaciones claras a la libertad de las personas, que en este caso se trata de la vida. El Decálogo presupone no solo la responsabilidad individual en los procesos decisorios, sino que intenta afirmar y propiciar el bienestar de la comunidad. Esa dimensión social adecuada, pertinente y respetuosa, requiere el reconocimiento de la dignidad de la vida, que para la comunidad hebrea era especial y misteriosa (Gn 9:4; Lv 17:11), y que entendían provenía directamente de Dios (Gn 1:1—2:25). Y el mandamiento afirma que las personas no debían intervenir de manera impropia en esa acción creativa que se generaba en la voluntad divina.

Las implicaciones de este mandamiento se descubren en los evangelios. En sus enseñanzas, Jesús asocia los asesinatos y las manifestaciones desordenadas de violencia con las emociones tóxicas e irracionales. Para el Señor, las emociones descontroladas pueden convertirse en dinámicas de violencia y asesinatos que no solo rompen las dinámicas de respeto social y comunitario, sino que atentan contra la creación misma de Dios.

Para responder adecuadamente a esas actitudes malsanas de hostilidad e irracionalidad, Jesús de Nazaret afirma la santidad y el respeto a la vida, además de identificar las dificultades asociadas a las venganzas (Mt

5:38-42) y poner claramente de manifiesto los peligros relacionados con el odio y los resentimientos (Mt 5:43-44).

Y en medio de ese contexto educativo de enseñanzas claves para su ministerio, el Señor resalta los elementos gratos y transformadores que se desprenden del amor, la justicia, el perdón y la misericordia (Mt 5:45-48; 6:12, 14-15).

Séptimo mandamiento

No cometas adulterio. Éxodo 20:14

En este mandamiento se afirma la santidad del matrimonio y se destaca la importancia de la fidelidad. Presupone que en las dinámicas matrimoniales se manifiesta un sentido continuo de lealtad al cónyuge. Y esas dinámicas de fidelidad y de respeto son dos elementos indispensables para el rechazo del adulterio.

El contexto amplio que debe imperar en los matrimonios es el diálogo respetuoso, el reconocimiento de la dignidad del cónyuge y las manifestaciones plenas del amor. Ese marco de referencia saludable es el que evita las relaciones impropias extramatrimoniales y supera las tentaciones del adulterio. Y referente a este singular tema es importante añadir que las heridas y los dolores que dejan las relaciones adúlteras en las parejas, afectan adversamente las relaciones matrimoniales a corto, mediano y largo plazo, pues pueden convertirse en la base de los resentimientos que terminan lamentablemente en separaciones y divorcios (Pr 5:3-6).

En el contexto bíblico, el adulterio era castigado con la pena de muerte de ambos participantes (Lv 18:20; Job 31:9-12), pues era entendido como una violación mayor a la santidad del matrimonio que era instituido por Dios. En las Sagradas Escrituras se afirma la fidelidad matrimonial y se incentiva el establecimiento de un hogar responsable, grato y funcional, pues es un foro indispensable para la educación de la familia, que constituye el núcleo básico de la sociedad.

Octavo mandamiento

No robes. Éxodo 20:15

El mandamiento octavo pone en evidencia clara las preocupaciones éticas y morales de Dios. La honestidad es parte del propósito de Dios para la humanidad y el robar no es parte de la voluntad divina, pues es un acto impropio que rechaza el derecho a la privacidad, ignora la propiedad privada y deshonra los espacios sagrados de la intimidad. Los actos de robar o hurtar no demuestran los valores que deben distinguir a las personas de bien. Robar es tomar algo sin permiso, con el propósito ingrato de quedarse con lo que se ha tomado y no le pertenece. Es una manera de privar a alguna persona de lo que ha recibido del Señor.

Desde la perspectiva bíblica, el acto de robar o hurtar es adueñarse de alguna cosa de forma impropia e ilegal (Éx 22:1-2) o, inclusive, se puede asociar con el tomar a alguna persona y privarla de sus derechos (Éx 21:16; Dt 24:7). De manera sistemática, el mensaje bíblico presenta el robo como un acto pecaminoso, pues Dios mismo directamente lo afirma (Éx 5:8) y los profetas lo reiteran (Am 3:10).

Las dinámicas asociadas al hurto incluyen, desde la perspectiva bíblica, el robo, el rapto, el fraude y hasta la usura. Y en esa tradición ética que se revela en el Antiguo Testamento, el apóstol Pablo afirma que para superar el robo se requiere enfrentar la vida desde la perspectiva de la honestidad que se desprende del trabajo responsable y honesto (Ef 4:28).

Noveno mandamiento

No des falso testimonio
en contra de tu prójimo. Éxodo 20:16

Este mandamiento se relaciona una vez más con el respeto y la dignidad humana. Además, es un rechazo absoluto a la mentira y una afirmación del honor de las personas. La referencia a dar un testimonio falso es un rechazo a las dinámicas que hieren, ofenden y degradan el nombre de alguna persona. En el mundo del Oriente Medio en general, y en las narraciones bíblicas en particular, el nombre es símbolo de la esencia misma de la persona, pues es una manera de presentar la totalidad y la dignidad del individuo.

El mandamiento divino es afirmar la verdad como un valor indispensable para el desarrollo de una sociedad responsable y justa. El perjurio, la deshonestidad y las mentiras carcomen los cimientos mismos de las comunidades e impiden que puedan crecer y establecerse con seguridad y sentido de futuro. La gente responsable debe entender la importancia de la verdad y la honestidad en medio de sociedades donde se manifiesta la maldad y la mentira, inclusive, en foros legales y judiciales.

Posteriormente, en las regulaciones legales del Pentateuco, se indica que a las personas que actúan con maldad y presentan mentiras contra alguna persona, en contextos legales, se debía aplicar la ley del talión, que consistía en hacerle a la persona mentirosa y deshonesta lo que intentaba producir con sus mentiras (Dt 19:19).

Referente a este problema de la deshonestidad en foros legales y comunitarios, los profetas dejaron sentir su preocupación (Jer 7:8-10; Os 4:2), pues esas dinámicas de mentiras, perjurios y falsos testimonios son nefastas para las sociedades que deseen progresar y proyectarse adecuadamente y con esperanza al futuro.

Décimo mandamiento

No codicies la casa de tu prójimo,
ni codicies su esposa, ni su esclavo, ni su esclava,
ni su buey, ni su asno, ni nada que le pertenezca. Éxodo 20:17

El décimo y último de los mandamientos es un rechazo claro y absoluto a la envidia y la codicia. Es una manera clara de identificar los deseos impropios, desordenados y egoístas de anhelar de forma ingrata lo que pertenece a otra persona. Se trata de un mandamiento divino que se preocupa seriamente por lo que se manifiesta en el interior de las personas. Y en el texto bíblico, se identifican claramente los objetos de la codicia que van desde la casa y el cónyuge hasta los esclavos y los animales.

Esta prohibición es importante, pues el respeto al derecho ajeno y a la propiedad privada es un componente indispensable para la convivencia responsable y pacífica en la sociedad. Implícitamente, y como todo lo que poseen las personas son manifestaciones de la gracia y la misericordia divina, la codicia es un rechazo solapado a la manifestación de voluntad de Dios.

Y con este mandamiento que rechaza la envidia, se cierra el Decálogo. La revelación divina comenzó con la afirmación de una buena relación con Dios y finaliza con un mandamiento que tiene un objetivo teológico similar al primero, pero que lo hace desde la perspectiva de la

manifestación de la voluntad del Señor en la sociedad. Los Diez Mandamientos constituyen el marco de referencia ético, moral y espiritual que
le brindan al pueblo los referentes indispensables para el disfrute de una
buena relación con Dios, y también para el desarrollo de una convivencia
sana y responsable en la sociedad.

Capítulo siete
Leyes y revelaciones adicionales a Moisés

Ante ese espectáculo de truenos y relámpagos,
de sonidos de trompeta y de la montaña envuelta en humo,
los israelitas temblaban de miedo
y se mantenían a distancia.
Así que suplicaron a Moisés:
—Háblanos tú y te escucharemos.
Si Dios nos habla, seguramente moriremos.
—No tengan miedo —les respondió Moisés—.
Dios ha venido a ponerlos a prueba,
para que sientan temor de él y no pequen.
Entonces Moisés se acercó a la densa oscuridad
en la que estaba Dios,
pero los israelitas se mantuvieron a distancia.

Éxodo 20:18-21

El altar de piedra

Las narraciones en torno a la revelación divina en el monte Sinaí a Moisés no finalizan con el Decálogo. Ante esas manifestaciones extraordinarias del poder divino, el pueblo observaba y se mantuvo alejado del monte por temor. En el ambiente se sentían los estruendos y los relámpagos, además de escuchar el sonido de las trompetas y percibir el humo que se manifestaba en el lugar. Y en ese contexto físico, emocional y espiritual, se presenta un grupo adicional de leyes (Éx 20:22–23:19).

El código del Pacto (Éx 24:7), como se identifica en las narraciones del éxodo, incluye una colección adicional de mandatos y prescripciones que tienen repercusiones éticas, morales y espirituales. Esas regulaciones presuponen una sociedad sencilla, que incorpora en sus dinámicas de vida tanto la ganadería (Éx 22:5) como la agricultura (Éx 22:6).

En medio de la revelación divina, y afectados por los temores, el pueblo le dijo a Moisés que les hablara, pues temían morir si Dios mismo les dirigía la palabra. La respuesta del líder israelita fue de seguridad y apoyo. Respondió con una palabra sobria: que no temieran, pues la finalidad divina no era la muerte del pueblo. Dios solo deseaba probarlos para que mantuvieran el temor y el respeto a lo sagrado y evitaran morir. De esa manera el pueblo se mantuvo alejado del Sinaí.

Una vez finalizó el diálogo de Moisés con el pueblo, el líder hebreo se acercó a la nube densa, a la oscuridad, y se ubicó próximo al monte para hablar con Dios. Y en ese ambiente de revelación divina y recepción humana, el Señor recordó lo que ya previamente había revelado en referencia a la prohibición de hacerse dioses de oro y plata para ponerlos al lado del Señor. Era una reiteración del Decálogo y una reafirmación del monoteísmo.

En ese entorno sagrado de revelación, Dios ordenó al pueblo a construir un altar de tierra para sacrificar ovejas y vacas, y presentar sus ofrendas de paz. Ese altar tenía un doble propósito: además de servir de espacio sagrado para las ceremonias religiosas, era un lugar con virtudes educativas, pues permitía el recuerdo de la capacidad divina de bendecir y liberar al pueblo.

Las referencias a la construcción del altar en tierra revelan la sencillez de la adoración a Dios. Si el altar se hacía con piedras, no debía ser labrado para evitar la profanación de las manos humanas, ni debía tener escaleras para que no se viera la desnudez de los sacerdotes al subir a hacer los sacrificios, que también era signo claro de profanación.

Los detalles de estas instrucciones son importantes. De acuerdo con las narraciones del libro de Éxodo, el pueblo debía construir altares, no ídolos. Los altares tienen el propósito específico de reconocer, agradecer y recordar las intervenciones divinas. Las imágenes, sin embargo, aunque sean de oro y plata, que simbolizan metales preciados, no pueden representar la singular naturaleza y el poder extraordinario de un Dios que se revela a Moisés y a los israelitas como el Gran Yo Soy para poner de manifiesto su continuo poder en medio de la historia. Además, el altar no debía construirse en cualquier lugar, sino en espacios claramente identificados por Dios para honrar su nombre y recordar sus hazañas.

Leyes sobre la esclavitud

Si alguien compra un esclavo hebreo,
este le servirá durante seis años,
pero en el séptimo año recobrará su libertad
sin pagar nada a cambio.
Si el esclavo llega soltero, soltero se irá.
Si llega casado, su esposa se irá con él.
Si el amo le da mujer al esclavo,
como ella es propiedad del amo,
serán también del amo los hijos o hijas
que el esclavo tenga con ella.
Así que el esclavo se irá solo.
Si el esclavo llega a declarar:
"Yo no quiero recobrar mi libertad,
pues les tengo cariño a mi amo, a mi mujer y a mis hijos"
el amo lo hará comparecer ante los jueces.
Luego lo llevará a una puerta,
o al marco de una puerta,
y allí le perforará la oreja con un punzón.
Así el esclavo se quedará de por vida con su amo.
Si alguien vende a su hija como esclava,
la muchacha no se podrá ir como los esclavos varones.
Si el amo no toma a la muchacha como mujer
por no ser ella de su agrado,
deberá permitir que sea rescatada.
Como la rechazó, no podrá vendérsela a ningún extranjero.
Si el amo entrega la muchacha a su hijo,
deberá tratarla con todos los derechos de una hija.

Si toma como esposa a otra mujer,
no podrá privar a su primera esposa de sus derechos conyugales,
ni de alimentación y vestido.
Si no le provee esas tres cosas,
la mujer podrá irse sin que se pague nada por ella. Éxodo 21:1-11

Las leyes y regulaciones que se incluyen luego del Decálogo revelan la preocupación divina por el orden social y las dinámicas comunitarias. Esta sección de las narraciones luego de la revelación del Decálogo a Moisés, presentan una serie de leyes civiles que propician un orden social, político y económico responsable, estable y funcional. Además, no podemos perder de vista que reflejan las dinámicas y costumbres del mundo del Oriente Medio antiguo, específicamente, una sociedad nómada.

Referente a la esclavitud (Éx 21:1-11), la revelación bíblica presenta una comprensión social y legal que está más adelantada que las percepciones tradicionales de la época, de acuerdo con el estudio de los códigos que tenemos a disposición sobre el tema. Entre los pueblos vecinos de los israelitas, la esclavitud era una condición de cautiverio absoluto y extremo.

El espíritu de la ley mosaica, sin embargo, es humanitario y reconoce derechos que los amos no podían ignorar, subestimar o rechazar. Posiblemente, esas revisiones referentes a las dinámicas asociadas a la esclavitud se fundamentan en la experiencia de los hebreos bajo el poder autoritario y nefasto del faraón. Los esclavos debían ser tratados con dignidad.

La esclavitud era una realidad social que se permitía en la sociedad israelita bajo ciertas condiciones. Los hebreos, que nacían libres, podían llegar a ser esclavos por las siguientes razones:

1. Por ser vendidos por los padres.
2. Por robar y no ser capaz de restituir lo robado (Éx 22:1-3).
3. Por tener deudas no pagadas o por no tener el deseo ni la capacidad de pago (Am 2:6; 2Re 4:1).
4. Por decisión personal, posiblemente por razones de pobreza extrema o porque el ambiente en la casa del amo brindaba seguridad (Lv 25:39).
5. O por nacer en la esclavitud.

La mayoría de los esclavos en la sociedad hebrea eran servidores domésticos que eran considerados como propiedad del amo y que no podían violentar los derechos del siervo. La esclavitud en la sociedad israelita no constituía una condición perpetua, pues los esclavos no provenían de botines de guerra (Lv 25.44-55). Además, este tipo de esclavitud no era permanente, pues el tiempo máximo de servicio eran seis años, y luego eran liberados sin pagar rescate. En ese contexto legal y social, las esposas de los esclavos experimentaban las mismas regulaciones y condiciones que sus esposos. Y si algún esclavo decidía mantenerse bajo el mandato del mismo amo, podía hacerlo de forma pública y oficial.

Un esclavo que optaba por mantener su condición de forma permanente debía pasar por una ceremonia oficial para afirmar públicamente su decisión. El proceso incluía llegar a las puertas de la casa, en señal de reconocimiento de autoridad, de sujeción perpetua y entrada al hogar; además, le perforaban una oreja, posiblemente la derecha, con algún tipo de punzón; y lo ubicaban frente a los jueces y los ancianos del pueblo para que sirvieran de testigos de la decisión. Algunos estudiosos piensan que la perforación en la oreja era para poner algún aro y afirmar su condición de esclavo.

Las mujeres esclavas no tenían las mismas posibilidades de liberación que los varones. Sin embargo, como la ley israelita se preocupaba por las personas débiles de la sociedad, protegían inclusive algunos derechos de las mujeres. Aunque no obtenían su liberación a los seis años, los amos no podían abusar de ellas ni venderlas como esclavas a naciones paganas. Y si se casaban con alguno de los hijos de sus amos, debían ser tratadas como esposas legales, ya no como esclavas (Éx 21:7-11).

Leyes sobre la violencia

El que hiera a otro y lo mate será condenado a muerte.
Si la muerte no fue intencional,
pues Dios permitió que sucediera,
el asesino podrá huir al lugar que yo designaré.
Si el asesinato es premeditado,
el asesino será condenado a muerte
aun cuando busque refugio en mi altar.
...
Si en una pelea alguien golpea a una mujer embarazada
y su bebé nace antes de tiempo,
pero nadie resulta con heridas de gravedad,
se les impondrá la multa que el marido de la mujer exija
y que en justicia le corresponda.
Pero si alguien resulta con heridas graves,

esta será la indemnización:
vida por vida, ojo por ojo, diente por diente,
mano por mano, pie por pie, quemadura por quemadura,
golpe por golpe, herida por herida. Éxodo 21:12-14, 22-25

Las leyes que se incluyen en esta sección, ponen de manifiesto el respeto a la vida que se afirma en la sociedad hebrea y en las leyes mosaicas. La dignidad humana es uno de los elementos distintivos que se desprenden de las regulaciones que siguen al Decálogo. El comportamiento de las personas, independiente del estado de ánimo y de las dinámicas sociales e interpersonales, debe reflejar ese aprecio y reconocimiento, pues la vida proviene directamente de Dios.

De acuerdo con esta serie de leyes, en la sociedad se podían manifestar crímenes que conllevaran la pena capital. En efecto, el castigo era fuerte y firme pero necesario, pues intentaba salvaguardar la sociedad de dinámicas violentas y antisociales que podían herir y socavar la estabilidad de la comunidad y afectar adversamente el sentido de paz y justicia en el pueblo.

El crimen premeditado que revela una intención malsana e inmisericorde hacia otra persona, y que también pone de manifiesto un desprecio claro hacia la honorabilidad y santidad de la vida, es atendido con prioridad en las regulaciones mosaicas. Ese tipo de acto impropio revela un rechazo absoluto a la autoridad divina y un menosprecio hostil hacia la creación de Dios, pues la vida es una manifestación concreta de la voluntad del Señor en medio de la historia de la humanidad (Lv 24:17-22; Nm 35:16-34; Dt 21:23-25).

En esta sección, además, se incluyen algunas regulaciones especiales que se asocian al Decálogo, como es el caso de la violencia o las maldiciones al padre o a la madre (Éx 21:15). La recomendación mosaica para responder a ese tipo de crimen es clara: la muerte. El verbo "herir" (en hebreo, *nacar*), que se utiliza en esta narración bíblica para describir la violencia hacia los progenitores, es el mismo término usado en la narración que presenta el crimen del egipcio a manos de Moisés (Éx 2:12).

Esta regulación referente a las dinámicas entre padres e hijos revela, una vez más, la importancia que tenía el hogar en la sociedad israelita, pues era el fundamento básico de la sociedad. Herir o maldecir al padre o la madre era un acto que afectaba no solo a la familia israelita inmediata, sino a la sociedad hebrea en general. Esa acción impropia era una manifestación de violencia hacia Dios, pues en el Decálogo se identifica el respeto a los padres como un componente fundamental en la sociedad, a tal grado que incluye una recompensa divina.

Aunque las manifestaciones de violencia y los asesinatos eran actitudes y crímenes despreciables y castigables, debían ser analizados cuidadosamente para distinguir entre los actos de agresividad premeditados y las muertes no intencionales. Y para propiciar juicios justos y evaluaciones adecuadas de las circunstancias que rodearon las heridas o las muertes, las regulaciones mosaicas asociadas a la violencia incorporan unas recomendaciones concretas, y una de esas prescripciones legales tradicionalmente se conoce como la "ley del talión" (Éx 21:23-25).

Esta famosa y singular regulación se incluye también en otras secciones del Pentateuco (Lv 24:19-20; Dt 19:21). El objetivo legal y social de esa ley era evitar la venganza desproporcional de la familia de la persona afectada, herida o asesinada. No era una incentivación de la venganza; por el contrario, era una manera oficial de limitar las reacciones ante algún crimen. Y esa ley fue el marco de referencia para evaluar los casos y distinguir entre un asesinato premeditado y un homicidio involuntario.

Entre las comunidades semitas antiguas, existía una tradición que reconocía que las lesiones o muertes debían ser vengadas por un pariente cercano de la persona asesinada o herida. Esa persona se identificaba como "vengador de sangre" (Nm 35:19-27; en hebreo, *goel*). En muchas ocasiones esta persona llevaba a efecto una venganza desproporcionada en relación con la herida sufrida. El objetivo primordial de la ley del talión era frenar esa actitud revanchista de resentimiento y violencia desproporcionada, para ajustar las respuestas de venganza con el crimen original; p. ej., ojo por ojo, diente por diente…

El código de Hamirabi, que consiste en una serie de leyes que provienen de la antigua Mesopotamia, incluye penas para algunos de los crímenes que aparecen en las leyes mosaicas. Estas leyes representan el desarrollo del concepto de igualdad entre las personas y se fundamentan en las ideas que se incluyen en la ley del talión. Por ejemplo, para un hijo que pega a sus padres, o por el crimen de raptar a una persona, el famoso código babilónico recomienda directamente la amputación de la mano, para destacar la gravedad del acto y para desmotivar la repetición de ese tipo de acciones.

Las leyes asociadas a la violencia (Éx 21:12-25) preparan el camino para identificar las responsabilidades de los amos en relación con las dificultades que se producen por conflictos interpersonales, por daños generados por descuidos o pérdidas asociadas al comportamiento de animales.

Estas regulaciones, que también están en la tradición legal del código de Hamurabi, tratan de hacer justicia, entre otros aspectos, a las personas heridas y afectadas en esas situaciones de crisis. Y aunque estas regulaciones no reflejan las realidades legales contemporáneas, revelan el deseo temprano de reconocer los daños causados y sus consecuencias, además de tratar de recompensar a las personas afectadas y destacar la responsabilidad de los amos en esos procesos y accidentes.

De singular importancia es notar que esta sección incluye algunas regulaciones en casos de abortos (Éx 21:22). El caso expuesto en la narración bíblica es el de un aborto causado por una pelea, y se destaca el daño a la mujer. La persona culpable debe restituir al marido de la mujer que aborta involuntariamente, sin embargo, no se toma en consideración el feto como persona.

Las leyes asociadas a la violencia destacan la importancia de la propiedad privada y revelan que las personas tienen derecho a tener esas propiedades. En esta sección se incluye un singular componente legal que no puede ser ignorado ni subestimado: la compensación por la pérdida de alguna propiedad, al pagar una cantidad que represente adecuadamente su valor. Y con estas leyes se superaban las dinámicas vengativas que podían ocasionar más conflictos y dificultades sociales. Además, era una forma de valorar más la vida que las pertenencias.

Leyes de las restituciones y humanitarias

Si alguien roba un toro o una oveja
y lo mata o lo vende,
deberá devolver cinco cabezas de ganado por el toro
y cuatro ovejas por la oveja.
Si un ladrón es sorprendido entrando a una casa y se le mata,
su muerte no se considerará asesinato.
Si se mata al ladrón a plena luz del día,
su muerte se considerará asesinato.
El ladrón está obligado a restituir lo robado.
Si no tiene con qué hacerlo,
será vendido para restituir lo robado. Éxodo 22:1-3

Las leyes de restitución en las sociedades nómadas o agrarias se relacionan principalmente con los animales y las tierras. En ese tipo de sociedad esencialmente rural, la posesión de animales era signo de riqueza, y la administración de grandes extensiones de terreno era señal de poder. Y en ese contexto amplio de culturas milenarias, robar un animal era un crimen mayor, pues atentaba contra la estabilidad económica de la familia que era el fundamento de la sociedad.

El robo de animales tenía diversos niveles de complejidad y gravedad. Cuando el acto se llevaba a efecto para usar el animal como alimento, para ofrecerlo en sacrificios o para la venta, el crimen era mayor, pues se presupone intención criminal premeditada y con alevosía. Sin embargo, si la acción tenía como finalidad mantener el animal, el delito era menor, pues se presupone algún tipo de acción improvisada.

En estas sociedades nómadas, la naturaleza de los animales y las labores que desempeñaban con su amo determinaba su valor; por esa razón, el buey tenía más valor que la oveja. La retribución por el robo llegaba al dueño del animal. Y si el ladrón no tenía los recursos necesarios para pagar por su acto delictivo, podía ser vendido como esclavo a consecuencia de sus actos.

Las regulaciones también afirman que, si se mataba a un ladrón tratando de invadir una propiedad de noche, no había castigo, pues se pensaba que quien mata al invasor está protegiendo su propiedad en un ambiente de oscuridad y desconocimiento. Sin embargo, si la muerte se producía de día a plena luz, el acto se convertía en un asesinato, pues se entiende que el que lleva a efecto el crimen estaban consciente de quien cometía el delito.

Las leyes de restitución propiciaban procesos pertinentes para la implantación de la justicia, y procuraban evitar que los ciudadanos tomaran la justicia en sus manos. En este sentido, las leyes mosaicas estaban más adelantadas de las que se incluyen en otros sistemas legales de la región como el código de Hamurabi, que pedía la pena de muerte directamente por robo, inclusive, demandaba la ejecución de quien compraba lo robado.

La negligencia era también penalizada en la ley mosaica, pues denota irresponsabilidad de parte de los amos. Esas actitudes irresponsables podían traer dificultades serias a sus vecinos (Éx 22:5-6). La responsabilidad de los amos se extendía, pues debían evitar que los fuegos quemaran los campos vecinos. El descuido en la administración de las propiedades era penalizable. Y los casos de fraude y engaño se dirimían oficialmente ante los jueces del pueblo.

El sistema legal tomaba en consideración la custodia de bienes que se debía llevar a efecto con honestidad y profesionalidad (Éx 22:7-15). La responsabilidad de guardar propiedades y animales se fundamenta en la confianza, pero faltar a ese compromiso de honor era considerado ilegal y criminal con serias implicaciones judiciales.

La sección final de leyes, luego de la revelación del Decálogo, incluye una serie importante de regulaciones éticas, morales y espirituales que tenían implicaciones individuales, sociales, políticas, económicas y religiosas (Éx 22:16–23:19). Y los temas de esas leyes se asocian al engaño y la seducción de una mujer con el propósito de dormir con ella (Éx 21:16-17), los actos de brujería (Éx 22:18), las relaciones sexuales con animales o la bestialidad (Éx 21:19) y la idolatría (Éx 22:20). Además, se incluye la protección de los derechos de las personas más débiles de la sociedad como extranjeros, viudas y huérfanos (Éx 22:21-28). Y también se incorpora en la legislación el atender con rectitud las dinámicas asociadas a préstamos, intereses y usura (Éx 22:25-27), que debían llevarse a efecto en un ambiente de honestidad y respeto.

Esta importante serie de leyes, que responden a un panorama amplio de necesidades individuales y desafíos colectivos, atienden con diligencia las responsabilidades de los israelitas para con Dios y también toman en consideración las dinámicas del culto (Éx 22:29-31), las relaciones adecuadas y justas entre las personas, como por ejemplo, la resolución de pleitos (Éx 23:1-9), el trato con el enemigo (Éx 23:4-5), la implantación de la justicia para los sectores más pobres de la sociedad (Éx 23:6-8) y la afirmación del año sabático, el día de reposo y la celebración del culto a Dios (Éx 23:9-13).

Todas estas leyes son importantes porque exponen detalles y destacan algunas implicaciones éticas, morales y espirituales del Decálogo. Revelan que las leyes de Moisés responden a un panorama amplio de necesidades de la comunidad y que afirman valores que se desprenden de la experiencia de liberación de Egipto. Para Moisés, un pueblo liberado por Dios de las estructuras políticas, económicas, sociales y espirituales del faraón debía poner de manifiesto no solo las revelaciones divinas en el Sinaí, sino las enseñanzas que se desprenden de siglos de cautiverio, dolores y esperanzas.

Las tres fiestas anuales

Tres veces al año harás fiesta en mi honor.
La fiesta de los Panes sin levadura

la celebrarás en el mes de abib,
que es la fecha establecida.
Fue en ese mes cuando ustedes salieron de Egipto.
De acuerdo con mis instrucciones,
siete días comerán pan sin levadura.
Nadie se presentará ante mí con las manos vacías.
La fiesta de la cosecha la celebrarás
cuando recojas las primicias de tus siembras.
La fiesta de recolección de fin de año
la celebrarás cuando recojas tus cosechas.
Tres veces al año todo varón se presentará ante mí,
su Señor y Dios. Éxodo 23:14-17

Luego de la presentación de las leyes postdecálogo, el libro de Éxodo presenta las tres fiestas judías de peregrinación. Estas celebraciones, que tenían un trasfondo agrícola, se reinterpretaron a la luz de las experiencias de liberación de los hebreos de Egipto. Y esos nuevos significados históricos y espirituales tenían implicaciones políticas, sociales y religiosas de importancia, pues se convirtieron en foros educativos para recordar la experiencia de liberación del yugo del faraón y el peregrinar por el desierto para llegar a la Tierra Prometida, además de brindar nuevas oportunidades para adorar al Dios de la liberación.

La fiesta de los Panes sin levadura o de los Panes ácimos se celebraba en la primavera durante el mes de Abib, y era una oportunidad para dar gracias a Dios por la siega de la cebada. Ese mes de Abib, también conocido como Nisán (Neh 2:1; Esd 3:7), corresponde a parte de los meses de marzo-abril en el calendario occidental.

Al primer día de esa fiesta se añadió la celebración de la Pascua, que era otro festival nacional que recordaba la liberación de Egipto (Éx 12:1-28) y que, además, era la celebración anual más importante para los israelitas (Lv 23:5; Nm 9:1-5; 28:16; Dt 16:1-2). Y esta celebración pascual adquirió nuevos significados en el Nuevo Testamento, porque los cristianos la relacionaron con la figura salvadora de Jesús el Cristo que, para el evangelista Juan, era el Cordero de Dios que quita el pecado del mundo (Jn 1:29; Mt 26:2-29; 1Co 5:7; 1Pe 1:18-19; Jn 19:14, 36).

La fiesta de la Siega celebraba la cosecha del trigo (Lv 23:15-21; Nm 28:26-31) en el mes de junio. Esta fiesta también se conocía como la de las Semanas, pues se celebraba a las siete semanas de haber ofrecido ante Dios las primicias de la cosecha de cebada. Posteriormente, en la

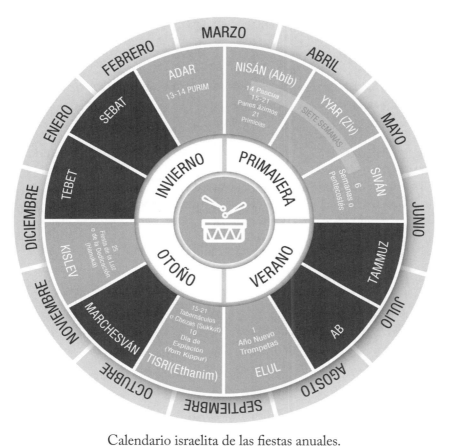

Calendario israelita de las fiestas anuales.

historia, esta fiesta se conoció como Pentecostés por la referencia a la celebración a las siete semanas, o cincuenta días de la Pascua (Éx 34:22; Lv 23:15-16; Dt 16:10, 16; Nm 28:26; Hch 2:1-13; 20:16; 1Co 16:8).

La tercera fiesta anual era la de la Cosecha, que aludía al final del año hebreo. Esta fiesta recordaba y agradecía a Dios por la cosecha de los frutos tardíos y por la vendimia (Éx 34:22; Lv 23:39; Dt 16:13), y se llevaba a efecto en los meses de septiembre u octubre. También se conoce como la fiesta de los Tabernáculos, pues alude a las tiendas precarias en las que vivieron los israelitas luego de la salida de Egipto en su peregrinar hacia la Tierra Prometida.

La presentación de las fiestas concluye con la afirmación de varios detalles que destacan elementos significativos de las celebraciones:

1. Todos los israelitas varones debían presentarse tres veces al año ante el Señor durante estas celebraciones. Esa presencia no solo tenía virtudes religiosas y sociales, sino que propiciaba la educación y el recuerdo de los orígenes del pueblo israelita.
2. La presentación del pan debía ser sin levadura, para recordar que la liberación fue un proceso rápido.
3. Hay que llevar y presentar ante Dios las primicias de los primeros frutos como una muestra de gratitud.
4. Y la referencia a no guisar el cabrito en la leche de su madre, ha sido el fundamento para el desarrollo de las leyes kosher en las comunidades judías, pues evitan mezclar la leche y la carne en la preparación de sus comidas. Además, era un rechazo a los cultos paganos que presentaban sus ofrendas a Astarté, que tenían la carne del cabrito cocida en la leche de la madre.

El ángel del Señor

Date cuenta, Israel,
que yo envío mi ángel delante de ti
para que te proteja en el camino
y te lleve al lugar que te he preparado.
Préstale atención y obedécelo.
No te rebeles contra él,
porque va en representación mía
y no perdonará tu rebelión.
Si lo obedeces y cumples con todas mis instrucciones,
seré enemigo de tus enemigos
y me opondré a quienes se te opongan.
Mi ángel te guiará y te introducirá en la tierra
de estos pueblos que voy a exterminar:
tierra de amorreos, hititas, ferezeos, cananeos, heveos y jebuseos.
Éxodo 23:20-23

La sección final del código del Pacto, que se incorpora después del Decálogo, intenta brindar al pueblo un sentido de orientación y seguridad. En medio de exhortaciones y promesas, destaca la necesidad de la obediencia a las revelaciones y directrices divinas, y advierte a los israelitas de las consecuencias de sus desobediencias e infidelidades. Estas instrucciones finales, antes de recomenzar el peregrinar a las tierras de Canaán, afirmaban la importancia de la obediencia a Dios y a sus mandatos, según se presentan en el Decálogo. Y destacan las implicaciones adversas de seguir a las divinidades cananeas.

En este ambiente de palabras finales, el Señor indica al pueblo que enviará su ángel o mensajero para que guarde a los israelitas por el camino del desierto, y para que los guíe al lugar que Dios había preparado. El pueblo hebreo debía comportarse bien ante el ángel, que significaba obedecer sus instrucciones y no rebelarse ante sus directrices.

Ese ángel representaba directamente a Dios, pues en él estaba el nombre divino que es una manera de indicar que comunicaba de forma plena la voluntad divina. Esa figura angelical acompañaba al pueblo para transmitir y afirmar la orientación divina en la tradición de las columnas de humo y fuego que acompañaron a los israelitas en la etapa inicial del éxodo de Egipto (Éx 13:21-22).

El tema principal de la sección revela la preocupación divina por las respuestas del pueblo ante las divinidades cananeas. Esa nueva realidad geográfica, social, política y económica, podía traer desafíos formidables y conflictos complejos a la fe de los israelitas. La Tierra Prometida estaba poblada por diversos pueblos que tenían sus propias divinidades, y que podían representar una tentación al pueblo liberado de las políticas del faraón.

Para afirmar la fe monoteísta, y ayudar a los israelitas a que pudieran responder con efectividad a la cultura cananea, el Dios bíblico promete guiar, proteger, alimentar y sanar al pueblo hebreo, además de darle la victoria en los procesos de conquista. La exigencia divina al pueblo era sencilla y clara: ser fieles al Decálogo, específicamente a las leyes en contra de la idolatría. Y para ayudar en el proceso, Dios envía un ángel, promete confundir a los cananeos y afirma que enviará avispas para sacar a los cananeos (Éx 23:20, 27, 28).

Las avispas en el relato, pueden ser una referencia a un tipo de insectos que afectaban a las comunidades cananeas antiguas. Esos insectos molestos se convertirían en aliados de los israelitas en los procesos de conquista de esas tierras. Además, esas avispas podían ser una referencia a los ejércitos egipcios que tenían como símbolo un avispón. También pueden ser una alusión simbólica a acontecimientos sobrenaturales que ayudarían a los hebreos a triunfar sobre los habitantes de esas tierras (Jos 10:11-14; Jue 5:4-5, 20-21).

El gran mensaje mosaico y del ángel del Señor que tenía la responsabilidad de acompañar al pueblo es el siguiente: la obediencia y la lealtad a Dios traen bendición y felicidad; y la infidelidad y rechazo al Decálogo conllevan castigos y dolores. Y en ese contexto amplio de preocupaciones e incertidumbres por las respuestas del pueblo ante los nuevos desafíos politeístas en Canaán, Dios se compromete con bendecir al pueblo si sirven al Señor y son fieles.

Moisés y los ancianos en el monte Sinaí

> *El Señor dijo a Moisés:*
> *"Sube al monte y preséntate ante mí,*
> *junto con Aarón, Nadab y Abiú,*
> *y setenta de los jefes de Israel.*
> *Ellos podrán adorar a cierta distancia,*
> *pero solo tú, Moisés,*
> *podrás acercarte a mí, el Señor.*
> *El resto del pueblo no deberá acercarse*
> *ni subir contigo".* Éxodo 24:1-2

La narración que finaliza la revelación divina en el monte Sinaí es una especie de ratificación del pacto de Dios con el pueblo israelita (Éx 24:1-11); además, presenta la recepción de los mandamientos escritos directamente por Dios (Éx 24:12-18). Se incluyen las instrucciones divinas y se añaden algunos detalles de los diálogos de Dios con Moisés que tienen importantes implicaciones teológicas y administrativas. Y también es la culminación de los relatos de la revelación del Decálogo que se llevaron a efecto en el monte Sinaí: en primer lugar, Dios invita al pueblo a aceptar el pacto divino-humano (Éx 19:3-6) y, para finalizar, se oficializa el pacto en una ceremonia con importantes repercusiones religiosas, educativas, sociales y políticas (Éx 24:1-18).

La confirmación del pacto de Dios con Moisés y el pueblo hebreo, incluye los siguientes detalles:

1. Dios invita a los israelitas a establecer un pacto o alianza especial (Éx 24:1-6).
2. El pueblo responde a los reclamos divinos de forma obediente (Éx 24:3, 7).
3. Los israelitas se preparan para recibir la revelación del Señor (Éx 24:9-14).
4. Y se manifiesta gloria divina en el monte (Éx 24:15-18).

La comprensión adecuada de esta importante sección del libro de Éxodo debe tomar en consideración la revelación del Decálogo en el Sinaí (Éx 20:1-17). En primer lugar, los Diez Mandamientos presentan el fundamento ético, moral y espiritual del pacto y, además, el nombramiento de Moisés como el agente divino y mediador entre Dios y el pueblo israelita es un elemento de importancia capital (Éx 20:18-21). En efecto, la ceremonia de ratificación del pacto divino-humano brinda a los israelitas el marco histórico y teológico pertinente que propicia y permite la educación transformadora del pueblo para las futuras generaciones.

La narración comienza con las instrucciones divinas a Moisés. Debían subir el monte Sinaí: Moisés, Aarón, Nadab, Abiu y setenta ancianos del pueblo. Sin embargo, solo Moisés podía acercarse a Dios, al grupo que lo acompañaba le estaba permitido inclinarse y hacer reverencias, pero tenían un límite físico definido y claro para mantener una distancia adecuada y segura ante Dios. Y cuando Moisés le dijo al pueblo las directrices divinas, la comunidad respondió positivamente y al unísono: haremos todo lo que el Señor ha dicho (Éx 24:3).

Moisés comenzó los preparativos ceremoniales ante la respuesta afirmativa del pueblo (Éx 24:4-7). Se levantó muy de mañana y preparó un altar en el monte, en el cual incluyó doce piedras en representación de las tribus de Israel. Además, envió a unos jóvenes a ofrecer al Señor holocaustos y sacrificios. Esas primeras acciones de Moisés destacan la importancia de la ceremonia y la necesidad de incluir a los jóvenes y a las nuevas generaciones en el proceso. El ambiente era de celebración, gratitud, educación y renovación.

La sangre de los animales sacrificados se dividió en dos porciones: Moisés roció la mitad sobre el altar, que simbolizaba que la ofrenda era traída especialmente ante Dios en un acto de humildad, consagración y reconocimiento de la autoridad divina; la otra mitad, el líder israelita la roció sobre el pueblo, pues era signo de que el pacto divino se hacía con los hebreos.

La siguiente sección del relato es teológicamente muy importante. Literalmente, la narración indica que Moisés y Aarón, junto a Nadab, Abiú y los setenta ancianos y líderes del pueblo, subieron al monte y "vieron al Dios de Israel" (Éx 24:10). El acto de "ver a Dios" se destaca con la descripción de la plataforma donde estaba parado: bajo sus pies había una especie de pavimento de zafiro tan claro como el cielo mismo (Éx 24:10). Y en medio de esas dinámicas de revelación extraordinaria de Dios, de acuerdo con la narración bíblica, comieron y bebieron juntos, sin sufrir daño alguno.

Nadab y Abiú eran hijos de Aarón (Éx 6:23) que fueron consagrados al sacerdocio. Lamentablemente, por no ser fieles a Dios e incumplir con las responsabilidades religiosas y espirituales que debían llevar a efecto, murieron al ofrecer "fuego extraño" ante el altar divino (Lv 8; 10:1-2). Los setenta ancianos que fueron llamados para participar en esta ceremonia solemne eran representantes del pueblo (Éx 20:18, 21; Nm 11:16-25) y tenían responsabilidades jurídicas y legales ante la comunidad. Y la referencia a los números tiene valor simbólico: el siete representaba la perfección, el diez aludía a algo completo y, el setenta, es decir siete por diez, era el número ideal de los años que se debía gobernar o ser líder del pueblo.

La importante nota referente a que el grupo que subió al monte con Moisés vio a Dios sin morir, no es común en el Antiguo Testamento. En esa cultura se pensaba que ver a Dios era sinónimo de muerte, que es la comprensión general de ese tipo de experiencia religiosa en las Escrituras (Éx 3:6; 33:20; Is 6:5). En este caso específico, sin embargo, se obvió ese componente de muerte, pues el contexto era de revelación, celebración y triunfo. Se establecía un pacto con implicaciones extraordinarias, presentes y futuras para el pueblo.

Posiblemente, la expresión "ver a Dios", en este contexto específico, aludía a estar ante la presencia divina, pues lo que literalmente "vieron" fue el lugar donde tenía los pies, con un color similar al cielo, que era una manera de referirse a la pureza, grandeza y santidad de Dios. Ese "ver a Dios" en este relato bíblico destaca la naturaleza e importancia de la revelación divina, pues no se trataba de una experiencia religiosa común, sino de la confirmación de un pacto que tenía para los israelitas grandes implicaciones históricas, sociales, interpersonales, familiares y educativas.

La referencia a la sangre en la ceremonia no debe subestimarse. En el mundo de las Sagradas Escrituras, la sangre representaba la fuente de la vida y debía ser tratada con mucho cuidado. La vida del animal que se sacrificaba provenía de Dios; además, el pacto era iniciado y auspiciado por Dios. Rociar la sangre sobre el pueblo era signo de salvación, renovación, liberación y esperanza. Y dividir la sangre entre la ofrenda a Dios y el rociar al pueblo era una manera de destacar la unión divino-humana y afirmar la purificación y el perdón de la comunidad hebrea.

La lectura cuidadosa de la narración bíblica identifica en la ceremonia dos tipos de ofrendas. En primer lugar, están los holocaustos (Éx

24:5), que eran sacrificios de animales que se presentaban ante Dios y que eran totalmente consumidos en el altar divino por el fuego. Simboliza-ban la entrega total e incondicional del pueblo ante Dios. Y los sacrificios de paz (Éx 24:4) simbolizaban las buenas relaciones interpersonales, pues incluían alguna comida fraternal entre los adoradores que incentivaba el diálogo, la amistad, el respeto, la colaboración y el compañerismo entre las personas.

Para culminar la narración del Decálogo y el código del pacto, se afirma que Moisés subió al monte. En la cima del Sinaí el líder israelita experimentó una vez más la gloria de Dios. Esa gloria divina tenía la apa-riencia de un fuego consumidor y, en ese contexto amplio y extraordinario de gloria divina, Moisés recibió de parte de Dios las tablas escritas de la Ley. Y los cuarenta días y cuarenta noches en el monte, en medio de la nube densa de la gloria de Dios, aluden al tiempo necesario que Moisés necesitaba para disfrutar una experiencia educativa que lo preparara para llevar al pueblo a través del desierto a la Tierra Prometida.

Capítulo ocho
El Tabernáculo de Moisés

El Señor habló con Moisés y le dijo:
Ordénales a los israelitas que me traigan una ofrenda.
La deben presentar todos los que sientan deseos de traérmela.
Como ofrenda se les aceptará lo siguiente:
oro, plata, bronce, lana color azul, carmesí y escarlata,
tela de lino fino, pelo de cabra,
pieles de carnero teñidas de rojo, pieles finas,
madera de acacia, aceite de oliva para las lámparas,
especias para el aceite de la unción y para el incienso aromático;
también piedras de ónice y otras piedras preciosas
para montarlas en el efod y en el pectoral del sacerdote.
Después me harán un santuario, para que yo habite entre ustedes.
El santuario y todo su mobiliario
deberán ser una réplica exacta del modelo que yo te mostraré.

Éxodo 25:1-9

El Tabernáculo

La sección dedicada al Tabernáculo en el libro de Éxodo presenta no solo los detalles físicos de su estructura y su importancia, sino que enfatiza la reglamentación y los detalles del culto (Éx 25:1–31:17). El marco de referencia teológico de los relatos bíblicos son las revelaciones de Dios a Moisés, que tiene como finalidad puntualizar la autoridad divina en las instrucciones. Una vez más la figura de Moisés ocupa un sitial destacado en la vida de los israelitas y en el recuento de las intervenciones transformadoras de Dios en la vida del pueblo hebreo.

En estos capítulos, y en los pasajes paralelos (Éx 35:1–39:17), se comparten detalles importantes asociados al Tabernáculo y a las dinámicas cúlticas de la comunidad israelita. Y entre los temas expuestos en las narraciones están los siguientes:

1. La ofrenda para el Tabernáculo (Éx 25:1-9).
2. Detalles del Arca del testimonio (Éx 25:10-22).
3. La mesa del pan de la proposición (Éx 25:23-30).
4. Particularidades del Tabernáculo (Éx 26:1-37).
5. El altar de bronce (Éx 27:1-8).
6. El atrio del Tabernáculo (Éx 27:9-19).
7. El aceite para las lámparas (Éx 27:20-21).
8. Las vestiduras de los sacerdotes (Éx 28:1-43).
9. La consagración de Aarón y sus hijos (Éx 29:1-37).
10. Las ofrendas diarias (Éx 29:38-46).
11. El altar del incienso (Éx 30:1-10).
12. La fuente de bronce (Éx 30:17-21).
13. El aceite y el incienso sagrado (Éx 30:22-38).
14. El llamamiento de Bezaleel y Aholiab (Éx 31:1-11).
15. La celebración del sábado (Éx 31:12-17).

La preocupación por los detalles en las narraciones bíblicas pone claramente en evidencia la importancia del culto y las dinámicas religiosas en la vida del pueblo. La comunidad que había sido liberada por Dios de las opresiones del faraón, y que había sido dirigida por Moisés para recibir el Decálogo en el monte Sinaí, ahora recibía nuevas directrices para recordar las enseñanzas del éxodo de Egipto en el culto y las celebraciones religiosas.

Se desprende de las lecturas de los pasajes del libro de Éxodo que la institución del Tabernáculo jugaba un papel protagónico en la vida de

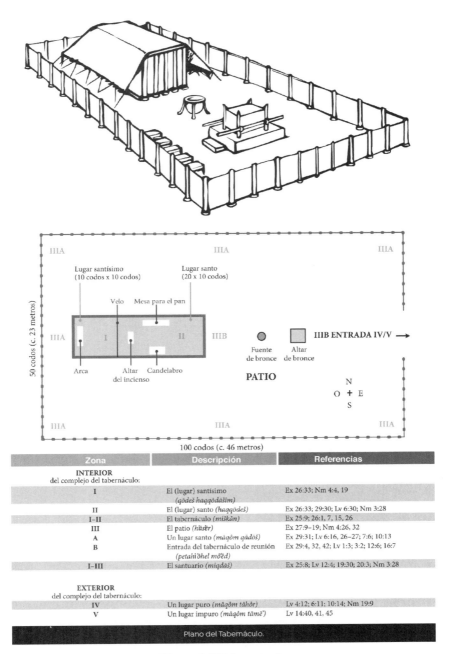

Zona	Descripción	Referencias
INTERIOR del complejo del tabernáculo:		
I	El (lugar) santísimo (*qōdeš haqqŏdāšîm*)	Ex 26:33; Nm 4:4, 19
II	El (lugar) santo (*haqqōdeš*)	Ex 26:33; 29:30; Lv 6:30; Nm 3:28
I–II	El tabernáculo (*miškān*)	Ex 25:9; 26:1, 7, 15, 26
III	El patio (*ḥāṣēr*)	Ex 27:9–19; Nm 4:26, 32
A	Un lugar santo (*māqôm qādōš*)	Ex 29:31; Lv 6:16, 26–27; 7:6; 10:13
B	Entrada del tabernáculo de reunión (*petaḥ ʾōhel mōʿēd*)	Ex 29:4, 32, 42; Lv 1:3; 3:2; 12:6; 16:7
I–III	El santuario (*miqdāš*)	Ex 25:8; Lv 12:4; 19:30; 20:3; Nm 3:28
EXTERIOR del complejo del tabernáculo:		
IV	Un lugar puro (*māqôm ṭāhôr*)	Lv 4:12; 6:11; 10:14; Nm 19:9
V	Un lugar impuro (*māqôm ṭāmēʾ*)	Lv 14:40, 41, 45

Plano del Tabernáculo.

Plano del Tabernáculo.

los israelitas liberados por Dios, que peregrinaban el desierto camino a la Tierra Prometida, bajo el liderato de Moisés. Las dinámicas asociadas a la adoración y los sacrificios impactaban toda la vida del pueblo, pues las actividades en el Tabernáculo constituían la espina dorsal de la comunidad, pues tocaba dimensiones religiosas, civiles, sociales, políticas, económicas, morales, éticas y espirituales.

Las comprensiones teológicas del Tabernáculo se fundamentan en la teología que afirmaba que Israel era un pueblo llamado por Dios para representarlo entre las naciones del mundo. Esa estructura religiosa simbolizaba la presencia visible del Dios invisible, y las ceremonias que se llevaban a efecto en esas instalaciones físicas, transmitían una serie importante de enseñanzas que debían pasarse de generación en generación. Y esas lecciones, que tenían implicaciones en todos los ámbitos de la vida, destacaban la naturaleza liberadora del Dios que se reveló a Moisés y llevaba al pueblo a la Tierra Prometida.

Las sociedades del Oriente Medio en la época de Moisés no eran ateas. La creencia en divinidades nacionales y regionales, que eran tanto bondadosos como malvados, era común. Esas comunidades politeístas se relacionaban con esos dioses a través de los cultos y los sacrificios. Y en esas culturas, no había división entre lo religioso y lo secular, pues entendían que las relaciones con sus divinidades tenían implicaciones en todos los órdenes de la vida.

Ese mundo politeísta fue el que vivieron los hebreos cuando estaban en Egipto. En esa sociedad faraónica, diversos dioses gobernaban las diferentes regiones nacionales. Moisés, sin embargo, junto a los israelitas, tenían un trasfondo religioso y espiritual diferente por medio de la revelación divina a los antepasados de Israel. El Dios de los patriarcas era conocido como el Dios de Abraham, Isaac y Jacob. Y aunque por vivir tantos años en Egipto, las influencias politeístas deben haber llegado al pueblo, la esencia monoteísta se mantuvo como elemento fundamental de la vida y la religión hebrea.

Con la liberación de Egipto, el Dios de los hebreos había revelado que era Señor de la historia. Las demostraciones de poder en la corte del faraón evidenciaban que tenía autoridad sobre la naturaleza. Las revelaciones en el monte Sinaí fueron maneras de poner de relieve su voluntad liberadora y su compromiso con los valores éticos, morales y espirituales que debían caracterizar al pueblo israelita liberado del cautiverio. Y como producto de esas revelaciones y liberaciones, el Señor demuestra que es el Dios de vida y la esperanza.

Como resultado de la revelación del Decálogo (Éx 20:1-17) y las leyes del pacto (Éx 21:1–31:17), el pueblo hebreo estaba inmerso en una nueva realidad histórica, política, social, religiosa y espiritual. De camino a la Tierra Prometida, tenía libertad para adorar al Señor que lo liberó y, además, organizaba su nueva vida religiosa y administrativa como comunidad independiente de las estructuras faraónicas. Y como parte de esas nuevas vivencias, los israelitas necesitaban desarrollar un sistema religioso novel que propiciara la adoración, los sacrificios y la educación.

Las nuevas realidades políticas y sociales del pueblo hebreo, que estaba de camino a Canaán, requerían estructuras religiosas noveles que respondieran a su estatus novel como pueblo liberado. Luego de la liberación de Egipto y la revelación en el Sinaí, se necesitaba revisar todas las dinámicas alrededor del culto para disfrutar y optimizar una experiencia religiosa saludable, transformadora, educativa y espiritual. En efecto, experimentar la gloria de Dios en el monte Sinaí brindó a Moisés un diseño novel de la experiencia religiosa, que ciertamente destacaba dimensiones sociales, éticas, morales y espirituales que superaban los requerimientos cúlticos tradicionales en el Oriente Medio antiguo.

Como respuesta a todas esas transformaciones en la totalidad de la vida de los israelitas, el Tabernáculo se constituyó en el eje central del culto y de la vida del pueblo. Las dinámicas alrededor de esa nueva estructura física tocaban las fibras más hondas de la comunidad hebrea, pues las ceremonias, los sacrificios y la simbología tenían una finalidad religiosa y espiritual que afectaban todos los sectores del pueblo. Y uno de esos valores que se desprende de esas nuevas comprensiones del culto, luego de la liberación de Egipto, es que Dios escogió y llamó al pueblo hebreo a ser representante divino ante las naciones del mundo y la historia.

La vida diaria de los israelitas se organizó alrededor del Tabernáculo, pues como parte del peregrinar por el desierto, las diversas tiendas y moradas del pueblo se ubicaban alrededor de esa importante estructura física que representaba valores de gran importancia para la comunidad. La finalidad de ese diseño físico es afirmar que el Señor estaba en el corazón de las vivencias diarias de los hebreos (Éx 25:8). En efecto, el Dios que se reveló a los patriarcas y a Moisés, y que peregrinaba con los israelitas en su viaje a Canaán, estaba continuamente con el pueblo para demostrar su autoridad, poder y soberanía (Éx 29:42-46).

Un elemento adicional de importancia capital al analizar el Tabernáculo de Moisés es que su estructura era portátil. Esa singular característica física era una especie de símbolo del continuo acompañamiento divino.

Esa presencia continua del Señor constituye un elemento teológico fundamental que disfrutaba el pueblo hebreo. Y ese tipo de acción divina no se repite en otras naciones en la antigüedad.

El Dios que se reveló en el Sinaí no quedó cautivo en el monte, pues siguió el peregrinar a la Tierra Prometida con el pueblo hebreo. Esa afirmación teológica de que Dios está continuamente junto a los israelitas es fundamental en la teología bíblica. El Gran Yo Soy no es una divinidad localizada en un lugar en específico, pues al ser creador del cosmos y la naturaleza, los espacios físicos no lo delimitan. Y para recordar continuamente esa importante afirmación teológica, la revelación a Moisés incluía la movilidad del Tabernáculo.

La importancia del Tabernáculo también incluye un elemento educativo de gran importancia política y social. Como nación independiente, los israelitas estaban en un periodo inicial, pues su existencia como comunidad autónoma estaba matizada por siglos de cautiverio bajo el liderato inmisericorde del faraón. Y para responder de manera práctica y efectiva a esas realidades existenciales, el Tabernáculo servía de espacio pedagógico para presentar lecciones en torno a la justicia, el respeto a la dignidad humana, los procesos legales, las relaciones interpersonales, entre otros temas de importancia política, social, familiar y espiritual.

Las instrucciones básicas referente a los cultos y las ceremonias que se llevaban a efecto en el Tabernáculo se encuentran en varias secciones del libro de Éxodo. En la primera sección(Éx 25:1–31:18) se presentan las instrucciones divinas a Moisés para la construcción del Tabernáculo y para la consagración de los sacerdotes. Y en la segunda sección se comparten detalles importantes referentes al Tabernáculo (Éx 35:1–40:38), y se afirma cómo se llevaron a efecto las instrucciones dadas a Moisés.

Las ofrendas, el Arca, la mesa y el candelabro para el Tabernáculo

El Señor habló con Moisés y le dijo:
"Ordénales a los israelitas que me traigan una ofrenda.
La deben presentar todos los que sientan deseos de traérmela".
Éxodo 25:1-2

Dios le habló directamente a Moisés para ordenar a los israelitas traer una ofrenda ante el Señor, que debía ser voluntaria. Esa ofrenda hará posible la construcción del Tabernáculo o santuario, que debe ser una copia exacta del modelo que el Señor le mostraría. De esa manera, el texto bíblico subraya la importancia del lugar de adoración y sacrificios, pues su diseño original es producto de la iniciativa y la creatividad divina.

La ofrenda al Señor debía ser de los siguientes materiales: oro, plata y bronce; lana color azul, carmesí y escarlata; tela de lino fino; pelo de cabra; pieles de carnero y pieles finas (o de tejones); madera de acacia; aceite de oliva para las lámparas; especias para el aceite de unción y para el incienso aromático y; piedras de ónice y otras piedras preciosas para ser utilizadas en el "efod" o pectoral del sacerdote.

El objetivo de la ofrenda es recibir los recursos necesarios para la construcción del Tabernáculo y para preparar los utensilios y los materiales necesarios para llevar a efecto las ceremonias y los sacrificios. Y la descripción precisa del "efod" se incluye posteriormente en las recomendaciones mosaicas (Éx 28:6-8, 15-30).

Haz un arca de madera de acacia,
de dos codos y medio de largo,
un codo y medio de ancho,
y un codo y medio de alto.
Por dentro y por fuera recúbrela de oro puro
y ponle en su derredor una moldura de oro.
Funde cuatro anillos de oro
para colocarlos en sus cuatro patas,
colocando dos anillos en un lado y dos en el otro. Éxodo 25:10-12

La construcción del Arca del testimonio con madera de acacia era muy importante, pues simbolizaba la presencia de Dios en medio del pueblo hebreo. En ese singular cofre se guardaban las tablas de la Ley dadas a Moisés, que eran las prescripciones divinas dadas al pueblo en el monte Sinaí. Y la referencia al testimonio alude directamente a la revelación divina que se encuentra en el Decálogo y en las leyes asociadas al pacto de Dios con los israelitas (Éx 24:12; Dt 10:1-5).

El Arca, que debía tener dimensiones precisas (de aproximadamente un metro de largo y 68 centímetros de ancho y de alto), también bebía estar cubierto de oro, que era una manera de indicar la importancia en la realización del cofre. El oro también debía estar en las patas, los cuatro anillos, las varas de madera de acacia, la tapa y en los dos querubines. Esos querubines, que debían ser tallados a mano, eran símbolo de la protección divina a las tablas de la Ley que contenían la revelación divina dada a Moisés.

La tapa del Arca, que también es conocida como propiciatorio, posiblemente se asocia con el verbo hebreo *kipper*, que significa tanto "cubrir" como "expiar" o "perdonar". Posiblemente, la palabra hebrea que literalmente puede traducirse como "tapa", con el tiempo, y también por sus usos religiosos, se relacionó con el perdón de los pecados del pueblo. Por esa razón, el término "propiciatorio" constituía el lugar del perdón de los pecados (Ro 3:25; Heb 9:5). Y de singular importancia teológica e histórica es que en ese preciso lugar es que Dios se encontraba con Moisés para revelar su voluntad e impartir sus directrices al pueblo (Éx 25:22). Y de esa manera, se unen dos conceptos bíblicos de gran importancia teológica: el perdón y la revelación divina.

Los querubines, que sirven de custodios de las tablas de la Ley en el Arca, eran criaturas especiales que se concebían en la antigüedad como seres alados. La representación de esas criaturas espirituales que hace Ezequiel los presenta con caras humanas y cuerpos de animales que, generalmente, eran de leones o toros, símbolos de fuerza, autoridad y poder. En la Biblia hebrea a los querubines se les atribuyen varias responsabilidades de importancia: eran los guardianes del Jardín del Edén (Gn 3:24), daban apoyo al trono de Dios (1Sa 4:4) y fungían como portadores del vehículo donde se manifestaba la gloria de Dios (Ez 1:22-28).

Haz una mesa de madera de acacia
de dos codos de largo por un codo de ancho
y un codo y medio de alto.
Recúbrela de oro puro y ponle alrededor una moldura de oro.
Haz también un reborde de un palmo de ancho,
y una moldura de oro para ponerla alrededor del reborde.
Éxodo 25:23-25

Las instrucciones a Moisés incluían la construcción de una mesa de madera de acacia, que también debía estar cubierta de oro. Además, la elaboración de platos, bandejas, jarras y tazones también debían ser en oro. La importancia de la mesa, con sus adornos en oro, es que era el lugar para poner el Pan de la proposición o de la Presencia de Dios en medio del pueblo. Y esa presencia continua del Señor era signo de protección, sentido de dirección y seguridad.

La referencia al Pan de la proposición proviene de un verbo hebreo que significa "poner delante". Ese pan, que debía ponerse delante del Señor, es mejor presentarlo como de la Presencia divina, pues en última instancia es la misericordia del Señor la fuente del perdón para la humanidad.

Haz un candelabro de oro puro trabajado a martillo.
Su base, su tallo, y sus copas, cálices y flores,
formarán una sola pieza.
De los costados del candelabro saldrán seis brazos,
tres de un lado y tres del otro.
Cada uno de los seis brazos del candelabro
tendrá tres copas en forma de flores de almendro,
con cálices y pétalos.
El candelabro mismo tendrá cuatro copas
en forma de flor de almendro, con cálices y pétalos. Éxodo 25:31-34

El candelabro del Tabernáculo debía ser de oro y tener seis brazos y un tronco, y serviría para poner las lámparas con aceite de oliva que iluminarían el espacio sagrado. En hebreo, el *menorah* era signo de luz y bondad. En cada brazo del candelabro se ponían tres copas en forma de flor del almendro, una manzana y una flor, y en el centro del *menorah* se ponían cuatro copas en forma de flor de almendro, junto a las manzanas y las flores.

Los utensilios que se utilizaban en relación con el candelero también debían ser construidos en oro, según el modelo que se presentó a Moisés en el Sinaí.

Construcción del Tabernáculo, el altar de bronce y el aceite de las lámparas

Haz el santuario con diez cortinas de tela de lino fino
y de lana color azul, carmesí y escarlata,
con querubines artísticamente bordados en ellas.
Todas las cortinas deben medir lo mismo,
es decir, veintiocho codos de largo por cuatro codos de ancho.
Éxodo 26:1-2

El Tabernáculo de reunión, que también es descrito como un santuario, de acuerdo con la narración bíblica en el libro de Éxodo, es similar al templo que posteriormente construyó Salomón en Jerusalén (1Re 6:1-38; 2Cr 3:1-14). Las medidas que se presentan indican que el armazón de madera tenía unos 13,5 metros de largo por 4,5 metros de ancho y alto. Además, tenía un velo, o una cortina que medía aproximadamente 9 metros de longitud por 4,5 metros de ancho, cada una, la cual dividía el espacio interior en dos secciones básicas: en primer lugar, estaba el lugar santo, y luego el lugar santísimo.

La mesa del pan de la proposición (Éx 25:23-30; 37:10-16), el candelabro (Éx 25:31-40; 37:17-24) y el altar del incienso (Éx 30:1-10; 37:25-28) estaban en el lugar santo. Y en el lugar santísimo, se encontraba únicamente el Arca del pacto con las tablas de la Ley (Éx 25:10-22; 37:1-9).

Dentro de la estructura del Tabernáculo se incluyeron los símbolos religiosos y nacionales más importantes de la revelación de Dios a Moisés, además, la construcción debe haber sido singular, pues se trataba de una estructura portátil para facilitar su movilización por el desierto hasta llegar a la Tierra Prometida (Nm 4:15, 24-26, 31-32). Y esa movilización es un indicador de la continua presencia de Dios en el peregrinar por el desierto del Sinaí.

Los relatos bíblicos describen algunos detalles de la construcción del Tabernáculo para destacar los valores, la belleza, el colorido y la utilidad. El santuario incluía diez cortinas de lino fino y de lana de colores azul, carmesí y escarlata (Éx 26:1); once cortinas de pelo de cabra que debían tener el mismo tamaño (Éx 26:7); una cubierta de piel de carnero teñida de rojo (Éx 26:14); varias tablas derechas de madera de acacia que debían estar en posición vertical (Éx 26:15); una cortina azul, carmesí, escarlata y tela de lino fino, con querubines bordados (Éx 26:31); y para la puerta, había otra cortina de lana de colores azul, carmesí, escarlata y de tela de lino fino, bordadas artísticamente (Éx 26:36).

Haz un altar de madera de acacia,
cuadrado, de cinco codos por lado y tres codos de alto.
Ponle un cuerno en cada una de sus cuatro esquinas,
de manera que los cuernos y el altar formen una sola pieza,
y recubre de bronce el altar. Éxodo 27:1-2

En el atrio del Tabernáculo estaba el altar de bronce, que se utilizaba para ofrecer los holocaustos y sacrificios al Señor. Medía unos dos metros por cada lado y 1,4 metros de alto, y debían ser recubiertos en bronce, al igual que los utensilios asociados a los sacrificios. El altar era el lugar donde se quemaban las ofrendas que los israelitas presentaban ante el Señor. Y constituía el objeto principal del atrio por la importancia que tenían los sacrificios para la vida del pueblo y para las buenas relaciones con Dios.

Los llamados cuernos del altar, también construidos en bronce, aluden a las esquinas del lugar rectangular de los sacrificios que sobresalían hacia arriba y daban esa singular apariencia. Referente a este tema, es importante comprender que en el Oriente Medio antiguo los cuernos eran símbolos de fuerza y poder (Dt 33:17). Al igual que el resto de las instrucciones relacionadas con la construcción del Tabernáculo, debían seguir el modelo que se le había dado a Moisés en el Sinaí. Y la reiteración de que debían seguir el modelo divino, destaca la santidad y singularidad del lugar.

> *Haz un atrio para el santuario.*
> *El lado sur debe medir cien codos de largo*
> *y tener cortinas de tela de lino fino,*
> *veinte postes y veinte bases de bronce,*
> *con empalmes y ganchos de plata en los postes.*
> *También el lado norte debe medir*
> *cien codos de largo y tener cortinas,*
> *veinte postes y veinte bases de bronce.*
> *Los postes deben también contar*
> *con empalmes y ganchos de plata.* Éxodo 27:9-11

El atrio del Tabernáculo, que constituye el patio alrededor del recinto sagrado, debía medir 45 metros de largo por 22,5 metros de ancho, para crear una especie de estructura rectangular. Es en este lugar donde estaba ubicado el altar de bronce para ofrecer los sacrificios, y la fuente de bronce (Éx 30:17-21) que recordaba la importancia de la limpieza y purificación de los sacerdotes.

La narración bíblica incluye detalles adicionales del atrio como el número, el material, el tamaño y los colores de las cortinas internas; además, se indica que los utensilios que se debían utilizar en el Tabernáculo, junto a las estacas, también debían estar hechas en bronce. La descripción también alude a la belleza de las instalaciones.

Los israelitas debían traer el aceite para utilizar en las lámparas para la iluminación del Tabernáculo. Debía ser puro y prensado, con el propósito de mantener la iluminación del recinto desde el anochecer hasta el amanecer. En este contexto, el santuario es identificado como Tabernáculo o Tienda de reunión, para afirmar el lugar donde Dios se revelaba a los israelitas y a donde Moisés llegaba para consultar y dialogar con Dios (Éx 40:34-38). El proceso de iluminación de las lámparas estaba a cargo de Aarón y sus hijos, y constituía un estatuto perpetuo para las futuras generaciones de los hijos de los israelitas.

Las vestiduras de los sacerdotes

Haz que comparezcan ante ti
tu hermano Aarón y sus hijos Nadab, Abiú, Eleazar e Itamar.
De entre todos los israelitas,
ellos me servirán como sacerdotes.
Hazle a tu hermano Aarón vestiduras sagradas
que le confieran honra y dignidad.
Habla con todos los expertos
a quienes he dado habilidades especiales,
para que hagan las vestiduras de Aarón
y así lo consagre yo como mi sacerdote. Éxodo 28:1-3

Las vestiduras de los sacerdotes en el Tabernáculo simbolizaban mucho más que las telas usadas en su confección. Eran ropas sagradas que denotaban honra y hermosura, además de delatar las peculiaridades de las tareas sacerdotales. Y debían ser preparadas por personas sabias de corazón o expertos que debían poner empeño y dedicación para crear esos vestidos distintivos y especiales para las personas que iban a ejercer el ministerio sacerdotal.

Dios llamó a Moisés para ordenar la preparación de las vestiduras de Aarón y sus hijos, Nadab, Abiú, Eleazar e Itamar (Éx 28:1; Lv 16:11-19). Con esas ropas, que transmitían una simbología de dignidad y honor, era que iban a ser consagrados y dedicados al servicio del Señor en el Tabernáculo. Y las vestiduras sacerdotales incluían: pectoral, efod, manto, túnica bordada, turbante y faja, y los materiales para la confección eran especiales: oro; lana color azul, carmesí y escarlata y; tela de lino.

El efod era una pieza distintiva del sumo sacerdote. Consistía en una especie de chaleco sostenida en el pecho por dos tirantes, los cuales tenían, cada uno, dos piedras preciosas con los nombres de las doce tribus de Israel, seis en cada piedra. Era signo de dignidad.

Sobre el efod se colocaba el pectoral, que era una bolsa que contenía el Urim y el Tumin, que eran instrumentos para conocer la voluntad divina (Éx 28:30). Y aunque se desconoce la forma precisa que tenían, se trata de objetos de gran valor, pues con ellos se echaban suertes para obtener algún tipo de respuesta de parte del Señor sobre asuntos de importancia (Nm 27:31; Dt 33:8; Esd 2:63; Neh 7:65).

Los adornos del pectoral incluían doce piedras preciosas, sobre las cuales estaba grabado el nombre de cada una de las tribus de Israel (Éx 28:17-21). El manto del efod, que debía ser azul, con ornamentos hermosos, lo usaría Aarón como sumo sacerdote para cumplir sus labores. Y ese manto tenía unas campanas que con su sonido delataban que Aarón estaba en el Tabernáculo, como una medida preventiva para evitar su muerte.

Las vestiduras sacerdotales también tenían una placa o lámina de oro fino con una muy importante afirmación teológica: "Consagrado al Señor" o "Santidad al Señor", que recordaba continuamente, tanto al sumo sacerdote como a la comunidad en general, la naturaleza santa de Dios y el reclamo divino por la integridad humana. La responsabilidad de Aarón como sumo sacerdote era presentar ante Dios las ofrendas del pueblo, que simbolizaban el pecado de los israelitas que Dios debía perdonar.

Además, las vestiduras incluían una especie de turbante o mitra que debía ser elaborada en lino; una faja elaborada de manera artística; una túnica que representa la dignidad de las labores que llevan a efecto los sacerdotes y; unos calzoncillos para evitar que se descubra la desnudez de los que oficien en el Tabernáculo.

Consagración de Aarón y sus hijos

Para consagrarlos como sacerdotes a mi servicio,
harás lo siguiente:
tomarás un ternero y dos carneros sin defecto
y con harina refinada de trigo
harás panes y tortas sin levadura
amasadas con aceite, hojuelas sin levadura untadas con aceite.
Pondrás los panes, las tortas y las hojuelas en un canastillo
y me los presentarás junto con el novillo y los dos carneros.
Luego llevarás a Aarón y a sus hijos

a la entrada de la Tienda de reunión y los lavarás con agua.
Tomarás las vestiduras y le pondrás a Aarón la túnica,
el efod con su manto y el pectoral.
El efod se lo sujetarás con el cinturón.
Le pondrás el turbante en la cabeza
y, sobre el turbante, la tiara sagrada.
Luego lo ungirás derramando el aceite de la unción sobre su cabeza.
Acercarás entonces a sus hijos y les pondrás las túnicas y las mitras;
a continuación, ceñirás las fajas a Aarón y a sus hijos.
Así les conferirás autoridad
y el sacerdocio será para ellos un estatuto perpetuo. Éxodo 29:1-9

La ceremonia de consagración de Aarón y sus hijos es parte de los preparativos para la construcción y el uso efectivo del Tabernáculo (Éx 29:1-37;
Lv 8:1-36). Junto a los detalles asociados a los sacrificios y las ofrendas,
la preparación adecuada de los sacerdotes era un componente de fundamental importancia en la revelación divina. Desde la perspectiva teológica,
es importante señalar que el sacerdocio era una institución medular en el
pueblo hebreo, pues el objetivo de Dios era desarrollar un reino de sacerdotes y una nación santa (Éx 19:5-6). Y ese mensaje afirma la importancia que tendría la experiencia religiosa en la comunidad hebrea.

Las narraciones bíblicas presentan las dinámicas asociadas al acto solemne de ordenación de Aarón y sus hijos, Nadab y Abiú, Eleazar e Ita-
ma, al ministerio del sacerdocio (Éx 29:1-37; Lv 8:1-24). Esa ceremonia
se llevó a efecto frente a todo el pueblo y tuvo una duración de siete días
(Lv 8:4, 25). Y el primer día era especial, pues los sacerdotes se reconocían

Carnero del sacrificio. Encontrado en la ciudad de Biblos,
en la costa norte del Líbano.

públicamente como personas que ejercían una labor distinguida y única ante Dios y el pueblo.

Los preparativos necesarios para esta importante ceremonia, incluía la identificación de los animales para el sacrificio, que no podían tener defecto físico alguno (Éx 12:5; Lv 1:3; 21:17; 22:21), aunque no se especifica la edad del animal a ser inmolado. Además, se presentan disposiciones específicas para las ofrendas como que los panes, las tortas y los hojaldres debían elaborarse sin levadura y con flor de harina de trigo.

La palabra hebrea para describir este singular tipo de ofrenda a ofrecer ante el Señor es *minja*, que es la misma expresión que el texto bíblico utiliza para identificar la que presentó Caín ante Dios (Gn 4:3). En el Antiguo Testamento, estas ofrendas son de grano y podían incluir hasta espigas tostadas al fuego (Lv 2:14). El aceite y el incienso que se utilizaban en las ceremonias eran también parte de los sacrificios ante el Señor.

Las ceremonias de consagración al sacerdocio comienzan en la puerta del Tabernáculo. Moisés inicia los actos solemnes lavando con agua a Aarón y sus hijos, para simbolizar pureza y limpieza espiritual. Quizá ese acto inicial se llevaba a efecto en la fuente de bronce, donde se celebraban otras ceremonias y se destacaba la limpieza (Éx 30:18-21). Y el significado del acto es claro: simboliza la regeneración que debían vivir las personas para comenzar sus labores como sacerdotes y representantes de Dios ante la comunidad.

Posiblemente, la intención divina era establecer la institución del sacerdocio entre los israelitas con representación de las doce tribus de Israel. Sin embargo, por la desobediencia del pueblo, particularmente la actitud idolátrica al adorar un becerro de oro en el monte Sinaí (Éx 32:1-35), el mismo lugar donde Dios había revelado el Decálogo, únicamente la tribu de Leví se mantuvo en el sacerdocio por su lealtad a los mandamientos divinos.

La pureza de los símbolos y las ceremonias eran signo elocuente de la santidad espiritual, ética diaria y moral en los procesos decisorios que debían vivir y compartir los sacerdotes. En ese amplio marco de referencias a la pureza ritual y personal, se consagra a Aarón con todas las vestiduras, y se coloca una inscripción en oro con una muy importante frase: Santidad al Señor (Éx 28:36; 29:6), que constituía el símbolo más importante de la dignidad e integridad sacerdotal. Y de esa manera, se subraya la santidad como una característica básica e indispensable que debía tener el pueblo y sus representantes ante Dios.

Las vestiduras sacerdotales, que estaban repletas de simbolismos, transmitían fe y esperanza. El efod y su cinturón, el manto y el turbante (o mitra) estaban hechos con lino fino, que demuestra la importancia y pertinencia del sacerdocio. Y la unción, que viene después de haberse vestido con la ropa confeccionada especialmente para el acto, afirma que Aarón estaba separado y consagrado por Dios para llevar a efecto las ceremonias religiosas.

De singular importancia en el relato es el aceite utilizado para la unción. Se preparaba con cuatro especies y era usado solamente para consagrar y dedicar al sacerdote, y también al Tabernáculo y sus muebles (Éx 29:7, 26-29; 30:30; Lv 8:10-12). Era un símbolo de la presencia divina en el Tabernáculo y los utensilios religiosos, y en Aarón representaba la cercanía de Dios al pueblo a través de la figura y las ceremonias que llevaba a efecto el sacerdote. En efecto, el aceite era signo de presencia y consagración divina.

Las ofrendas diarias

Todos los días ofrecerás sobre el altar dos corderos de un año.
Al despuntar el día, ofrecerás un cordero y al caer la tarde, el otro.
Con el primer cordero
ofrecerás la décima parte de un efa de harina refinada
mezclada con un cuarto de hin de aceite de oliva
y un cuarto de hin de vino como ofrenda líquida.
El segundo cordero lo sacrificarás al caer la tarde,
junto con una ofrenda de cereales
y una ofrenda líquida como las presentadas en la mañana.
Es una ofrenda puesta al fuego
cuyo aroma es grato al Señor. Éxodo 29:38-41

La narración que alude a las ofrendas diarias se presenta con la autoridad divina, pues finaliza con la frase "Yo soy el Señor su Dios" (Éx 29:46). Esa era una manera de destacar la importancia del proceso y las ceremonias. Y esas ofrendas debían ser ofrecidas todos los días, pues no solo respondían a las necesidades diarias de la comunidad religiosa, sino que era un espacio importante para la educación y consagración al pueblo.

Como estas ofrendas diarias son para todas las generaciones, se afirma en el proceso la importancia del Tabernáculo y la Tienda de reunión, pues ese era el lugar escogido por Dios para reunirse y hablar con los israelitas, además de ser el espacio singular para que se manifieste la gloria divina. Y con esos diálogos divino-humanos se consagra el lugar, pues es un lugar de gran importancia espiritual, histórica y educativa.

En ese contexto de revelaciones extraordinarias, Dios mismo consagra a Aarón y sus hijos, y también al altar. La finalidad es que todo esté bien preparado para que puedan servir al Señor y representar su singular naturaleza santa. Además, se afirma, con estas instrucciones y procesos, que Dios habita entre los israelitas y es el Señor de ellos. Y se reitera de esta manera el fundamento de las revelaciones divinas en el Sinaí: el Dios bíblico y Señor de los israelitas fue el que sacó a su pueblo del cautiverio inmisericorde de Egipto y del yugo hostil y agresivo del faraón (Éx 20:2-3).

El altar de incienso

Haz un altar de madera de acacia para quemar incienso.
Hazlo cuadrado, de un codo de largo
por un codo de ancho y dos codos de alto.
Sus cuernos deben formar una pieza con el altar.
Recubre de oro puro su parte superior,
sus cuatro costados y los cuernos,
y ponle una moldura de oro alrededor.
Debajo de la moldura ponle dos anillos de oro
en cada uno de sus costados,
para pasar por ellos las varas usadas para transportarlo.
Prepara las varas de madera de acacia y recúbrelas de oro.
Pon el altar frente a la cortina
que está ante el arca con las tablas del pacto,
es decir, ante la tapa que está sobre el arca,
que es donde me reuniré contigo. Éxodo 30:1-10

Las referencias al altar del Tabernáculo donde se quemaba el incienso cada mañana y cada noche es novel, pues previamente no se había hecho referencia al lugar, por ejemplo, cuando se presenta el Menorá o candelabro y la Mesa. Cumplía un propósito práctico e inmediato: perfumaba el ambiente con aromas gratos que superaban el de los sacrificios de las carnes. Y de esta manera, todos los sentidos eran impactados por los diversos muebles en el Tabernáculo: a través del candelero o menorá, el altar de incienso y la mesa de los panes de la proposición, se llegaba a la vista, el olfato y el gusto; y las campanas en los vestidos sacerdotales llegaban a los oídos de los creyentes. ¡Se ofrecía a los adoradores una experiencia multi-sensorial y transformadora que los movía a la presencia de Dios!

Esta construcción, también identificada como altar alterno, era de oro, que pone en clara evidencia la importancia del lugar y la relevancia de su propósito y simbología. Y aunque en muchas culturas del Oriente Medio antiguo se quemaba incienso en las ceremonias religiosas, entre los israelitas el incienso que se ofrece en el altar era símbolo de las oraciones de los creyentes que suben a la presencia divina (Sal 141:2; Lc 1:10; Ap 5:8; 8:3-4).

La construcción del altar debía ser de madera de acacia, que prove-nía del desierto y era muy resistente y duradera. El oro en el altar simbo-lizaba la realeza de las ceremonias que se llevaban a efecto. Los "cuernos" eran símbolo de poder y autoridad divina; y las dos varas y los cuatro ani-llos preparan la estructura para su movilización. Y cada mañana y noche Aarón presentaba sus ofrendas como una ceremonia perenne de humildad y adoración ante Dios.

Las características de este lugar son diferentes al altar de cobre. Te-nía un techo y estaba enchapado en oro. Además, el altar debía ser cua-drado y su tamaño era de unos 44,45 centímetros de largo y ancho y 88,9 centímetros de alto. Sobre el terminal de sus esquinas, identificadas como "cuernos", se debía colocar la sangre ofrecida por el pecado (Lv 4:7, 18). Y la descripción del incienso incluía detalles en su preparación que optimi-zaban la fragancia que producía (Éx 30:34-36).

El altar del incienso jugaba un papel protagónico en las ceremonias y los ritos del pueblo de Israel. Esa importancia se revela en las ofrendas ofrecidas por el pecado, pues el sumo sacerdote debía derramar la sangre de los animales sacrificados diariamente al amanecer y al anochecer so-bre los cuernos del altar y debía llegar hasta la base (Lv 4:3-7), pues era el símbolo del perdón total del pecado. Además, el altar estaba ubicado junto al velo, es decir, antes de llegar al lugar santísimo, para destacar la importancia de la purificación del sumo sacerdote como representante del pueblo ante Dios.

Una vez al año se llevaba a efecto en el pueblo una ceremonia es-pecial en el altar del incienso. Aarón celebraba el día del perdón o de la expiación (Lv 16) (conocido en hebreo como *Yom Kippur*), que tenía el propósito de perdonar al pueblo de sus transgresiones acumuladas, y tam-bién bendecir a las futuras generaciones de israelitas. Y esa ceremonia era especialmente santa ante el Señor (Éx 30:10).

La ofrenda por el rescate

El Señor habló con Moisés y le dijo:
"Cuando hagas el censo y cuentes a los israelitas,
cada uno deberá pagar al Señor rescate por su vida,
para que no le sobrevenga ninguna plaga durante el censo.
Cada uno de los censados deberá pagar como ofrenda al Señor
medio siclo de plata, que es la mitad del peso oficial del santuario.
Todos los censados mayores de veinte años
deberán entregar esta ofrenda al Señor.
Al entregar al Señor la ofrenda de rescate por la vida,
ni el rico dará más de medio siclo, ni el pobre dará menos.
Tú mismo recibirás esta plata de manos de los israelitas,
y la entregarás para el servicio de la Tienda de reunión.
De esta manera el Señor tendrá presente
que los israelitas pagaron por el rescate de su vida". Éxodo 30:11-16

Entre las ofrendas que se presentaban en el Tabernáculo estaba la del rescate, que era parte del ritual asociado a los censos en el antiguo Israel. Tenía como finalidad reconocer el poder de Dios sobre el pueblo. Y era una manera física de poner de manifiesto el respeto a la autoridad y soberanía divina, pues se declaraba de esa forma que el Gran Yo soy, que los liberó de la esclavitud de Egipto, era el Dios verdadero de los israelitas.

En el Oriente Medio antiguo se asociaban los censos con demostraciones de poder de los monarcas. Esas prerrogativas las poseían los reyes para determinar los recursos que tenían, especialmente el poder militar con que contaban para organizar guerras y emprender batallas. Sin embargo, para los israelitas, esos censos atentaban contra la soberanía divina, pues únicamente Dios tenía la autoridad y el poder de conocer el número de sus súbditos (2Sa 24:10-16). Y es por esa razón teológica y sociológica que los israelitas debían presentar una ofrenda ante el Señor para el "rescate" de sus vidas (Nm 1:1–6:10).

Esta ofrenda se llevaba ante el Señor cada vez que el pueblo era censado. Era responsabilidad de cada varón presentarse ante Dios para dar su ofrenda y que su nombre fuera inscrito en el libro del Pacto (Nm 1:1-46; 26:1-65).

Relacionados con la ofrenda, los israelitas recibían, por lo menos, cuatro beneficios básicos:

1. La ofrenda generaba el rescate divino (Éx 30:12).
2. Producía la expiación en las personas, que generaba paz (Éx 30:15-16).
3. Evitaba la muerte (Éx 30:12), al reconocer que el poder absoluto del pueblo y de los varones residía en Dios.
4. Además, era una manera de enlistarse en el ejército divino (Nm 1:3).

Los requisitos básicos para presentar las ofrendas de rescate eran esencialmente tres: debían ser varones, tener más de 20 años (Éx 30:14) y no debían ser de la tribu de Leví (Nm 1:47-54). Esta ofrenda no era voluntaria como la de los holocaustos, oblación y de paz, pues una que vez se cumplían esos requisitos fundamentales, se debía cumplir con el mandato de la ofrenda, que era obligatoria. Y esa ofrenda consistía en medio siclo de plata, que eran unos 5,5 gramos; cada siclo eran unas 20 geras, y cada gera representaba unos 0,5 gramos.

La plata que se recibía de las ofrendas de rescate asociadas con los censos se utilizaba en el Tabernáculo, especialmente en las bases de las tablas y de las columnas del Tabernáculo (Éx 38:25-28). En esa estructura sagrada había 96 tablas y 4 columnas.

Los materiales que se presentaban en las ofrendas tenían significados especiales. Consistían en metales preciosos que intentaban destacar la dignidad divina y la sumisión humana. El oro es símbolo de la deidad; la plata alude a la redención, pues en la Biblia se utiliza como dinero para liberar y; el bronce se relaciona con el juicio, como es el caso de Moisés cuando levanta una serpiente de bronce.

Otras ofrendas que se utilizaban en el Tabernáculo también tenían significados simbólicos. Los hilos azules se podían relacionar con el cielo, la altura; el color púrpura se asocia a la dignidad de la realeza; el escarlata representaba el sacrificio y; el lino destaca la pureza.

Otra simbología en el Tabernáculo son las siguientes: los diversos tipos de pieles que se utilizaban como ofrendas ante Dios, también representaban componentes importantes en el proceso cúltico. El pelo de cabra se presentaba como ofrenda por el pecado; las pieles de los carneros se pintaban de rojo, pues aluden al sacrificio de Abraham; y la piel del tejón revela una buena enseñanza: los exteriores comunes y poco atractivos, se pueden asociar con interiores finos y hermosos. Y la madera de acacia puede ser símbolo de fortaleza y resistencia; y el aceite representa belleza, fertilidad, riqueza y paz.

La fuente de bronce

> *El Señor habló con Moisés y le dijo:*
> *"Haz un recipiente de bronce para lavarse,*
> *con un pedestal también de bronce,*
> *y colócalo entre la Tienda de reunión y el altar.*
> *Échale agua, pues con ella deben lavarse*
> *Aarón y sus hijos las manos y los pies.*
> *Siempre que entren en la Tienda de reunión,*
> *o cuando se acerquen al altar y presenten al Señor*
> *alguna ofrenda puesta al fuego,*
> *deberán lavarse con agua las manos y los pies*
> *para que no mueran.*
> *Este será un estatuto perpetuo para Aarón y sus descendientes*
> *por todas las generaciones".* Éxodo 30:17-21

El contexto histórico y geográfico de los israelitas mientras viajaban a la Tierra Prometida era el desierto de la península del Sinaí. Ese singular desierto, lleno de polvos, altas temperaturas, vientos y sudores, fue el contexto inmediato de la construcción del Tabernáculo, además, constituyó el marco de referencia físico de las ceremonias religiosas que se llevaban a efecto entre los israelitas. Y en medio de esos espacios, los sacerdotes hebreos debían presentar ofrendas al Señor y representar al pueblo ante Dios.

La fuente de bronce era un recipiente para incentivar la limpieza física y espiritual de los adoradores y de los sacerdotes que presentaban sacrificios ante el Señor. Era un lugar muy importante, pues brindaba un lugar magnífico para que el pueblo pudiera lavarse físicamente; además, era el sitio donde se llevan a afecto las purificaciones rituales en el Tabernáculo. Y estaba convenientemente ubicado entre el Tabernáculo de reunión y el altar (Éx 27:9-19) para incentivar que los sacerdotes y el sumo sacerdote pudieran servir en ambientes de pureza física y espiritual.

La pureza en los procesos de presentación de sacrificios es importante, pues los espacios y las dinámicas alrededor de los sistemas sacrificiales son eminentemente sucias. Y para responder adecuadamente a esas realidades inmediatas que afectaban adversamente la pureza física de los procesos ceremoniales, se estableció un sistema de limpieza y purificación física que delataba la importancia de la pureza moral, ética y espiritual entre los israelitas.

De forma directa, el Señor le habló a Moisés y ordenó que Aarón y sus hijos se lavaran siempre que entraran al Tabernáculo. Ese proceso de limpieza física y purificación espiritual se debía llevar a efecto todas las veces que entraran al Tabernáculo, cuando se acercaran al altar y cuando presentan ante el Señor alguna ofrenda. El proceso incluía el lavarse las manos y los pies: las manos, pues los sacerdotes las tenían sucias por la sangre de los animales sacrificados y; los pies, por caminar en medio de esos sacrificios.

La finalidad de las dinámicas de purificación es doble: en primer lugar, para evitar la muerte, además de servir de enseñanza a Aarón, sus hijos y su descendencia. En segundo lugar, este sistema de purificación también tenía un componente educativo adicional de gran importancia nacional, pues constituía una muy importante lección para las futuras generaciones de israelitas.

El aceite de la unción y el incienso

El Señor habló con Moisés y le dijo:
"Toma las siguientes especias finas:
quinientos siclos de mirra líquida,
doscientos cincuenta siclos de canela aromática
y otro tanto igual de caña aromática,
quinientos siclos de casia, según el peso oficial del santuario,
y un hin de aceite de oliva.
Con estos ingredientes harás un aceite,
es decir, una mezcla aromática
como las de los fabricantes de perfumes.
Este será el aceite de la unción sagrada". Éxodo 30:22-25

El aceite era símbolo de la presencia y el favor del Señor y es mencionado en la Biblia en varias ocasiones y contextos religiosos y ceremoniales. Era primordialmente vertido sobre la cabeza del sumo sacerdote y sus descendientes, además de ser utilizado para rociar el Tabernáculo y sus muebles. Indicaba que eran personas u objetos separados por Dios para su servicio (Éx 25:6; Lv 8:30; Nm 4:16). Y en tres ocasiones el aceite es identificado directamente como "de unción".

La forma específica para preparar el aceite de unción delata su importancia y la prohibición de su uso para las personas (Éx 30:32-33), pone de manifiesto su asociación con lo sagrado, religioso, cúltico y espiritual. Los materiales que debían utilizarse para preparar adecuadamente el aceite incluían mirra, canela, caña, casia y aceite de oliva. Y los detalles en la preparación del singular aceite revelan la importancia de la obediencia a las instrucciones divinas de parte de los que lo preparaban.

Referente a este aceite, la revelación divina a Moisés indica que era santo, que destaca el elemento de la separación para servir a Dios y la consagración (Éx 30:31). Fundamentado en esa peculiaridad santa del aceite, no se deben preparar aceites con la fórmula divina para otros propósitos que no sea la unción de los sacerdotes. Y para quienes se atrevan a desobedecer esas ordenanzas precisas del Señor, el castigo es claro y directo: se eliminarán del pueblo israelita.

El incienso es el resultado de la unión de especies aromáticas con aceites que, al quemarse, produce humos y aromas fragantes. El propósito físico era contrarrestar los olores desagradables asociados a los sacrificios de animales y las carnes quemadas. Desde la perspectiva de la ubicación, ese incienso puro y sagrado debe estar en el Tabernáculo, frente al Arca del pacto con las tablas de la Ley. Y ese será el lugar donde Dios se reúne con Moisés.

La importancia religiosa del incienso es que pertenece al Señor y debe ser considerado como sagrado. Además, nadie puede hacer el incienso con la fórmula dada por Dios para disfrutar sus fragancias, pues como castigo será eliminado del pueblo.

Llamamiento de Bezalel y Aholiah

> *El Señor habló con Moisés y le dijo:*
> *"Toma en cuenta que he escogido a Bezalel,*
> *hijo de Uri y nieto de Hur, de la tribu de Judá,*
> *y lo he llenado del Espíritu de Dios,*
> *de sabiduría, inteligencia y capacidad creativa*
> *para hacer trabajos artísticos en oro, plata y bronce,*
> *para cortar y engastar piedras preciosas,*
> *para hacer tallados en madera y realizar toda clase de artesanías.*
> *Además, he designado como su ayudante a Aholiab,*
> *hijo de Ajisamac, de la tribu de Dan".* Éxodo 31:1-6

La construcción del Tabernáculo, que cumplía un singular propósito de santificación y sacrificios ante Dios, debía llevarse a efecto por personas que representaran la esencia misma del lugar y los instrumentos religiosos que iban a construir. Y para cumplir esa especial encomienda, Dios habló a Moisés y comisionó a Bezalel y llamó a Aholiah para que le apoyaran.

De singular importancia, al evaluar cuidadosamente la narración bíblica, es identificar las características y las capacidades de las personas que debían trabajar en este proyecto divino. En primer lugar, y para ubicar la vocación desde la perspectiva correcta, el texto bíblico afirma que Bezalel estaba lleno del Espíritu Santo, que es una manera de indicar y destacar que había sido directamente comisionado y preparado por Dios.

Esa gracia divina y capacidades que impartía la presencia de Dios a través de su Espíritu le daba sabiduría, inteligencia y capacidad creativa. Esos dones y destrezas permitían que Bezalel pudiera trabajar eficientemente metales preciosos como el oro, la plata y el bronce, además de cortar piedras, tallar madera y realizar diversos tipos de artesanías. Además, Dios le dio un ayudante, Aholiab, para que le apoyara en el proyecto.

La comisión divina era para construir el Tabernáculo con los muebles necesarios y los utensilios requeridos para las ceremonias: el Arca con las tablas del Pacto; el mobiliario de la Tienda de reunión; la mesa para el pan de la proposición; el candelabro de oro; el altar del incienso; el altar de los holocaustos; el recipiente de bronce; las vestiduras de los sacerdotes; el aceite de la unción y; el incienso aromático para el lugar santo.

El relato bíblico finaliza con una declaración divina sencilla, directa y clara: el pueblo y los artesanos deben construir todo lo relacionado con el Tabernáculo, según las instrucciones divinas.

La celebración del sábado

El Señor ordenó a Moisés:
Diles lo siguiente a los israelitas:
Ustedes deberán observar mis sábados.
En todas las generaciones venideras,
el sábado será una señal entre ustedes y yo,
para que sepan que yo, el Señor, los he consagrado.
El sábado será para ustedes un día sagrado. Obsérvenlo.
Quien no lo observe será condenado a muerte. Éxodo 31:12-14

Para finalizar la sección de las revelaciones de Dios a Moisés, se afirma la importancia, necesidad y obligación de guardar el sábado como parte de las actividades relacionadas con el Tabernáculo. De esa manera, la narración bíblica alude a las enseñanzas de la creación (Gn 2:1-3) y a la revelación de los Diez Mandamientos en el monte Sinaí (Éx 20:8-11): el Dios que crea y libera, también demanda la observancia del sábado como una demostración personal y nacional de reconocimiento del poder divino y una actitud de obediencia a la revelación del Señor. Y el guardar el sábado era requerido, inclusive, durante los procesos de construcción del Tabernáculo, pues era parte de la santidad asociada a las actividades religiosas del pueblo.

Guardar el sábado era una manera explícita de afirmar que se aceptada el pacto de Dios con su pueblo, incluyendo sus regulaciones e implicaciones. Era una forma de celebrar que el pueblo hebreo había sido creado y liberado de Egipto por Dios y que, como respuesta a esas extraordinarias acciones divinas, respetaba y obedecía la Ley de Moisés. Tanto el Tabernáculo –que era el lugar para el encuentro con Dios– como el sábado –que era el día de la semana de descanso para recordar el poder y las intervenciones divinas en la historia de los israelitas– constituían piezas claves en las ceremonias religiosas del pueblo, pues celebraban el señorío divino sobre la creación, los hebreos y la humanidad.

Las implicaciones de desobedecer la revelación de Dios en referencia a guardar el sábado como día de reposo era la muerte, pues esa acción impropia sacaba a los israelitas de la protección del Pacto, que constituía la destrucción nacional total. Además, las narraciones bíblicas afirman la importancia del Pacto y del Tabernáculo al declarar que las tablas de la Ley que estaban en el Arca del Tabernáculo habían sido escritas directamente por el dedo de Dios.

Capítulo nueve
La idolatría

Al ver los israelitas que Moisés tardaba en bajar del monte,
fueron a reunirse con Aarón y le dijeron:
—Tienes que hacernos dioses que marchen al frente de nosotros,
porque a ese Moisés que nos sacó de Egipto,
¡no sabemos qué pudo haberle pasado!
Aarón respondió:
—Quítenles los aretes de oro a sus mujeres,
a su hijos e hijas, y tráiganmelos.
Todos los israelitas se quitaron los aretes de oro que llevaban puestos
y se los llevaron a Aarón, quien los recibió y los fundió;
luego cinceló el oro fundido e hizo un ídolo en forma de becerro.
Entonces exclamó el pueblo:
"Israel, ¡aquí tienes a tus dioses que te sacaron de Egipto!".
Cuando Aarón vio esto,
construyó un altar enfrente del becerro y anunció:
—Mañana haremos fiesta en honor del Señor.

Éxodo 32:1-5

El becerro de oro

Las narraciones del incidente de las decisiones idolátricas de Aarón y los israelitas en el monde Sinaí, retoman las dinámicas de la revelación divina del Decálogo y el pacto (Éx 19:1–24:18). Moisés estaba en el monte en diálogo con Dios, en una dinámica de revelación divina de cuarenta días, que es una manera de indicar un importante periodo de tiempo educativo (Gn 7:12; Éx 24:18; 1Re 19:8; Mt 4:2). Y esa tardanza, que desencadenó preocupación y hasta desespero en el pueblo hebreo, motivó a los israelitas a desobedecer explícitamente los primeros Mandamientos divinos (Éx 20:1-6), y a rebelarse en contra de la autoridad y las enseñanzas de Moisés.

Desde la perspectiva cronológica, esta narración de idolatría (Éx 32:1-29) se une al relato previo de la revelación del Dios en el monte Sinaí (Éx 24:1-18). Este singular tema de infidelidad a Dios es importante en la historia de Israel y se incorpora en los relatos bíblicos con alguna frecuencia. Y la evaluación del tema y sus contextos revela, por lo menos, tres etapas del proceso: en primer lugar, se describe las preocupaciones, la rebelión y la idolatría del pueblo; luego, se presenta un tiempo de justicia divina y restauración nacional y, finalmente, se manifiesta la misericordia del Señor.

Desde las perspectivas históricas y teológicas es importante notar que las narraciones bíblicas presentan los triunfos de Moisés y los israelitas en el proceso de salida y liberación de Egipto, pero no ignoran ni excluyen las experiencias de derrotas, fracasos e incertidumbres. Aunque Dios los había liberado del brazo opresor y hostil del faraón, y también había demostrado su poder en el mar Rojo y en el desierto, en el pueblo todavía había incredulidad y rebeldía. Las narraciones bíblicas no solo presentan las virtudes de Moisés y el pueblo, sino ponen de manifiesto sus debilidades y desorientaciones.

Los textos bíblicos que presentan el tema de la idolatría del pueblo en el Sinaí no pueden ser subestimados. Describen realidades de los israelitas que pueden servir de enseñanza para las futuras generaciones de la comunidad hebrea y de las personas en general. Un componente importante del proceso educativo en las Escrituras es aprender aun de las derrotas, los errores y las rebeldías del pueblo.

De acuerdo con la narración bíblica, lo que originó la ansiedad, preocupación y rebeldía del pueblo fue la tardanza de Moisés (Éx 32:1), pues el libertador hebreo llevaba cuarenta días sin bajar de la cima del monte

Sinaí. Esa preocupación del pueblo ignora que Moisés ya había subido al monte y descendido con el Decálogo y otras instrucciones divinas.

Esa actitud desafiante del pueblo, inclusive, no recuerda que previamente, cuando Moisés les presentó lo que había recibido de parte de Dios, el pueblo declaró con seguridad que haría todo lo que el Señor le había dicho y ordenado (Éx 24:3). Y referente a esa misma dinámica, es importante recordar que en el Segundo Mandamiento no hay sombra de ambigüedad (Éx 20:4-5a): está terminante y absolutamente prohibido hacer ídolos ni inclinarse ante ellos.

El texto bíblico no entra en detalles referente a las razones de la tardanza de Moisés en el monte. Posiblemente el número cuarenta, que es signo de un periodo educativo, alude a que Dios estaba interesado en que los israelitas aprendieran una lección de confianza, responsabilidad, obediencia, paciencia y sobriedad. Pero el esperar se convirtió en el contexto que propició la ansiedad y desencadenó la idolatría.

Moisés estaba en la cima del Sinaí y el pueblo estaba en la región llana alrededor del monte. Desde abajo no se veía lo que sucedía en la cima del Sinaí entre Dios y el líder hebreo. La inquietud aumentaba, la impaciencia reinaba, y las preguntas fundamentales en ese entorno de silencio, espera y ansiedad eran: ¿cómo se puede servir a una divinidad invisible? ¿Dónde estaba el Dios de Moisés?

La crisis del pueblo debe entenderse a la luz de sus experiencias previas en Egipto. Además de las narraciones referente a los antepasados del pueblo hebreo, los cultos idolátricos en Egipto constituían la comprensión teológica general que tenían los israelitas, previa a la revelación divina a Moisés. La memoria histórica en la corte del faraón los movía a tener divinidades que pudieran representar en imágenes, pues esos ídolos servían de señal física de acompañamiento. Inclusive, Josué reconoció que muchos hebreos habían servido a dioses visibles en Egipto (Jos 24:14).

El becerro de oro era la respuesta espiritual y física, en un momento de ansiedad e inseguridad, de una comunidad que necesitaba representar a su dios de alguna forma visible. Esa petición del pueblo a Aarón era mucho más que una murmuración, era una apostasía. Y las dinámicas alrededor de la experiencia del becerro se complican aún más cuando el texto bíblico afirma que el pueblo declaró a la imagen como el dios que los liberó de Egipto (Éx 32:4) y Aarón erigió un altar frente al becerro para adorar al Señor (Éx 32:5).

Los detalles del relato de la apostasía del pueblo son interesantes y reveladores. El pueblo le pidió a Aarón, ante el desconocimiento de lo que sucedía con Moisés en el Sinaí, que les hiciera dioses que los acompañaran, pues no sabían de Moisés. Y esas dinámicas ponen de manifiesto tres actitudes erróneas y preocupantes del pueblo: en primer lugar, revelan una falta de respeto y desprecio hacia Moisés, que había sido el líder del movimiento emancipador de Egipto; además, la actitud impaciente e impropia movió a los israelitas a tomar decisiones imprudentes y desobedientes ante el mensaje del Decálogo y, finalmente, esas decisiones ponen claramente de manifiesto desconfianza en el Señor que había sido responsable de la liberación y de las manifestaciones de poder sobre la naturaleza y los ejércitos del faraón.

Esas dinámicas de desorientación y decisiones impropias pueden ser un indicador de que los hebreos no estaban seguros de que el Gran Yo Soy fuera el único Dios. Además, hay que reconocer que, luego de cientos de años en medio de una sociedad politeísta e idólatra, esas creencias religiosas idolátricas deben haber permeado lo profundo de las convicciones de la comunidad israelita. Inclusive, la contaminación politeísta llegaba a los israelitas por las relaciones con los países vecinos (Éx 20:8; Lv 17:7; Jos 24:14).

El papel que desempeñó Aarón en este episodio complicado de la historia de los israelitas deja mucho que desear. Aunque tuvo la oportunidad de responder desde una perspectiva firme, sobria y educativa a las peticiones impropias del pueblo, no solo los escuchó, sino que los complació. En vez de ser un agente de orientación y sobriedad en el proceso, se unió a la turba desorientada que deseaba rechazar el mensaje del Decálogo y apostatar ante la presencia de Dios. Aarón pudo haber sido el factor de cambio en el proceso idolátrico, pero decidió seguir la corriente de una comunidad ansiosa, desorientada y desobediente.

Algunos estudiosos piensan que la petición de Aarón para que el pueblo trajera los zarcillos, aretes o pantallas de oro de las orejas era una especie de reclamo imposible de aceptar por el pueblo dada la naturaleza y el costo de las piezas. Sin embargo, si esa era la finalidad del reclamo, tal objetivo no se logró. Fueron más fuertes los reclamos idolátricos del pueblo que las implicaciones económicas del proceso. Aarón preparó el becerro de madera y lo recubrió en oro (Éx 32:4, 20).

El toro en el Oriente Medio antiguo era signo de poder, fuerza y fecundidad. Por ser la representación óptima de la masculinidad, varias

Becerro de oro del II milenio a. C. Vinculado al culto de Baal.
Proviene de la ciudad de Biblos.

divinidades en el Oriente Medio se asociaban a ese tipo de imagen. Un buen ejemplo del uso del becerro como símbolo de una divinidad cananea es Baal, que se visualizaba como un toro joven y que era el dios de las tormentas. Además, en el Egipto antiguo, el culto al dios Apis se representaba con un buey. La referencia a "becerro" en las narraciones bíblicas puede ser un signo de menosprecio. Y en ambas culturas, la adoración a esas divinidades estaba acompañada de comidas, danzas, cánticos y ceremonias religiosas que incluían prácticas sexuales.

Los adornos de oro, que simbolizaban poder y autoridad real, eran comunes en las diversas regiones de la cultura egipcia. En el caso de los israelitas, que reclamaron a Aarón la creación del becerro de oro, esos adornos representan los regalos egipcios al salir de las tierras faraónicas (Éx 11:2; 12:36). En la narración se puede notar una especie de continuidad teológica: el oro de los egipcios idólatras se utilizó para la formación del becerro de oro, que representaba el politeísmo y la infidelidad al Decálogo.

El análisis del texto bíblico no puede pasar por alto que los israelitas pidieron a Aarón que les hiciera "dioses", en plural, que fueran delante del pueblo (Éx 32:1). Esa fraseología pone de relieve la naturaleza del politeísmo que estaba dentro del pueblo hebreo. ¡Y Aarón respondió con la misma actitud! Relacionó el reclamo del pueblo con el becerro de oro y las intervenciones liberadoras de Dios en Egipto y en el desierto. Inclusive, una vez el becerro estuvo listo, el mismo sacerdote Aarón ¡declaró que se iba a preparar una fiesta especial en honor al Señor, el único Dios verdadero!

La implicación de las acciones y palabras de Aarón era que el becerro representaba al Señor, al Gran Yo Soy. Era una actitud y comprensión sincretista de la vida: unir el politeísmo egipcio con el monoteísmo hebreo. En efecto, ¡la apostasía llevaba a nuevos niveles de irracionalidad!

El acto de construir un altar delante del becerro de oro lleva la apostasía a lo inaudito e incomprensible (Éx 32:4). Se trata de un esfuerzo coordinado y premeditado de organizar algún tipo de ceremonia religiosa en donde se unían las comprensiones del Dios que se reveló a Moisés, y también a los patriarcas del pueblo israelita, con las tradiciones politeístas de Egipto y la idolatría del antiguo Oriente Medio. Quizá Aarón quiso establecer algún tipo de culto a Dios en la tradición egipcia, sin tomar en consideración el Decálogo, específicamente el Segundo Mandamiento (Éx 20:4-5) que rechaza de manera radical los ídolos y las representaciones visuales del Dios hebreo, que era invisible.

De acuerdo con el relato bíblico, Aarón preparó el altar frente al becerro de oro y al próximo día los israelitas ofrecieron sacrificios, comieron y bebieron. ¡Hubo regocijo en el pueblo al ofrecer sacrificios a Dios representado por el becerro de oro! La persona que Moisés dejó a cargo del pueblo mientras dialogaba con Dios no respondió en la crisis a la altura de los principios éticos, morales y espirituales que se revelan en el Decálogo.

La palabra hebrea que se traduce al español como "regocijarse" o que "se levantó para entregarse al desenfreno", *tsachaq* (Éx 32:6), tradicionalmente alude a prácticas sexuales (Gn 28:6; 39:19). De esta forma, el relato bíblico alude a actividades impropias en los cultos egipcios y cananeos, que eran literalmente rechazados por las revelaciones divinas y que los israelitas estaban practicando en el Sinaí ¡frente al lugar de la revelación del Decálogo!

Posteriormente, en la historia hebrea, y como consecuencia de la división del reino de David, Jeroboam I ordenó la preparación de dos becerros de oro y dijo al pueblo que los adorara, pues "fueron los que los sacaron de las tierras egipcias" (1Re 12:28). Esa tendencia a la idolatría y el politeísmo no finalizó con la crisis en el Sinaí, sino que se mantuvo latente en la historia nacional para manifestarse en medio de las adversidades del pueblo israelita.

El resto del relato bíblico referente al becerro de oro se puede dividir en varios segmentos temáticos:

1. Dios se revela a Moisés en el Sinaí para que descienda y responda a la idolatría y corrupción del pueblo (Éx 32:7-8).
2. Se presenta la respuesta divina a la desobediencia del pueblo. La ira de Dios quería consumir a los israelitas (Éx 32:10).
3. Moisés intercede por el pueblo (Éx 32:11-13).
4. Se arrepiente el Señor del juicio que traería al pueblo hebreo (Éx 32:14-16).
5. Diálogo entre Moisés y Josué al escuchar los gritos del pueblo y referente a lo que sucedía en los llanos del monte Sinaí (Éx 32:17-18).
6. Moisés reacciona con ira cuando ve la idolatría y la desobediencia del pueblo (Éx 32:19-21).
7. Aarón interpreta lo acontecido y presenta un singular argumento para culpar al pueblo que estaba inclinado al mal, pero rechaza que él tenga culpa alguna en el proceso (Éx 32:22-24).
8. Moisés responde al pecado del pueblo con fuerza e indignación, y ordena a los hijos de Leví que maten a los pecadores. Aquel día perdieron la vida unos tres mil hombres (Éx 32:25-30).
9. Y, finalmente, la narración incluye una nueva intercesión de Moisés en favor del pueblo, a la que Dios responde con juicio y misericordia (Éx 32:31-35).

La narración que explica lo sucedido con los israelitas y el becerro de oro está llena de detalles importantes. Las reacciones de Dios, Moisés y Aarón ante las actitudes impropias del pueblo son intensas e incluyen mensajes y detalles significativos. El Dios liberador, que demostró su poder en la salida extraordinaria de la comunidad hebrea del cautiverio egipcio, ahora es rechazado y desobedecido por el pueblo liberado.

Una respuesta impropia y endeble del sacerdote encargado de representar la pureza ritual y la obediencia a los mandamientos divinos, propició el acto de rebeldía idolátrica y de abominación de los hebreos. Aarón, el líder religioso seleccionado para llevar las ofrendas del pueblo ante

Dios, había sucumbido ante las inseguridades, presiones y desviaciones teológicas del pueblo.

La respuesta de Aarón ante las preguntas y recriminaciones de Moisés es digna de estudiar con detenimiento (Éx 32:22-24). En primer lugar, culpa al pueblo por su inclinación a hacer el mal. Para el sacerdote, todo comenzó con una actitud que se inclina hacia la maldad, que ya se había manifestado previamente entre los israelitas. Además, hace referencia a la petición del pueblo, que indica que las dinámicas idolátricas no comenzaron con ninguna acción de Aarón. Y, finalmente, identifica su responsabilidad en el proceso de manera impersonal y lejana: el sacerdote solo pidió al pueblo el oro y lo echó al fuego, de donde salió espontáneamente el becerro (Éx 32:22).

La respuesta de Aarón da la impresión de que el becerro de oro salió del fuego por sí solo. Esa comprensión de su responsabilidad y actitud impropia es similar a la de Adán al culpar a Eva de la desobediencia al mandato divino en el Jardín del Edén (Gn 3:12). En ambos casos las personas responsables evaden sus culpas y eluden sus responsabilidades.

El relato bíblico, posteriormente, afirma que Aarón permitió el desenfreno y la idolatría del pueblo (Éx 32:25). El sacerdote tuvo la oportunidad de ser un líder de dignidad, valores y obediencia, pero al no oponerse a los reclamos impropios del pueblo fue, en parte, responsable de la debacle espiritual de los israelitas. No le valieron las excusas a Aarón, pues esas actividades idolátricas humillaron al pueblo de Israel entre sus enemigos (Éx 32:25).

La revelación divina a Moisés para que descendiera a ver cómo el pueblo se había "corrompido" (Éx 32:7) es importante. La palabra que se incluye en el texto hebreo para describir lo sucedido es *shachat*, que significa que algo se "echó a perder" o "está podrido"; también puede ser una referencia figurada a que hay "corrupción moral y espiritual". De pronto, el pueblo hebreo que había sido objeto de la misericordia divina con un acto de liberación de Egipto y de protección contra los ejércitos de faraón, se había "echado a perder", se había desviado de la voluntad de Dios, se había "podrido". Y esa condición de podredumbre requería una nueva revelación divina y una intervención adicional de Moisés.

La respuesta de Moisés ante la gravedad de la apostasía del pueblo pone de relieve la naturaleza de su liderato que estaba orientado hacia el servicio y apoyo a la comunidad israelita (Éx 32:11). ¡Imploró la misericordia divina! Y sus argumentos ante Dios, para apaciguar la ira del Señor, eran los siguientes: pedir a Dios que no olvidara la liberación de Egipto del pueblo hebreo; recordar las promesas divinas a los patriarcas de los israelitas; y el fundamento de su petición era el poder, el amor y la misericordia divina, que no se basaban en las virtudes o los méritos del pueblo. Y esos argumentos de Moisés hicieron que Dios cambiara de parecer o se arrepintiera del juicio que había decretado.

La expresión hebrea para describir el arrepentimiento divino es *naham*, que se utiliza en varias ocasiones en el libro de Éxodo (Éx 13:17; 32:12, 14). Transmite la idea de una revisión de propósitos y no incluye conceptos relacionados con sentimientos de culpabilidad o errores. Esa palabra se utiliza para describir el "arrepentimiento" divino, que es una manifestación adicional de la misericordia de Dios. Para el "arrepentimiento" humano, la Biblia hebrea usa otra palabra, *shub*, que alude a un cambio de dirección en la vida.

Moisés desciende del Sinaí airado

> *Moisés dio vuelta y bajó de la montaña.*
> *Cuando bajó, traía en sus manos las dos tablas del pacto,*
> *las cuales estaban escritas por sus dos lados.*
> *Tanto las tablas como la escritura grabada en ellas eran obra de Dios.*
> *Cuando Josué oyó el ruido y los gritos del pueblo, dijo a Moisés:*
> *—Se oyen en el campamento gritos de guerra.*
> *Pero Moisés respondió:*
> *"Lo que escucho no son gritos de victoria*
> *ni tampoco lamentos de derrota;*
> *más bien, lo que escucho son canciones".*
> *Cuando Moisés se acercó al campamento y vio el becerro y las danzas,*
> *ardió en ira y arrojó de sus manos las tablas,*
> *haciéndolas pedazos al pie del monte.*
> *Tomó entonces el becerro que habían hecho y lo quemó en el fuego;*
> *luego lo molió hasta hacerlo polvo,*
> *lo esparció en el agua y se la dio a beber a los israelitas.* Éxodo 32:15-20

Moisés, ante las instrucciones divinas, descendió del Sinaí para encontrarse con Aarón y los israelitas. El líder israelita bajó del monte con las tablas del pacto, que son descritas en el relato bíblico como que fueron escritas por Dios para reafirmar su importancia. Esas tablas representaban la expresa voluntad divina, pues contenían los mandamientos fundamentales que el pueblo debía obedecer. El relato resalta la autoridad espiritual de la revelación del Decálogo al afirmar que era producto de la iniciativa y voluntad de Dios para su pueblo.

Mientras Moisés bajaba del monte, a lo lejos se escuchaban los gritos de los israelitas. Josué, que lo acompañaba, confundió la algarabía y el estruendo con dinámicas y celebraciones de guerra. El líder israelita, sin embargo, reconoció rápidamente que se trataba de actividades religiosas. Y su reacción fue de frustración, enojo e ira: destrozó las tablas de la Ley, pues el pueblo había roto el voto y compromiso de fidelidad al Decálogo que había hecho, que era una manera de rechazar la obra de Dios en el pueblo hebreo (Éx 32:16).

El relato bíblico presenta el temperamento y el carácter de Moisés. Lleno de enojo, tomó el becerro de oro y lo rompió y, posteriormente, lo molió hasta hacerlo polvo; además, lo echó al agua y se lo dio a beber a los israelitas. Tomar el producto de la idolatría era una manera de castigar al pueblo por actuar de forma desobediente a los mandamientos divinos.

Este episodio en la vida de Moisés revela que la gente de Dios, en situaciones de tensión, puede perder el control de sus actos. ¡El líder israelita rompió las tablas que Dios mismo le había dado en el Sinaí! Aunque el problema del pueblo era serio y complejo, la respuesta de Moisés revela un nivel adicional educativo. Tomar el becerro de oro pulverizado era equivalente a finalizar la experiencia de idolatría y desobediencia al Decálogo en donde todo comenzó, en el interior de los israelitas.

De la lectura cuidadosa del relato bíblico se desprende que no todos los israelitas estuvieron de acuerdo con las actividades idolátricas del pueblo, avaladas por Aarón. Cuando Moisés preguntó quiénes lo seguirían y estaban de acuerdo en seguir y obedecer los Mandamientos del Señor, respondieron positivamente los hijos de Leví, que demostraron lealtad ante Dios.

La reacción de Moisés es complicada. Ante la infidelidad de los israelitas, Moisés ordenó a los levitas a ejecutar a los idólatras del pueblo casa a casa, independientemente de su procedencia o de su relación sanguínea. El resultado de la orden mosaica fue la muerte de como tres mil hombres, pues en esa época la infidelidad era vista como un crimen muy serio que requería la pena de muerte. Pero aún en ese ambiente de juicio divino y ejecuciones, Dios tuvo misericordia, pues no todos los que participaron del acto idolátrico murieron, como es el caso específico de Aarón.

La tarea de los levitas en este episodio en la vida del pueblo de Israel fue compleja. El matar a hermanos, amigos y parientes era una labor muy compleja. La obediencia a las órdenes militares de Moisés era extremadamente difícil de ejecutar. Sin embargo, por haber sido leales y ejecutar la encomienda, el Señor los bendijo incorporándolos en el sacerdocio y en el liderato nacional del pueblo.

El acompañamiento del ángel del Señor

El Señor respondió a Moisés:
—Solo borraré de mi libro a quien haya pecado contra mí.
Tú ve y lleva al pueblo al lugar del que te hablé.
Delante de ti irá mi ángel.
Llegará el día en que deba castigarlos por su pecado
y entonces los castigaré.
Fue así como, por causa del becerro que había hecho Aarón,
el Señor lanzó una plaga sobre el pueblo. Éxodo 32:33-35

Una vez concluye el episodio del juicio a los israelitas a manos de los levitas, se retoma el tema de Moisés como intercesor del pueblo. El líder y libertador del pueblo regresa al Sinaí para interceder nuevamente por los israelitas, aunque hayan cometido los pecados de idolatría. Además, afirma que, si Dios no los perdona, qué lo puede borrar del libro divino (Éx 32:32).

La referencia a la dedicación de los levitas es importante, pues utiliza las expresiones tradicionales de la consagración de los sacerdotes (Éx 29:9). Fundamentados en este pasaje bíblico, los levitas no son consagrados al sacerdocio, sino que son designados para cumplir con esas responsabilidades sacerdotales por la lealtad que demostraron ante Dios al ejecutar las órdenes de Moisés.

El libro escrito por Dios (Éx 32:32) alude a la costumbre antigua en cada ciudad y país a escribir en un libro los nombres de sus ciudadanos (Ez 13:9). En esa tradición, el texto hace referencia al libro que Dios ha preparado con los nombres de las personas. La referencia a borrar el nombre de alguien del libro divino equivalía a morir. Por esa razón, en varios pasajes bíblicos se alude al "libro de la vida" (Sal 69:28; Ap 3:5).

La respuesta divina fue clara y contundente. Declaró el Señor una vez más su sentido de justicia, y añadió que debían proseguir el camino a

Canaán como originalmente se había señalado. Además, el Señor declaró a Moisés que en ese peregrinar iba a enviar a su ángel. También reafirmó su naturaleza santa y justa al indicar que castigará a pueblo por ese pecado de idolatría en el día preciso (Éx 32:33-35).

Se reitera en este pasaje la promesa de la presencia divina mediante un ángel (Éx 23:20). Ese ángel representa el acompañamiento y cuidado de Dios al pueblo, aunque los israelitas hayan roto el pacto que hicieron con el Señor. Es una demostración adicional de la misericordia divina. Y referente a Moisés, las narraciones bíblicas destacan su amor y compromiso con los israelitas.

Una vez el Señor habla a Moisés e indica que el ángel lo acompañará, ordena que siga con el pueblo el peregrinar hacia la tierra de Canaán que había prometido a los antepasados de Israel, comenzando por Abraham. El ángel sería un agente divino para acompañar al pueblo en el desierto y para darle la victoria en Canaán (Éx 33:1-2).

La nueva salida desde el Sinaí hacia el norte (Nm 10:11-12), rumbo a la Tierra Prometida, tardó unos nueve meses para llevarse a efecto. Ese fue un periodo de preparación y reflexiones personales y comunitarias. La presencia del ángel tenía una finalidad educativa y protectora: proteger a Israel en el camino, guiarlo en el peregrinar y para evitar el juicio divino en el proceso (Éx 33:13). Y la narración bíblica identifica varios pueblos que serían desplazados por la llegada de los israelitas a la región: cananeos, amorreos, heteos, ferezeos, heveos y jebuseos (Éx 33:2).

La respuesta del pueblo al saber que Dios no los iba acompañar, sino que enviaría a su ángel fue de consternación, angustia y luto. Pero ante la humillación del pueblo, Moisés preparó, a una distancia considerable de las viviendas, fuera del campamento, una tienda o casa de campaña que identificó como "tienda de reunión" (Éx 33:9-11). Ese lugar serviría para los diálogos entre el Señor que se reveló en la zarza y Moisés, quien recibió la revelación divina original en el desierto.

Ese lugar de reunión era importante, pues simbolizaba la presencia divina. Cada vez que algún israelita necesitaba sentirse cerca de Dios llegaba a la tienda de reunión, que representaba la cercanía divina en medio de la comunidad. Y estaba ubicada a las afueras del campamento, como símbolo de la presencia de Dios en el pueblo, pero separado, pues los pecados de los israelitas debían estar distantes de la santidad divina representada en la tienda de reunión.

La tienda de reunión era un lugar de gran importancia teológica, educativa y cúltica. Cada vez que Moisés llegaba a esas instalaciones, bajaba la columna de nube que era símbolo de la presencia y la gloria de Dios, y se posaba en la entrada del edificio. Cuando Moisés salía del lugar, para llegar al campamento de los israelitas, Josué no se apartaba de la tienda (Éx 33:11).

Luego del comportamiento imprudente e inadecuado de Aarón en las dinámicas alrededor del becerro de oro, su liderato se fue deteriorando y el reconocimiento y aprecio de su ministerio fue decreciendo de forma paulatina. Y Josué, en ese contexto, fue reconocido en la comunidad como un líder responsable, digno y efectivo.

La tienda de reunión era sencilla, y servía de espacio sagrado para los diálogos entre Dios y Moisés. Existía antes de la construcción del Tabernáculo, que estaba en medio de la comunidad, mientras que la tienda estaba un poco separada del pueblo. Al Tabernáculo llegaban los sacerdotes para ofrecer los sacrificios ante Dios, y en la tienda de reunión Moisés se presentaba para dialogar con el Señor.

La intimidad entre Dios y Moisés se destaca de dos formas. En primer lugar, el relato bíblico indica que el Señor hablaba con el líder israelita "cara a cara", que es una manera de afirmar la profundidad y seriedad de las conversaciones. Además, en ese singular diálogo divino-humano, Moisés pide ver la gloria de Dios, a lo que el Señor accede, aunque no vio su rostro, solo contempló sus espaldas (Éx 33:18-23). Esas respuestas divinas a las peticiones del líder hebreo ponen de relieve el aprecio y compromiso que le tenía el Señor. Inclusive, la presencia de Dios daría a Moisés descanso (Éx 33:14), que es una forma adicional de bendecirlo.

Cuando se analiza la narración bíblica, se descubre la importancia del tema de la presencia del Señor en medio del pueblo y con Moisés. Las referencias al acompañamiento divino se incluyen de cuatro maneras explícitas. En primer lugar, se habla del ángel de Dios (Éx 33:2); luego se alude a la presencia de Dios, que en hebreo significa literalmente "el rostro de Dios" (Éx 33:14, 15, 20); también el relato hace referencia al nombre de Dios (Éx 33:19); para finalmente hablar de la gloria de Dios (Éx 33:18-22).

La gloria de Dios, que en hebreo es *kabod*, se asocia en las Escrituras a los conceptos de poder, honor, peso y santidad. Esa gloria es el fundamento de la dignidad y la esencia de una persona. En las narraciones del éxodo, la gloria divina acompaña al pueblo en medio de una columna de fuego o de una columna de humo. La nube de Dios cubrió el monte Sinaí, pues era una manera visual de poner de manifiesto el poder y la autoridad de Dios.

La gloria divina es la manifestación de poder que pone de relieve la presencia y las intervenciones de Dios en medio de las realidades del pueblo hebreo. El intelecto no puede comprender de forma plena las dimensiones amplias, extensas, intensas y profundas de la gloria de Dios. Inclusive, la narración que alude a la presencia y la gloria de Dios en la vida de Moisés es de tal magnitud que quien sea capaz de verla morirá.

Para manifestar su gloria, e impedir la muerte de Moisés, Dios mismo lo escondió en la hendidura de una peña y lo cubrió con su mano para evitar su muerte (Éx 33:22); ¡únicamente pudo ver la "espalda" de Dios! La implicación teológica de estas afirmaciones es que nadie puede ver a Dios, pues ese acto daría a las personas autoridad y poder sobre el Señor, cuando la realidad es que la presencia, el poder, la naturaleza y la esencia divina sobrepasa los límites de la comprensión humana. En efecto, la gloria de Dios se relaciona con el amor, la bondad, el gozo, la misericordia, el perdón y la justicia. Y para explicar lo inexplicable, el texto bíblico utiliza un lenguaje figurado, simbólico y antropomórfico.

La renovación del pacto

> *El Señor dijo a Moisés:*
> *Labra dos tablas de piedra*
> *semejantes a las primeras que rompiste.*
> *Voy a escribir en ellas las mismas palabras*
> *que estaban escritas en las primeras.*
> *Prepárate para subir mañana*
> *a la cumbre del monte Sinaí*
> *y presentarte allí ante mí.*
> *Nadie debe acompañarte*
> *ni debe verse a nadie en ninguna parte del monte.*
> *Ni siquiera las ovejas y las vacas*
> *deben pastar frente al monte.* Éxodo 34:1-3

La narración bíblica que presenta la renovación del pacto de los israelitas con Dios (Éx 34:1-35) puede relacionares, desde las perspectivas temáticas, con relatos anteriores en el libro de Éxodo. Algunas regulaciones y mandamientos que se articulan recuerdan la revelación del Decálogo en el monte Sinaí (Éx 20:1-17). También pueden verse como una continuidad de la sección más amplia que presenta el pacto de Dios con el pueblo hebreo (Éx 19:1–24:18). Aunque el énfasis temático está en las leyes relacionadas con la adoración y lo cúltico en el pueblo.

La experiencia de apostasía de los israelitas (Éx 32:1-33), marcó un punto de crisis nacional que abrió paso no solo al juicio divino, sino a las intercesiones de Moisés y las nuevas manifestaciones de las misericordias de Dios. La sección de la renovación del pacto (Éx 34:1-9) prosigue el estilo retórico del diálogo franco, íntimo y educativo entre Dios y Moisés.

Los relatos de todo el capítulo pueden estudiarse tomando en consideración tres temas fundamentales: en primer lugar, el nuevo ascenso de Moisés al monte Sinaí con unas nuevas tablas de la Ley, pero no con las escritas por el dedo de Dios, pues Moisés las rompió en su ira contra la idolatría del pueblo. El relato afirma que Moisés pudo ver la nube del Señor (Éx 34:1-9). Un segundo tema se puede asociar con los requerimientos para la renovación (Éx 34:10-26). Para finalmente describir la gloria de Dios que se reflejaba de forma especial en el rostro de Moisés (Éx 34:28-33).

La renovación del pacto requería la iniciativa divina y la respuesta de Moisés. Dios ordenó al líder israelita a trabajar en dos nuevas tablas para escribir en ellas los mandamientos que el Señor había revelado en el Sinaí. Como Moisés las rompió, Dios lo ordenó que las reconstruyera. La creación de unas nuevas tablas con la revelación divina es una manifestación de la misericordia divina. Y era el primer paso para la restauración nacional.

El Sinaí era un monte Santo no por alguna característica física especial, sino porque era el escenario de las revelaciones divinas. Y al Moisés obedecer y llegar a la cima del monte, Dios revela su gloria en una nube, y Moisés invocó el nombre del Señor, que es una manera de indicar que lo adoró y que reconoció su poder, autoridad y soberanía.

Ante la manifestación extraordinaria de la gloria y la presencia de Dios, Moisés proclamó y afirmó el nombre del Señor, que indica que se humilló ante la presencia divina y adoró. Y en ese contexto de revelación de la gloria divina es que el texto bíblico incluye un grupo significativo de adjetivos y expresiones que describen su naturaleza santa y poder especial: compasivo, misericordioso, lento para la ira, grande en amor y fidelidad, que mantiene el amor hasta mil generaciones después y que perdona la maldad, la rebelión y el pecado; pero no tendrá por inocente al culpable, sino que castiga la maldad de los padres en los hijos hasta la tercera y cuarta generación (Éx 34:8-7).

El objetivo del texto bíblico no es definir la esencia divina, sino describir su gloria con expresiones humanas. Y esas declaraciones se asocian directamente con las manifestaciones extraordinarias de las misericordias del Señor al pueblo israelita. Además, estas reflexiones sobre la naturaleza de Dios sirvieron de base para reflexiones futuras en referencia a Dios (Nm 14:18; Sal 86:15; Jer 32:18; Jl 2:13).

Entre las palabras usadas para describir la esencia divina, están las siguientes: compasivo, que alude al amor divino que no se detiene; clemente, que significa mirar con amor y bondad; lento para la ira, que el Señor tiene paciencia para con el pueblo de Israel; misericordiosos, que revela el amor continuo y extraordinario de Dios; perdonador, que pone de manifiesto su deseo de levantar a la gente caída y; justo, que revela su deseo divino de responder, fundamentado en el amor y la misericordia, de manera adecuada a las realidades humanas.

La narración bíblica incluye tres palabras hebreas que tradicionalmente se utilizan en el Antiguo Testamento para identificar la maldad humana: "iniquidad", que describe a la culpa, vileza y perversidad moral humana que alude a algo torcido o que se ha desviado del camino correcto; "rebelión", que se refiere directamente a una transgresión voluntaria contra los mandatos divinos y hasta contra Dios y; finalmente, "pecado", que significa no hacer la voluntad de Dios, no lograr el propósito divino en la vida. Y esas tres palabras describen las acciones humanas impropias que se contraponen a la revelación divina y a las manifestaciones misericordiosas de un Dios justo.

Los relatos bíblicos de las rebeldías de los israelitas ponen de relieve el amor divino que no se fundamenta en los sentimientos, sino en su naturaleza santa y justa. Y esas respuestas divinas a las actividades impropias del pueblo no siguen el patrón humano de "ojo por ojo y diente por diente" (Éx 21:23-25), sino que revelan dimensiones divinas extraordinarias que superan las leyes de retribución y manifiestan con claridad actitudes de misericordia, gracia y amor.

La lectura del relato de la renovación del pacto divino con el pueblo incluye un detalle de Moisés que no debe obviarse. En el proceso, el libertador de los israelitas se arrodilló e inclinó su rostro al suelo, que un gesto de humildad y reconocimiento divino (Sal 95:6; Da 6:10). Ese gesto mosaico pone de relieve la intensidad de la oración, revela el fervor que se requería en momentos críticos del pueblo (Gn 24:26; Nm 16:22; Esd 10:1). El perdón del pueblo requería un acto de humillación total que Moisés logra al arrodillarse y postrarse ante el Dios justo y misericordioso.

Ante el gesto de Moisés, Dios respondió con amor, gracia, perdón y misericordia. Afirmó que renovaría el pacto con el pueblo; además, indicó que los llevaría a las tierras de Canaán de forma milagrosa, pues haría en medio del pueblo "maravillas" (Éx 34:10). Esa expresión hebrea, que se traduce como "maravillas" en castellano, alude a los nuevos milagros que el Señor haría con el pueblo en medio de una nueva serie de realidades y desafíos. Y la referencia a "algo temible" se asocia a la actividad divina que genera asombro o admiración, inclusive, puede aludir a la idea de miedo o pavor (Éx 15:11).

Las obligaciones del pueblo en la renovación del pacto siguen las directrices que se incluyen en el Decálogo. De importancia capital es el énfasis que implica el no hacer alianzas con pueblos idolátricos, pues esos compromisos incluían el reconocimiento de las divinidades nacionales, que eran rechazadas de forma clara y directa por el Decálogo y por las enseñanzas divinas de manera reiterada y continua.

La instrucción divina clara era a evitar los ambientes politeístas que pudieran servir de tentación a los israelitas. En este contexto es que se presenta al Señor como un Dios celoso que demanda lealtad absoluta y firme de parte de sus adoradores. Y se menciona a la diosa cananea Aserá, consorte de Baal, cuyo culto incluía prácticas sexuales, que constituían una abominación ante el Dios de los israelitas.

Entre las obligaciones que el pueblo debía seguir, se incluían las siguientes: guardar la fiesta de los panes sin levadura (Éx 34:18); el ofrecimiento de los primogénitos ante el Señor (Éx 34:19-20); guardar el sábado (Éx 34:21); celebrar las fiestas anuales de peregrinaciones (Éx 34:22-24); y otras regulaciones entre las que incluye prescripciones alimenticias (Éx 34:25-26).

Resplandor en el rostro de Moisés

Y Moisés se quedó en el monte con el Señor
cuarenta días y cuarenta noches, sin comer ni beber nada.
Allí, en las tablas, escribió los términos del pacto,
es decir, los diez mandamientos.

Cuando Moisés descendió del monte Sinaí,
traía en sus manos las dos tablas del pacto.
Pero no sabía que, por haberle hablado el Señor,
de su rostro salía un haz de luz.
Al ver Aarón y todos los israelitas
el rostro resplandeciente de Moisés,
tuvieron miedo de acercársele;
pero Moisés llamó a Aarón y a todos los jefes
y ellos regresaron para hablar con él.
Luego se acercaron todos los israelitas
y Moisés ordenó acatar todo lo que el Señor
le había dicho en el monte Sinaí. Éxodo 34:28-32

Luego de estar ante la presencia del Señor por cuarenta días y cuarenta noches, Moisés descendió del monte con las tablas de la Ley y con un rostro resplandeciente. Y ante este fenómeno visual, que es novel en las tradiciones bíblicas, tanto Aarón como los israelitas se atemorizaron.

La experiencia del rostro iluminado puede ser la respuesta divina a la petición de Moisés de ver la gloria del Señor. El relato es significativo pues, aunque Aarón y la comunidad israelita notaban el resplandor, Moisés no se percataba de lo que sucedía en su semblante. De manera visual, la narración bíblica pone de manifiesto la especial relación entre Dios y Moisés, pues el famoso libertador hebreo reflejó en su rostro la gloria de Dios.

Para transmitir la idea del resplandor divino en Moisés, el texto hebreo utiliza una singular palabra, *keren*, que literalmente significa cuerno. Posiblemente, la intención del relato bíblico es indicar que la gloria de Dios en Moisés era como rayos o destellos de luz que parecían cuernos. Esa misma expresión hebrea se utiliza en la Biblia para designar los rayos del sol (Hab 3:4). Quizá, por esta razón lingüística y visual, es que algunas representaciones artísticas de Moisés, como la de Miguel Ángel, presentan al libertador y legislador israelita con cuernos, que aluden a la gloria de Dios en forma de resplandores.

La reacción de Moisés a los gestos de temor de los israelitas al verlo fue de protección personal y comunitaria: se puso un velo sobre su rostro. Esa dinámica relacionada con el resplandor divino y el velo sobre su rostro, se mantuvo por algún tiempo pues, de acuerdo en el texto bíblico, Moisés usaba el velo cuando hablaba con el pueblo, pero se lo quitaba cuando estaba en diálogo con Dios (Éx 34:33-35).

Capítulo diez
El Tabernáculo

Toda la comunidad israelita se retiró de la presencia de Moisés.
Todos los que deseaban,
y que en su interior se sintieron movidos a hacerlo,
llevaron una ofrenda al Señor
para las obras en la Tienda de reunión,
para todo su servicio y para las vestiduras sagradas.
Así mismo, todos los que se sintieron movidos a hacerlo,
tanto hombres como mujeres,
llevaron como ofrenda toda clase de joyas de oro:
broches, pendientes, anillos y otros adornos de oro.

Éxodo 35:20-22

Fundamentos para la construcción del Tabernáculo

La sección final del libro de Éxodo (Éx 35:1–40:38) es una especie de reiteración de las prescripciones para la construcción del Tabernáculo que previamente se habían dado al pueblo (Éx 25:1–31:17). Los cambios son mínimos, pero su inclusión para cerrar el libro es de suma importancia, pues en la literatura semítica en general, y en la bíblica en particular, la repetición de los temas es un recurso literario que se utiliza para destacar la importancia de algún asunto. En este caso, la repetición destaca la construcción del Tabernáculo con sus especificaciones.

La lectura de esta sección final del libro, sin embargo, presenta también un detalle estilístico que no debe obviarse. En la sección previa del libro (Éx 25:1–31:17) se incluyen las instrucciones que fueron dadas directamente por Dios. En la reiteración de la construcción del Tabernáculo (Éx 35:1–40:38), es Moisés quien presenta las instrucciones divinas. Sin embargo, de forma continua y reiterada, el texto bíblico afirma que las recomendaciones para la construcción y los detalles relacionados con el proceso se hacen de acuerdo con la voluntad divina.

Moisés convocó a todos los israelitas para presentar los mandamientos divinos relacionados con la edificación del Tabernáculo. En todas las narraciones, el tema de la voluntad de Dios es de fundamental importancia. Y para comenzar el proceso de forma adecuada, el tema inicial que se presenta es el guardar el sábado, pues es una manera de iniciar los procesos de construcción tomando en seria consideración la revelación divina en el Sinaí.

De acuerdo con el texto bíblico, la construcción del Tabernáculo se debe llevar a efecto en etapas:

1. En primer lugar, se incluyen elementos de importancia para comenzar la construcción como, por ejemplo, el guardar el sábado y la ofrenda para el Tabernáculo (Éx 35:1–36:7).
2. Luego comienza la construcción (Éx 36:8-38).
3. El mobiliario del lugar, que debía tener características específicas (Éx 37:1–38:8).
4. Las vestiduras de los sacerdotes (Éx 39:1-31).
5. La terminación de algunos detalles de la estructura (Éx 39:32-43).
6. La erección del Tabernáculo (Éx 40:1-33).
7. Y, finalmente, se describe la gloria de Dios cuando llena el lugar (Éx 40:34-38).

El sábado y las ofrendas

Antes de comenzar la presentación de las instrucciones divinas para la edificación del Tabernáculo, Moisés alude a la importancia del sábado como elemento fundamental en la vida (Éx 35:1-3). Y en el entorno de la construcción del lugar que representaba la presencia misma de Dios, guardar el día de reposo no era un extra optativo, sino un requisito indispensable.

El sábado para los israelitas era un día especial, no solo porque se separaba para descansar y disfrutar la creación divina y la familia, sino que representaba el compromiso del pueblo con el Decálogo. Era una señal pública y cierta de la afirmación del pacto de Dios con su pueblo, y guardarlo era una manera de poner de manifiesto un sentido de obediencia a las instrucciones divinas. Y la construcción del Tabernáculo, que era el lugar para el encuentro de Dios con su pueblo, no podía ser excusa para romper ese importante mandamiento divino.

Tanto el guardar el sábado como el Tabernáculo eran signos importantes de la revelación divina a los israelitas. Además, eran señales visibles de la autoridad divina sobre la creación y sobre el pueblo. El sábado era importante para recordar el poder y las actividades divinas de creación y el Tabernáculo es símbolo de la presencia divina y de la capacidad del Señor de comunicarse de forma directa con su pueblo.

Un detalle importante en las instrucciones en torno al sábado es la prohibición de encender fuegos en el día de reposo. Posiblemente, esa referencia alude a evitar los trabajos de fundición o con metales durante el sábado. Y es la única ocasión que se menciona este detalle en las Escrituras.

Como el Tabernáculo es un lugar de encuentro y diálogo divino-humano debía construirse con ofrendas voluntarias. No debía edificarse en el lugar que serviría de espacio sagrado para las manifestaciones de la presencia de Dios con impuestos ni con ofrendas obligadas. Esa ofrenda era la demostración física del compromiso del pueblo con el Dios de la liberación de Egipto y de la revelación del Decálogo. Y ese gesto de gratitud y generosidad debía ser el contexto básico para la construcción del lugar que serviría de espacio de comunicación entre Dios y su pueblo.

El Tabernáculo era signo de presencia divina en el camino, pues no era una estructura permanente. Era el lugar de comunicación divino-humana en el Sinaí, el viaje de liberación de las tierras del faraón de

Egipto hasta llegar a la Tierra Prometida, Canaán. La lectura cuidadosa de las narraciones bíblicas revela que hubo dos santuarios o lugares de reunión de los israelitas. El primero, que era una tienda de reunión sencilla (Éx 33:7-11), que se ubicaba fuera del campamento por los pecados de idolatría y apostasía del pueblo. Esta tienda era atendida por uno de los ayudantes de Moisés, Josué. El segundo lugar de reunión era propiamente el Tabernáculo que fue atendido por los levitas, que fueron consagrados especialmente para cumplir con las responsabilidades sacerdotales.

Referente al Tabernáculo, la palabra hebrea que lo describe es *mishkan*, que alude a un lugar para vivir, estar o acampar. Y las formas de presentar el Tabernáculo en las traducciones de la Biblia al castellano son: Tabernáculo de reunión (Nm 11:16); Tabernáculo del testimonio (Éx 38:21; Nm 9:15) y santuario (Éx 25:8; 29:45; Nm 35:34). Y su importancia es que representa la presencia de Dios en medio de las realidades cotidianas del pueblo, que es una manera de afirmar que el Señor de los israelitas no está cautivo en el Sinaí, pues vive y camina con su pueblo.

Fundamentada en el verbo hebreo que transmite la idea de acampar, *shakan*, en el judaísmo postbíblico la idea de la *shekina* del Señor, que transmite la idea de la gloria de Dios, es una manera de aludir a la presencia transformadora de Dios en medio de la sociedad. Y aunque la palabra *shekina* no aparece literalmente en la Biblia hebrea, se deriva de la expresión *mishkan*, que transmite la idea del Tabernáculo.

Los accesorios del Tabernáculo

Como el Tabernáculo era signo de presencia divina y diálogo con Dios, debía construirse con las ofrendas voluntarias y generosas del pueblo, y con el trabajo de las personas que tenían destrezas específicas que respondieran a las necesidades de ese tipo de proyecto. El presupuesto teológico es que, si Dios le había dado recursos, talentos y destrezas a las personas, como una expresión de gratitud, debían utilizar esos dones para la construcción del lugar de los encuentros y diálogos entre Dios y los israelitas. Las personas económicamente desarrolladas, debían colaborar con sus riquezas, y los trabajadores y artesanos, debían contribuir con sus habilidades y tiempo.

Entre los israelitas que salieron de las tierras del faraón había hombres y mujeres con recursos económicos y capacidades laborales. Esas personas eran las responsables de llevar a efecto los trabajos de construcción para que el Tabernáculo tuviera las instalaciones, los instrumentos y los utensilios pertinentes, y se pudieran llevar a efecto las ceremonias religiosas.

Como los israelitas trajeron de Egipto algunas riquezas (Éx 11:2; 12:35-36), el pueblo contaba con los recursos necesarios para la construcción de las instalaciones físicas del Tabernáculo. En el proceso, se necesitaban artesanos y colaboradores con destrezas para trabajar en el Tabernáculo (Éx 35:11), los muebles (Éx 35:12-15), el atrio (Éx 35:16-18), las cortinas y las vestiduras del santuario (Éx 35:19), y también para confeccionar los vestidos oficiales de los sacerdotes (Éx 35:19). Era una tarea compleja que podía llevarse a efecto con éxito únicamente si el pueblo se incorporaba al proceso.

La respuesta del pueblo al llamado de Moisés fue muy positiva. Los israelitas comprendieron la necesidad espiritual y emocional de tener el Tabernáculo, pues entendieron la importancia de la presencia divina y la comunicación con Dios. Las dinámicas referentes a la construcción del Tabernáculo superaron las actitudes idolátricas y apóstatas de la construcción del becerro de oro. ¡Imperó la generosidad y el servicio! ¡El compromiso se transformó en la actitud necesaria para hacer realidad un proyecto de importancia capital para la comunidad que estaba de camino a la Tierra Prometida!

Los israelitas contribuyeron en la construcción del Tabernáculo con oro (Éx 35:22), plata y bronce (Éx 35:23-24), madera (Éx 35:24b), telas (Éx 35:25-26), piedras preciosas (Éx 35:27) y especies y aceites (Éx 35:28). Y con esos recursos fiscales, el pueblo hizo posible la traducción de la revelación divina a Moisés en realidad histórica en el desierto del Sinaí.

De singular importancia en la narración es la contribución destacada de las mujeres, que tradicionalmente no tenían protagonismo en las sociedades antiguas. Esas dinámicas de compromiso y generosidad hicieron que se recibiera más de lo necesario para la construcción del Tabernáculo. Inclusive, Moisés tuvo que indicarle al pueblo que ya tenían lo suficiente para el proyecto, ¡y que aún sobraba! (Éx 36:6-7).

La supervisión de los procesos de construcción, de acuerdo con las narraciones bíblicas, estuvo a cargo de Bezaleel y Oholiab (Éx 31:1-11; 35:30–36:1). Sus capacidades para llevar a efecto bien este proyecto eran las siguientes: estaban llenos del Espíritu y tenían sabiduría, entendimiento, conocimiento, habilidades artesanales y capacidades educativas para optimizar las experiencias del grupo de trabajo. Eran personas profesionalmente bien equipadas para llevar a efecto de manera competitiva esas tareas y responsabilidades; además, contaban con la infraestructura espiritual, emocional y laboral para completar el trabajo de acuerdo con las instrucciones divinas.

Las recomendaciones para la construcción del Tabernáculo son esencialmente las mismas que se incluyen anteriormente en el libro (Éx 26:1-37; 36:8-38); las variaciones son mínimas, y se trata generalmente de cambios verbales y de referencia a personas. Quizá, el cambio mayor es que los relatos anteriores (Éx 26:1-37) comienzan con las referencias al Arca del pacto, mientras que en las narraciones posteriores (Éx 36:8-38) los trabajos comienzan desde el exterior del edificio. La razón específica para esa diferencia no es del todo clara, aunque una mirada a la construcción del Tabernáculo desde más de una perspectiva ayuda en la comprensión del proyecto.

El proyecto se llevó a efecto en partes. En primer lugar, las narraciones bíblicas identifican la construcción de las diez cortinas del Tabernáculo (Éx 36:9-19; 26:1-14), que estaban hechas de lino torcido de colores, azul, púrpura y carmesí, decorada con querubines. También había once cortinas de pelo de cabra, y para la estructura, se hicieron cubiertas de pieles de carneros y tejones. También construyeron el Tabernáculo con madera de acacia. Y el velo de la puerta se preparó de lino azul, púrpura y carmesí.

De acuerdo con la narración del libro de Éxodo, Bezalel fue el encargado de la construcción (Éx 37:1-9). La referencia en el Deuteronomio a que Moisés hizo el arca (Dt 10:3), indica que el famoso libertador y legislador hebreo organizó y dirigió los trabajos de construcción para que se siguieran las instrucciones divinas en el proceso. La referencia no hace alusión a su trabajo concreto y físico en el Tabernáculo.

La sección de los detalles de la construcción de los muebles y utensilios del Tabernáculo presupone el conocimiento de las prescripciones e instrucciones previas de Moisés (Éx 25:31-40). Entre el mobiliario a construir están los siguientes: el arca de madera de acacia (Éx 37:1-5); el propiciatorio de oro puro (Éx 37:6-9); la mesa de madera de acacia con las varas para su movilización (Éx 37:10-14); el candelabro de oro puro (Éx 37:17-24); el altar de incienso con sus cuernos recubiertos en oro (Éx 37:25-28; 30:1-5); el altar del holocausto de madera de acacia (Éx 38:7) y; finalmente, la fuente preparada en bronce con los espejos de las mujeres, que eran preparados con bronce pulido (Éx 38.8). Además, preparó el aceite de unción y el incienso aromático (Éx 37:29; 30:22-38).

Una vez se presentan los detalles de la construcción del mobiliario del Tabernáculo, se describen algunas especificaciones de la construcción del atrio. Se presentan las medidas de las cortinas de lino, el material de construcción de los capiteles y algunas especificaciones de colores. El propósito de los relatos es destacar la continuidad entre la voluntad divina y los trabajos en el Tabernáculo.

En estos los relatos bíblicos, además, se incluyen algunos detalles administrativos que se llevaban a efecto por orden de Moisés: Itamar, hijo de Aarón, supervisaba los procesos (Éx 38:21) y Bezaleel, junto a Aholiab, hacían el trabajo (Éx 38:22). Y en ese contexto administrativo, se indican detalles de los materiales de construcción, que subrayan la importancia del proyecto: oro, plata y bronce (Éx 38:24-31); además, de destacar las destrezas como artesanos (Éx 38:23).

Las narraciones del libro de Éxodo dan singular importancia a las vestiduras de los sacerdotes (Éx 39:1-31; 28:6-43). Posiblemente estos detalles en las ropas sacerdotales desean destacar la importancia de las construcciones de acuerdo con la voluntad divina; además, es importante mencionar el papel de los sacerdotes en los procesos cúlticos y de presentación de los sacrificios y ofrendas. Cada vez que se culmina la descripción de alguna pieza de ropa, se acentúa que se construyó según las instrucciones divinas dadas directamente a Moisés (Éx 39:1, 5, 7, 21, 26, 29, 31). Posteriormente, cuando llevan las piezas de ropa a Moisés para su evaluación final, el líder hebreo certifica que se confeccionaron de acuerdo con las instrucciones divinas (Éx 39:43). Y para completar el proceso, Moisés bendice a las personas que trabajaron en la confección de las ropas sacerdotales.

Las ropas sacerdotales preparadas, de acuerdo con la voluntad divina, son las siguientes: el efod de lino (Éx 39:2-5); las piedras de ónice montadas en oro (Éx 39:6-7); el pectoral (Éx 39:8-14); los cordones en forma de trenza del pectoral (Ex 39:15-21); el manto del efod (Éx 39:22-26); las túnicas de lino fino para Aarón y sus hijos (Éx 39:27-29) y la lámina de la diadema de oro con el tema "Santidad al Señor" (Éx 39:30-31). Una vez más, la narración bíblica comienza y termina con la misma afirmación teológica de que el trabajo se llevó a efecto según las instrucciones divinas (Éx 39:32, 42).

El Tabernáculo

El Señor habló con Moisés y le dijo:
"En el día primero del mes primero,

levanta el santuario, es decir, la Tienda de reunión.
Pon en su interior el arca con las tablas del pacto
y cúbrela con la cortina.
Lleva adentro la mesa y ponla en orden.
Pon también dentro del santuario el candelabro
y enciende sus lámparas.
Coloca el altar de oro para el incienso
frente al arca con las tablas del pacto,
y cuelga la cortina a la entrada del santuario". Éxodo 40:1-5

Las instrucciones de Moisés para erigir el Tabernáculo se dan el primer día y mes del año hebreo (Éx 40:1-16). Esa era una manera de indicarle al pueblo que entraban en una nueva era, en un periodo novel de relaciones entre el Dios del éxodo y los israelitas. Ese día recordaba la creación divina. Se inauguraba de esta manera un tiempo de diálogos íntimos entre el Dios creador y Señor del éxodo de Egipto con el pueblo hebreo que se dirigía a la Tierra Prometida. Además, el día era especial, pues permitía la celebración de la Pascua solo en dos semanas.

La descripción del Tabernáculo, según el texto bíblico, no es compleja. Se trata de una tienda de campaña alrededor del atrio que tenía una medida de unos cien codos (45 m) por cincuenta codos (22,5 m). Era una especie de estructura en el interior de una tienda mayor.

La entrada oficial estaba ubicada al este de la estructura, y en el patio interior estaban el altar de los holocaustos y sacrificios y la fuente de bronce. La sección exterior estaba cubierta de pieles rojas de carnero, que tenía a su vez una cubierta de pieles finas, posiblemente de delfines. Y el Tabernáculo medía treinta codos (13,5 m) de largo por diez 10 codos (4,5 m) de ancho y diez codos (4,5 m) de alto, y estaba ubicado propiamente en la tienda interior, confeccionado de tapices de lino de colores azul púrpura y carmesí. Los detalles de la construcción se presentan en el texto bíblico (Éx 40:23-37).

El interior del Tabernáculo se dividía en dos secciones de importancia: el lugar santo, que medía 20 codos (9 m) de largo por diez codos (4,5 m) de alto y 10 codos (4,5 m) de ancho; y el lugar santísimo, cuyas medidas eran diez codos (4,5 m) de largo por diez codos (4,5 m) de ancho y otros diez codos (4,5 m) de alto. Para dividir estas dos secciones del Tabernáculo, había un velo de lino fino de colores azul, púrpura y carmesí, decorado con querubines.

En el lugar santísimo estaban el arca del pacto con el propiciatorio que contenía las tablas de la Ley de Moisés, una vasija con maná y la vara de Aarón. En el lugar santo, estaban la mesa, el candelabro y el altar del incienso. Y es importante señalar que, aunque los materiales que se utilizaron para preparar el Tabernáculo y los utensilios eran de muy buena calidad, mientras más se acercaban al lugar santísimo, que representaba la presencia de Dios, los muebles eran más hermosos y el material utilizado era más caro.

Un buen ejemplo de la belleza de los muebles del Tabernáculo es el arca del pacto que estaba ubicada en el lugar santísimo. Se trataba de un tipo de cofre hecho de madera de acacia cubierto en oro tanto por dentro como por fuera. El tamaño del arca era de unos dos codos y medio (1,27 m) de largo y un codo y medio (0,67 m) de ancho y de alto. Y era movido con dos varas de acacia que también estaban recubiertas en oro y que se colocaban en unos aros para facilitar la movilización de este signo importante de la presencia divina.

Encima del arca estaba el propiciatorio, que era una especie de plancha de oro. El nombre proviene de la palabra hebrea *kapporeth*, que significa cubierta. Que el propiciatorio estuviera ubicado sobre el arca, puede ser símbolo de la presencia divina que está sobre la Ley de Moisés, para cubrirla y protegerla. Además, puede ser signo del trono divino que representa la gracia y la misericordia.

Sobre el propiciatorio había dos querubines que estaban de frente con sus alas extendidas y mirando hacia abajo, en una posición que simbolizaba la cobertura divina del mueble. Esos querubines representaban la protección que Dios le brindaba al Tabernáculo en general y al lugar santísimo en particular. Y esos querubines eran figuras especiales que representaban lo especial y extraordinario de Dios. Tenían, además de las alas, rostro humano y cuerpo de animal (Sal 80:1; Ez 1:5-12).

La mesa donde se ponía el pan de la presencia y los instrumentos para presentar la ofrenda de libación era de dos codos de largo (90 cm), uno de ancho (45 cm) y uno y medio de alto (67 cm). Estaba hecha de madera de acacia y recubierta de oro, y tenía cuatro argollas de oro con dos varas de madera para su transportación. Y el pan de la ofrenda, que simbolizaba la presencia de Dios y la capacidad divina de cuidar a su pueblo de forma especial e íntima, es identificado en las Escrituras de diversas formas: pan de la mesa (Nm 4:7), pan sagrado (1Sa 21:4), pan de la presencia divina (Éx 25:30) y pan de la presentación (1Cr 9:32).

El candelabro del Tabernáculo posiblemente fue diseñado tomando el árbol de la vida (Gn 2:9) como modelo. De esa forma se unían las imágenes de la luz y la vida en la menorá. Y además de ser instrumento para iluminar el lugar, con su diseño especial de una sola pieza, brindaba belleza.

El altar de incienso y aceite, que era cuadrado (45 cm x 45 cm x 90 cm), estaba hecho de madera de acacia y recubierto en oro (Éx 37:25-29; 30:1-10, 22-38). En las esquinas tenía unas elongaciones en forma de cuernos, que eran signos del poder y la autoridad de Dios. El altar del holocausto (Éx 27:1-8; 38:1-7), también estaba hecho de madera de acacia, pero estaba recubierto de bronce (2,25 cm por 2,25 cm x 1,35 cm). Y la fuente de bronce (Éx 38:8; 30:17-21), que se colocaba entre el Tabernáculo y el altar de los sacrificios, servía para que los sacerdotes se limpiaran las manos y los pies antes de entrar a los lugares santos.

Referente a la construcción del Tabernáculo, no debemos ignorar el reconocimiento que demostraban los israelitas a la presencia y santidad divina, además, la estructura permitía la movilidad, pues se trataba de una estructura de importancia religiosa y cultural, pero portátil. La referencia a que Dios es santo (Éx 30:21) es una manera de afirmar que las personas que se allegaban al Tabernáculo, que era símbolo de la presencia de Dios, debían reconocer esa naturaleza singular del Dios bíblico.

El texto bíblico al final del libro de Éxodo destaca la importancia una vez más del Tabernáculo. En primer lugar, Dios indica dónde debe ubicarse el mobiliario (Éx 40:3-8) e identifica los utensilios que debían ser consagrados con el aceite de unción (Éx 40:9-11). Finalmente, Aarón y sus hijos son consagrados ante el Señor y son vestidos con las ropas especialmente preparadas para ellos (Éx 29:1-46).

Las narraciones bíblicas se preocupan por destacar la obediencia de Moisés (Éx 40:17-33). Esa actitud de fidelidad ante Dios se pone de relieve en las siete referencias a que el líder hebreo estaba actuando según las ordenanzas de Dios (Éx 40:19, 21, 23, 25, 27, 29, 32). Y la referencia del texto bíblico al "segundo año" (Éx 40:17), se relaciona directamente con la fecha de salida de Egipto; es decir, el segundo año luego de la liberación del cautiverio del faraón.

La gloria de Dios

Moisés dijo al Señor:
—Tú insistes en que yo debo guiar a este pueblo,

pero no me has dicho a quién enviarás conmigo.
También me has dicho que te conozco por nombre
y que cuento con tu favor.
Pues si realmente es así,
dime cuáles son tus caminos.
Así sabré que en verdad cuento con tu favor.
Ten presente que los israelitas son tu pueblo.
—Yo mismo iré contigo y te daré descanso
—respondió el Señor.
—O vas con todos nosotros —respondió Moisés—,
o mejor no nos hagas salir de aquí.
Si no vienes con nosotros,
¿cómo vamos a saber, tu pueblo y yo,
que contamos con tu favor?
¿En qué seríamos diferentes
de los demás pueblos de la tierra?
—Está bien, haré lo que me pides
—dijo el Señor a Moisés—,
pues cuentas con mi favor y te conozco por nombre.
—Déjame ver tu gloria —insistió Moisés.
Y el Señor respondió:
—Voy a darte pruebas de mi bondad
y te daré a conocer mi nombre.
Tendré misericordia de quien quiera tenerla
y seré compasivo con quien quiera serlo.
Pero debo aclararte que no podrás ver mi rostro,
porque nadie puede verme y seguir con vida. Éxodo 33:12-20

Las ceremonias para la consagración de Aarón y sus hijos fueron extensas: duraron siete días, que es una manera de indicar que fue una celebración completa y perfecta (Éx 29:35). En medio de esas celebraciones se incluyó la santificación del altar (Éx 29:36-37), que le indicaba al pueblo que el lugar de los sacrificios contaba con la aprobación de Dios. Y las narraciones bíblicas, al presentar todos esos detalles, destacan que Moisés actuó en obediencia, de acuerdo con las revelaciones de Dios.

Una vez que el Tabernáculo está listo para llevar a efecto su propósito divino, de acuerdo con las narraciones bíblicas, la nube divina lo cubrió y se manifestó la gloria de Dios. La gloria divina, que temporeramente estaba en la tienda de reunión (Éx 33:7-9), ahora se movería al Tabernáculo, que constituía el espacio sagrado diseñado por Dios y preparado por Moisés para la bendición del pueblo (Éx 40:34-38).

Este proceso de revelación divina y construcción humana del Tabernáculo presenta un momento fundamental en el libro de Éxodo: en el Tabernáculo la gloria de Dios no estaba lejana, sino que estaba en medio de las realidades del pueblo. Y que se escogiera el Tabernáculo móvil para la manifestación plena de la gloria divina es un indicador de importancia para afirmar que la gloria y la presencia de Dios acompañarían al pueblo dondequiera que fuera.

Los israelitas, que previamente habían vivido la esclavitud en Egipto bajo el poder inmisericorde del faraón y que fueron posteriormente testigos del poder de Dios en los procesos de liberación guiados por Moisés, ahora veían la gloria divina manifestándose entre ellos. De ser un pueblo cautivo, pasaron a ser una comunidad liberada que era testigo de la gloria divina en su camino a la Tierra Prometida.

Capítulo once
Moisés en la Biblia y en la historia

Por la fe el recién nacido Moisés
fue escondido por sus padres durante tres meses,
porque vieron que era un niño hermoso
y no tuvieron miedo del edicto del rey.
Por la fe Moisés, ya adulto,
renunció a ser llamado hijo de la hija del faraón.
Prefirió ser maltratado con el pueblo de Dios
a disfrutar de los efímeros placeres del pecado.
Consideró que la deshonra por causa de Cristo
era una mayor riqueza que los tesoros de Egipto,
porque tenía la mirada puesta en la recompensa.
Por la fe salió de Egipto sin tenerle miedo a la ira del rey
y se mantuvo firme, pues había visto a aquel que es invisible.
Por la fe celebró la Pascua y el rociamiento de la sangre,
para que el exterminador de los primogénitos
no tocara a los de Israel.
Por la fe el pueblo cruzó el mar Rojo como por tierra seca;
pero cuando los egipcios intentaron cruzarlo, se ahogaron.

Hebreos 11:22-29

Moisés en el Pentateuco

Fundamentados en las narraciones en el libro de Éxodo, Moisés es considerado como uno de los líderes religiosos más importantes de la historia. Ese singular reconocimiento de sus contribuciones a la formación e historia del pueblo hebreo, también se pone de manifiesto en otras religiones como el cristianismo y el islam. Esas tradiciones religiosas identifican al libertador de los israelitas como un especial profeta de Dios y como el fundador indiscutible del monoteísmo en general y el judaísmo en particular.

La información básica referente a Moisés se encuentra en los libros bíblicos de la Ley (Torá) o el Pentateuco, especialmente en el Éxodo. Este importante libro bíblico presenta las narraciones básicas de la liberación del pueblo israelita de las tierras de Egipto, gobernadas de manera absoluta e inmisericorde por el faraón. Además, en el Éxodo es que se incorporan los relatos fundamentales del papel que jugó Moisés en los procesos de liberación nacional y en la transformación de un grupo de tribus nómadas en una nación con identidad nacional e historia.

En los libros de Levítico, Números y Deuteronomio se hacen importantes reseñas y alusiones a las actividades liberadoras y legislativas de Moisés, o se presentan discursos del famoso líder israelita, sin embargo, las referencias a nuestro personaje prosiguen a través de todas las Sagradas Escrituras. Inclusive, Moisés es el profeta más citado en el Nuevo Testamento, pues su papel en la revelación divina de la Ley en el monte Sinaí es de fundamental importancia en los relatos bíblicos, en la historia del pueblo de Israel y en el ministerio liberador de Jesús de Nazaret.

El libro de Levítico presenta las actividades de Moisés y el pueblo mientras estaban acampando frente al monte Sinaí. El nombre proviene de la traducción del texto bíblico al griego que alude a la tribu de levitas, en hebreo, sin embargo, el nombre del libro es "Y llamó", que destaca las palabras divinas a Moisés. En el libro de Levítico, Moisés se presenta como un agente divino que escucha y obedece las instrucciones de Dios.

En ese contexto amplio de palabras y revelaciones divinas, Dios da las instrucciones pertinentes a Moisés para la construcción del Tabernáculo, que esencialmente era un espacio o tienda itinerante que facilitaba el diálogo divino-humano. Además, el Señor reveló a Moisés, de acuerdo con el libro de Levítico, los detalles necesarios para la construcción de los muebles y los utensilios pertinentes para las ceremonias religiosas.

El gran mensaje del libro de Levítico es que afirma la importancia de la santidad y la pureza en los sacerdotes, las ceremonias y los sacrificios. La pregunta fundamental que presupone la obra es, ¿cómo es posible que un pueblo eminentemente pecador e idólatra pueda acercarse y adorar a un Dios santo y celoso?

La respuesta a esa interrogante se presenta en dos modalidades: la primera, ¿cómo llegar ante Dios para adorarlo? (Lv 1:1–16:34) y, la segunda, ¿cómo vivir la vida en santidad que agrada a Dios en medio de una sociedad nómada? (Lv 17:1–25:55). Y en el desarrollo del mensaje, Levítico explora los temas de los holocaustos (Lv 1:1-17), las ofrendas (Lv 2:1–6:7) y los rituales pertinentes que debían llevarse a efecto en el Tabernáculo (Lv 6:8–7:38). Además, destaca las instrucciones para la consagración de los sacerdotes (Lv 8:1–10:20), presenta una serie de leyes referentes a la pureza e impureza en las ceremonias (Lv 11:1–16:34). Y, finalmente, incorpora el tema fundamental del libro: las leyes asociadas a la santidad (Lv 17:1–25:55).

En el libro de Levítico, además de los detalles de construcción del Tabernáculo, se destaca el tema de la adoración verdadera. Y esa experiencia cúltica tiene dos vertientes fundamentales: las dinámicas asociadas a las celebraciones cúlticas formales y las actitudes que debía mostrar el pueblo en medio de sus realidades cotidianas.

Las narraciones que se incluyen en el libro de Números presentan cómo los israelitas se mueven desde las faldas del monte Sinaí hasta la frontera con la Tierra Prometida, Canaán. Y en estos relatos se incluyen los desafíos y las dificultades que conllevaba la entrada a esas tierras que, aunque habían sido prometidas por Dios, ciertamente estaban habitadas por los cananeos, que es una realidad histórica y social que presupone adversidades sociales y conflictos bélicos.

Una vez se presenta la importancia de proseguir el viaje a la Tierra Prometida, los levitas se organizan para mover el arca del pacto y el Tabernáculo como parte del peregrinar de liberación (Nm 3:1–4:44). En el proceso se destacan las regulaciones para mantener la santidad y la pureza en el campamento de los israelitas (Nm 5:1–6:27), además, se celebran varios ritos de importancia como la presentación de ofrendas, el encendido de las lámparas por Aarón, la consagración de los levitas y la celebración de la Pascua (Nm 7:1–9:14).

De vital importancia, al estudiar la figura de Moisés en el libro de Números, es la presentación de una serie de principios importantes que destacan el carácter teológico del pueblo. La lectura de estas narraciones revela que Dios se presenta como el Rey de los israelitas y el Tabernáculo se convierte en el centro del campamento (Nm 2:1-34). El contexto amplio de estas revelaciones pone de relieve a un Dios interesado en el diálogo íntimo con su pueblo.

En medio de ese contexto teológico y social, los levitas eran responsables de la mediación entre lo divino y lo humano, entre Dios y su pueblo: deben proteger al pueblo de la ira de un Dios santo, y afirman la importancia de la santidad de la comunidad (Nm 3:1–4:49). Y la celebración de la Pascua, con la presencia de la nube en el Tabernáculo, era una manera de recordar la importancia histórica de la liberación de Egipto y la afirmación teológica de un Dios que rechaza los cautiverios.

El libro de Números presenta unos episodios en la vida de Moisés que no deben ser ignorados ni subestimados. Esas narraciones ponen de manifiesto detalles de la vida de Moisés que revelan su personalidad en general como son la humanidad y las debilidades. Una vez más se presenta el tema de las murmuraciones de María y Aarón contra Moisés (Nm 12:1-16), el envío de doce espías a la tierra de Canaán, que traen noticias preocupantes para Moisés y el pueblo (Nm 13:1-33; Dt 1:19-33) y la rebelión de Coré, que es muy importante, pues se trata de un levita distinguido que rechaza públicamente el liderato y autoridad de Moisés (Nm 16:1-50).

Otras narraciones en el libro merecen mención especial. El episodio de la actitud de Moisés ante el pedido de agua del pueblo (Nm 20:1-13). La respuesta impropia del líder israelita le costó no llegar a la Tierra Prometida, aunque por la misericordia divina contempló Canaán desde el monte Nebo. Y las aguas de la roca se identificaron como "de la rencilla" o "de las quejas", que en hebreo se conoce como Meriba.

La narración de la serpiente de bronce es producto de otra rebeldía del pueblo y de la misericordia divina (Nm 21:4-9). Las dinámicas alrededor del ángel y el asna de Balaam ponen de relieve la importancia de conocer y hacer la voluntad de Dios (Nm 22:21-40). El censo del pueblo era muy necesario, pues Moisés necesitaba saber con cuántas personas los israelitas contaban para conquistar las tierras cananeas (Nm 26:1-51). La selección de Josué como sucesor de Moisés pone de relieve la importancia de la administración adecuada en los procesos de transición de liderato (Nm 27:12-23). Y la identificación de las ciudades de los levitas y las de refugio son necesarias, pues es una manera de honrar a los que sirven en el Tabernáculo, además de identificar lugares para acudir en momentos de crisis, necesidad y persecución (Nm 35:1-38).

La respuesta divina a la actitud de infidelidad y rebeldía del pueblo en el libro de Números fue de juicio, pues Dios condenó a esa generación de israelitas a morir en el desierto por la desobediencia a las instrucciones divinas. Ese fue el contexto de los cuarenta años del pueblo por el desierto. Y al final de la obra, sin embargo, se presenta una nueva generación de israelitas que están dispuestos a llegar a Canaán y conquistar esas tierras que ya habían sido entregadas por Dios a los israelitas liberados de Egipto.

El Moisés que se presenta en el libro de Deuteronomio es esencialmente un educador, pues incluye una serie de discursos y sermones del líder israelita. Y el tema general que destaca la obra es el poder salvador que ha demostrado Dios con los israelitas, más la fidelidad divina, que se manifiesta de manera reiterada como respuesta del Señor a las infidelidades del pueblo.

En este libro final del Pentateuco, que también sirve de introducción a la historia bíblica del pueblo de Israel (Josué–2 Reyes), Moisés comparte con los israelitas una segunda lectura de la Ley (Dt 5). La finalidad teológica de esta presentación adicional de las enseñanzas mosaicas es preparar a las nuevas generaciones para que confíen en la voluntad de Dios para lograr sus metas en la vida. Como la mitad de las regulaciones que se incluyen en el Código del pacto (Éx 21:1–23:13) se repiten en Deuteronomio, aunque en ocasiones se reformulan para responder a las nuevas necesidades y realidades del pueblo.

El libro de Deuteronomio esencialmente presenta las revelaciones de Dios en el monte Sinaí en tres discursos fundamentales de Moisés al pueblo antes de morir. Y el contexto teológico, histórico y literario de la obra es la renovación del pacto de Dios con los israelitas en las llanuras de Moab, pues las nuevas generaciones de israelitas se preparaban para entrar a Canaán.

De acuerdo con el Deuteronomio, que significa en griego "segunda ley", la nueva exposición de las leyes mosaicas es una manera de invitar al pueblo y reiterar, después del peregrinar por el desierto, la importancia del pacto que Dios había establecido con los israelitas en el monte Sinaí. Es una manera de revisar con la comunidad hebrea que estaba a punto de traducir la promesa divina de la Tierra Prometida en realidad, la necesidad de ser fieles a Dios en medio de nuevas realidades sociales, políticas, religiosas y espirituales en Canaán.

La importancia de ese singular pacto de Dios con su pueblo se pone claramente de manifiesto en que fue reiterado en los templos de Silo,

Siquem y Jerusalén. Inclusive, después de la conquista de los israelitas en las tierras cananeas, el pacto mosaico era leído y renovado por el pueblo hasta en el periodo de la monarquía israelita, especialmente en los días de los reyes Saúl y David (Dt 31:9-13). La crisis mayor, referente a la fidelidad al pacto, se vivió posteriormente en la historia por lo menos en dos momentos clave: en la época de los profetas Amós y Oseas por la infidelidad del pueblo y las crisis asociadas al reino del norte en el culto, y por las experiencias sincretistas que se vivieron en el reino del sur en los días del rey Manasés.

En torno al pacto y las leyes asociadas a Moisés es importante señalar que durante la renovación del Templo en los días del rey Josías (640-609 a. C.), los obreros de la construcción encontraron el libro de la Ley (622 a. C.), que posiblemente se trataba del libro de Deuteronomio. Fue la lectura de ese importante libro la que motivó, primero al monarca y luego al pueblo, a escuchar nuevamente la revelación divina y renovar el pacto con Dios. Y el motivo para relacionar directamente la reforma de Josías con el Deuteronomio es la importancia que se dio en la reforma a la centralidad del culto en el Templo de Jerusalén, que es el tema principal del libro.

Una lectura cuidadosa del Pentateuco pone en evidencia la importancia de Moisés en la revelación divina y en la comunicación efectiva de las leyes, los preceptos y las enseñanzas al pueblo. El legado mosaico jugó un papel protagónico no solo en el periodo formativo del pueblo israelita, sino que perduró por siglos, pues las directrices del famoso libertador hebreo se manifiestan también en las reformas de Josafat y Ezequías, e influyen de manera destacada en el ministerio de Jesús y de Pablo.

Esa gran influencia en la historia del pueblo de Israel rompió los linderos del tiempo y se manifiesta en las referencias a Moisés que se pueden descubrir a través de la historia y hasta la sociedad contemporánea. En efecto, Moisés es el legislador, liberador y profeta por excelencia en el pueblo israelita.

El tema de la fidelidad al Decálogo y las revelaciones de Dios en el Sinaí son de vital importancia en la obra. Inclusive, a Moisés no se le permitió entrar a la Tierra Prometida por el incidente en Meriba (Nm 20:10-13). Al final de la obra, sin embargo, Moisés tiene la oportunidad de ver la Tierra Prometida desde el monte Nebo y el libro de Deuteronomio presenta su muerte de manera digna y honorable (Dt 34).

La descripción de las condiciones físicas de Moisés al culminar su vida, "sus ojos nunca se oscurecieron ni perdió su vigor" (Dt 34:7), es una manera de destacar la protección divina y la fidelidad de Dios. Finalmente, Dios mismo enterró al famoso libertador y legislador hebreo (Dt 34:5-6), para demostrar su misericordia y para evitar otra desorientación del pueblo referente a la importancia de su líder máximo.

Las narraciones en torno a Moisés en el Pentateuco finalizan con una evaluación fundamental de nuestro personaje: "Y nunca más se levantó profeta en Israel como Moisés, a quien haya conocido al Señor cara a cara; nadie como él en todas las señales y prodigios que el Señor le envió a hacer en tierra de Egipto, a Faraón y a todos sus siervos y a toda su tierra, y en el gran poder y en los hechos grandiosos y terribles que Moisés hizo a la vista de todo Israel" (Dt 34:10-12). Esta evaluación interna del Deuteronomio en torno a Moisés destaca su importancia histórica y teológica que claramente se pone en evidencia en el resto de las Sagradas Escrituras.

Moisés en el Antiguo y Nuevo Testamento

Las referencias a Moisés no terminan con las narraciones del Pentateuco. Su legado teológico, legal e histórico, además de sus hazañas y su autoridad moral, es reconocido por los diversos escritores de la Biblia hebrea.

En el discurso de Samuel al pueblo, luego del establecimiento de la monarquía, el profeta alude a las intervenciones redentoras de Moisés y Aarón, que deben servir de ejemplo en las acciones y decisiones del pueblo (1Sa 12:6-10). El corazón del mensaje es sencillo y claro: la fidelidad a Dios trae bendición y paz, la rebeldía y desobediencia generan el juicio divino.

En los Salmos las referencias a Moisés no faltan. Especialmente aluden al liderato que ejerció el líder hebreo para liberar a los israelitas del cautiverio egipcio y faraónico (Sal 77:20; 105:26-45). Esas alusiones a Moisés presuponen la autoridad moral que tenía en el pueblo y reafirman que, aún después de su muerte, la figura de nuestro personaje no pasó de forma desapercibida en el pueblo hebreo ni entre sus líderes religiosos y políticos. Y las referencias al éxodo de Egipto en los mensajes de los profetas no son pocas ni deben subestimarse (Is 11:16; Jer 2:6; Ez 20:9).

En el Nuevo Testamento la figura de Moisés es de gran importancia histórica, teológica y espiritual: ¡es el personaje bíblico más citado! En los escritos cristianos Moisés representa lo mejor de un hombre de Dios, es ejemplo de una persona piadosa que desea hacer la voluntad de Dios. Y esa percepción del libertador de los israelitas del cautiverio egipcio y del faraón se demuestra en varios discursos de Jesús.

En el Sermón del monte (Mt 5:1–7:28), cuando el Señor presenta la plataforma ética, moral y espiritual de su movimiento, y presenta los temas centrales de sus enseñanzas y valores, se alude directamente a Moisés en la expresión "Ustedes han oído que se dijo a sus antepasados" (Mt 5:21). En ese importante contexto teológico y misionero, Jesús hace referencia directa al Decálogo y a la importante figura de Moisés (Éx 20:23; Dt 5:17).

De acuerdo con el testimonio del evangelista Lucas (Lc 24–27), Jesús comenzaba sus enseñanzas aludiendo a Moisés para luego exponer su interpretación de los profetas hebreos. Además, en el monte de la Transfiguración (Mt 17:1-13; Mc 9:2-13; Lc 9:28-36), uno de los personajes del Antiguo Testamento que se presenta como testigo en la revelación divina es Moisés que junto al profeta Elías escuchan la voz desde una nube que identifica a Jesús como Hijo amado de Dios. Y en la narración que hizo Jesús sobre el rico y Lázaro (Lc 16:19-31), es Moisés a quien Abraham identifica como el testigo de Dios en medio de las realidades humanas, en una posible referencia al Decálogo.

Estos relatos evangélicos muestran la importancia de Moisés en la teología de Jesús. El líder israelita representa la voluntad divina ante el pueblo. Las enseñanzas de Moisés, articuladas en el Decálogo, son determinantes para la bendición de Dios al pueblo según la teología del Señor. Moisés, en este sentido teológico y pedagógico, no es un líder secundario para el rabino de la Galilea, sino un profeta que debía apreciarse y seguirse, pues su mensaje incluía lo necesario para vivir de acuerdo con la voluntad divina.

El apóstol Pablo, que tiene un trasfondo histórico, cultural y educativo judío, en sus enseñanzas cristianas alude de forma importante y reiterada a la Ley de Moisés. Y entre sus afirmaciones más importantes podemos identificar las siguientes: la ley mosaica no va en contra de las promesas divinas (Gá 3:21) y llega a su punto culminante en el amor al prójimo (Lv 19:18; Gá 5:14); la fe en Cristo no destruye la Ley (Ro 3:20) y, definitivamente, no es pecado seguir la Ley (Ro 7:7). Las críticas paulinas referentes a las leyes mosaicas generalmente están dirigidas más bien a las interpretaciones teológicas y prácticas que no representaban el poder, la misericordia y el amor de Dios.

En la breve Carta de Judas se menciona el conflicto entre el Arcángel Miguel y el diablo por el cuerpo de Moisés (Jud 12–13). Se afirma que el enviado divino no profirió maldición alguna, sino que reprendió al maligno. Esta alusión posiblemente se fundamenta en una tradición judía antigua. De acuerdo con esas creencias, cuando Moisés murió, Miguel llegó a buscar el cuerpo, pero el diablo trató de impedirlo con la alegación de que Moisés era un asesino (Éx 2:11-12). Ese relato extrabíblico pone en evidencia la importancia de Moisés en la cultura judía en general y en las comunidades cristianas en particular.

Moisés en el Corán

El Corán reconoce esa importante labor de Moisés, pues es la figura más citada en sus narraciones. En esas tradiciones religiosas, el libertador de los hebreos representa el líder que es capaz de incentivar el diálogo entre Dios, los pueblos y las personas. Moisés en esta tradición religiosa se conoce como Musa y se identifica como quien se encontró con Dios cara a cara para recibir los Diez Mandamientos. Musa es también el responsable de organizar la salida del pueblo israelita del cautiverio del faraón, además, fue el líder que llevó al pueblo hebreo a las tierras de Canaán. Y siempre es presentado como un fiel siervo de Alá, una persona justa y sabia, además de ser reconocido como profeta.

Un detalle significativo de la presentación que el Corán hace de Moisés (sura 18:60-82) indica que, luego de mostrar una muy buena enseñanza, alguien que lo escuchaba preguntó si habría en la tierra alguien que conociera tanto de Dios como Musa, quien de forma firme y rápida respondió que no. Y ese es el contexto básico de una gran enseñanza del Corán referente a la forma de ser de las personas.

La respuesta divina no se hizo esperar, pues Alá directamente indica que siempre habrá alguien que sepa más que uno en cualquier tema, especialmente en referencia a los temas divinos. Además, le indica cómo proceder para encontrar tal tipo de persona.

Y Musa, siguiendo las instrucciones divinas, encuentra a Al-Khidr, que ciertamente era un representante de Alá a quien le pregunta si puede seguirlo para aprender aún más de Dios y sus preceptos. Sin embargo, la respuesta de Al-Khidr fue un poco desconcertante, pues le indica que Musa no entendería nada ni tendría la paciencia necesaria para comprender los mensajes. Pero ante la insistencia de Musa, el sabio permite que lo siga, pero que no podía preguntar nada hasta que el mismo sabio se lo permitiera.

En el camino, y luego de varios incidentes (p. ej., hace un agujero a un barco, mata a un joven, piden limosnas infructuosamente, reparan un muro), Al-Khidr indica a Musa que ha incumplido con el acuerdo básico de no preguntar, ha respondido con preguntas ante las acciones que no entiende. El sabio islámico enseña a Musa que la paciencia es un requisito indispensable para el éxito en la vida. Lo que las apariencias no muestran, la paciencia las revela, y con paciencia se toman decisiones sabias, prudentes y efectivas.

Como en las narraciones de la Biblia, el Musa del Corán es un ser humano con virtudes y defectos. En los relatos del Pentateuco se presenta un Moisés decidido y firme, aunque temperamental. En el Corán, sin embargo, se critica la fe que Musa tenía en sí mismo y en sus interpretaciones de las realidades de la vida. La gran enseñanza, referente a Musa, es que la paciencia es el camino necesario e impostergable para tener una vida plena.

Moisés en el arte y la historia

La importancia de Moisés también se muestra en el arte. Las figuras del líder judío destacan su labor de libertador, legislador y profeta. Generalmente, se imagina como un adulto mayor, de barba, en túnicas y con una vara en la mano. De singular importancia en las representaciones de Moisés en el arte es la iluminación facial con dos rayos que destellan luz de la cabeza en forma de cuernos. Esas imágenes, que presuponen la relación íntima entre el líder judío y Dios, revelan la importancia de nuestro personaje a través de la historia universal, pues tiene la capacidad de dialogar con Dios de manera especial.

La presentación de cuernos en la cabeza de Moisés en el arte se debe a una interpretación inadecuada del texto hebreo en la traducción de la Vulgata Latina. La referencia hebrea al rostro iluminado de Moisés, que en hebreo es *kerem*, fue interpretada por San Gerónimo como "cuernos", en vez de rayos de iluminación divina. Posteriormente, la iglesia y los artistas se percataron de este detalle lingüístico y representan esos "cuernos" como rayos de luz que salen del rostro del profeta. De esa manera se destacaba que, una vez Moisés se había encontrado con Dios, su vida completa se había transformado, comenzando por el rostro.

El Moisés bíblico también se ha presentado en el cine y la televisión. Desde temprano en el siglo veinte, en la segunda década, las

Detalle de la escultura de Moisés esculpida por Miguel Ángel.
Iglesia San Pietro in Vincoli, Roma
(Foto cedida por César López).

representaciones de Moisés y los Diez Mandamientos son comunes. También en la televisión no han faltado esfuerzos para mostrar al líder hebreo en diversos contextos. Esos esfuerzos destacan al Moisés libertador, legislador y militar. Además, los esfuerzos en las pantallas grandes y pequeñas han identificado el trasfondo egipcio del personaje, sus relaciones con Aarón y María, su vida personal, familiar y militar, sus virtudes y defectos, y su importancia para la historia del pueblo de Israel y para la humanidad.

Enseñanzas y desafíos

> *Por la fe Moisés, ya adulto,*
> *renunció a ser llamado hijo de la hija del faraón.*
> *Prefirió ser maltratado con el pueblo de Dios*
> *a disfrutar de los efímeros placeres del pecado.*
> *Consideró que la deshonra por causa de Cristo*
> *era una mayor riqueza que los tesoros de Egipto,*
> *porque tenía la mirada puesta en la recompensa.*
> *Por la fe salió de Egipto sin tenerle miedo a la ira del rey*
> *y se mantuvo firme, pues había visto a aquel que es invisible.*
> *Por la fe celebró la Pascua y el rociamiento de la sangre,*
> *para que el exterminador de los primogénitos*
> *no tocara a los de Israel.* Hebreos 11:24-28

El estudio de la vida y las contribuciones del Moisés bíblico al desarrollo de las religiones en general y del monoteísmo en particular no puede ignorarse ni subestimarse. Y las implicaciones de sus enseñanzas, que tienen repercusiones personales, nacionales, internacionales, religiosas y seculares, ponen de manifiesto claro que la importancia de este singular personaje no está cautiva en el mundo de las religiones y la teología.

De acuerdo con la Carta a los hebreos, por la fe, Moisés se mantuvo firme, pues había visto a aquel que es invisible (Heb 11:27). Esa comprensión neotestamentaria de nuestro personaje destaca el buen ejemplo que Moisés brindó a la historia. Y ese testimonio debe servir de fundamento para la identificación de los temas que pueden tener implicaciones educativas contemporáneas.

Entre las contribuciones de Moisés a la historia se pueden identificar las siguientes:

1. Dios está interesado en la liberación de individuos y comunidades. De vital importancia teológica, social, política y espiritual es la comprensión de que el Señor que llamó a Moisés en las faldas del monte Sinaí rechaza las cadenas que le impiden a las personas y las naciones desarrollar el potencial que Dios les ha dado. Un Dios liberado quiere un pueblo liberado.

2. En una sociedad donde no se destacaba el papel de las mujeres, y donde el protagonismo siempre era presentado desde una perspectiva varonil, las narraciones en torno a Moisés afirman que fueron mujeres las que ayudaron a nuestro personaje a lograr sus metas en la vida. Las parteras le salvaron la vida, su hermana lo siguió y protegió en el río Nilo, la hija del faraón lo adoptó y lo crio en Egipto, preparándolo para sus encomiendas futuras, su esposa en el desierto lo acompañó en el proceso de reeducación para posteriormente regresar a Egipto y comenzar los procesos de liberación, y las mujeres contribuyeron de forma destacada en las preparaciones para la salida de los israelitas de Egipto, pues recogieron más de los recursos necesarios para la salida.

3. De forma sistemática, en las narraciones en torno a la vida y las ejecutorias de nuestro personaje, se afirma que Moisés actuaba conforme a la voluntad divina. Ese importante detalle de su personalidad se nota claramente en las narraciones asociadas a la construcción del Tabernáculo. La voluntad de Dios era la liberación de los hebreos, y como parte del proceso de liberación, el Tabernáculo jugaba un papel determinante. Y para afirmar esa voluntad divina, se reitera en múltiples ocasiones que Moisés no actuaba por iniciativa propia, sino que sus decisiones y actividades estaban fundamentadas en la revelación del Señor.

4. Las leyes que Moisés recibió en el Sinaí eran mucho más que instrucciones estáticas y cautivas en el mundo religioso de la época faraónica. El Decálogo, por ejemplo, contiene diez instrucciones específicas que son importantes recomendaciones y enseñanzas las cuales tienen implicaciones religiosas, espirituales, morales, éticas, sociales, políticas y económicas tanto en individuos como en comunidades.

   El código del pacto, además, incluye percepciones en torno a la salud que han roto los linderos del tiempo y tienen importancia contemporánea como son las recomendaciones asociadas a la higiene. La ley de Moisés, además, ha servido de fundamento para códigos legales en diferentes culturas a través del tiempo, y de modelos legislativos en diversas comunidades y naciones.

5. Una enseñanza singular en las narraciones del éxodo de Egipto es la revelación divina en el Sinaí. En un entorno de fuego, que representa la presencia divina, el Señor revela su nombre como el gran "Yo soy", que pone en evidencia la naturaleza especial de quien se revelaba a Moisés para liberar a los israelitas. Ese singular Dios, que tiene voluntad liberadora y que manifiesta un rechazo claro al cautiverio, se presenta a Moisés y al pueblo como quien era el mismo a través de la historia.

   Ese importante componente teológico, de la revelación del Dios de Abraham, Isaac y Jacob, que además se manifestó Moisés, y que está presente en el Tabernáculo y en el peregrinar del pueblo por el desierto, tiene repercusiones futuras. Esa gran declaración del gran "Yo soy" se manifiesta posteriormente en la historia, en la teología del Evangelio de Juan y en los discursos de Jesús como el "Yo soy" de Dios.

6. Una característica del pueblo hebreo, que muestra su debilidad e imperfección, son las constantes murmuraciones contra Moisés y Aarón, que eran sus líderes. Ante lo imprevisto, el pueblo murmuraba, ante los desafíos de la vida, el pueblo murmuraba, y ante las adversidades impredecibles, el pueblo murmuraba.

   Esa actitud de murmuración sistemática, además de poner en evidencia la inmadurez de la comunidad hebrea liberada, revela detalles de la naturaleza humana que deben superarse. De manera continua y sistemática, Moisés rechazó las murmuraciones como una forma inadecuada de responder a las adversidades en la vida.

7. El monoteísmo emerge en las narraciones bíblicas como una de las contribuciones más destacadas de Moisés a la historia de la humanidad. La creencia en un solo Dios era algo casi impensable en las sociedades antiguas del Oriente Medio que relacionaban sus divinidades, por ejemplo, con la geografía, el tiempo y la naturaleza.

   Esa creencia en un solo Dios preparó el camino para las reflexiones teológicas que se incluyen en el libro de Éxodo y en el resto de la Biblia. En efecto, el Dios de las Escrituras es Señor de cielos y tierra, y de todo lo creado.

8. Una característica de Moisés, de acuerdo con los relatos bíblicos, es su impulsividad, su temperamento que en momentos se descontrolaba. Y esa peculiaridad lo llevó a tener en la vida varias experiencias desagradables y peligrosas. Tanto el asesinato del capataz egipcio como el golpe a la roca son incidentes que se fundamentan en impulsos del momento, que no toman seriamente

en consideración las implicaciones personales de las decisiones en la vida.

Para Moisés, de acuerdo con el testimonio bíblico, ambas actitudes tuvieron repercusiones nefastas, aunque Dios transformó los problemas en bendiciones. La muerte del egipcio preparó el camino para la huida de Moisés al desierto, que sirvió de escuela para la preparación de Moisés como líder nacional, y el golpe a la piedra, le costó no entrar a la Tierra Prometida. En efecto, la gran enseñanza en estos relatos es que las personas pagan las consecuencias de sus decisiones.

9. En los diálogos con su suegro, Jetro, Moisés reconoció la importancia de la administración efectiva. Los buenos líderes no deben pretender hacer todo el trabajo solos con efectividad, necesitan reconocer que el apoyo de la comunidad no es un extra optativo para los proyectos efectivos y exitosos, sino un requisito indispensable.

    Por recomendación de su suegro, Moisés se asoció con una serie de personas que "le sostenían las manos", es decir, lo apoyaban para que la tarea administrativa, en vez de ser una carga hostil, fuera un proceso efectivo de calidad total.

10. Finalmente, una enseñanza que se desprende de las narraciones de la vida de Moisés es la importancia de comenzar los proyectos importantes de la vida en el momento oportuno. La vida de Moisés, según el discurso de Esteban, se puede dividir en tres periodos de cuarenta años. Y en este sentido, es muy importante tomar en consideración que el número cuarenta en la Biblia alude a un periodo educativo importante en la vida.

    Moisés disfrutó tres periodos fundamentales de aprendizaje que moldearon de manera significativa su vida y sus actividades: los primeros cuarenta años fueron en la corte del faraón, que lo prepararon en términos administrativos y militares; los segundos cuarenta, los dedicó a establecer una familia y criar a sus hijos; y el tercer grupo de cuarenta los utilizó para comenzar el proyecto liberador de los hebreos de Egipto para lo que se preparó toda la vida.

    Comenzar el proyecto de liberación de los israelitas, para Moisés, no fue una improvisación, sino el resultado de una buena preparación que abarcó toda su vida.

Bibliografía

A continuación, presentamos una bibliografía breve y selecta de literatura que puede contribuir positivamente a la comprensión de la figura de Moisés y las implicaciones de sus enseñanzas. Solo hemos incluido en esta lista libros escritos o traducidos al español. En otros idiomas, especialmente en inglés, alemán, italiano y francés, hay más literatura que las personas interesadas pueden identificar, estudiar y disfrutar.

Alexander, T. D. y Baker, D. W. (2012). *Diccionario del Antiguo Testamento: Pentateuco.* Viladecavalls: Clie.

Assman, J. (2003) *Moisés el egipcio.* Madrid: Obregón.

Brown, R. E., Fitzmyer, J. A. y Murphy, R. E. (1971-72, 2000). *Nuevo Comentario Bíblico "San Jerónimo".* Vol. 2. Madrid: Cristiandad.

Brunner-Traut, E. (2000). *Cuentos del antiguo Egipto.* Madrid: Edaf.

Childs, B. S. (2003). *El libro de Éxodo. Comentario crítico y teológico.* Estella, Navarra: Verbo Divino.

Farmer, W. R., *et al* (eds). (1999) *Comentario Bíblico Internacional.* Estella, Navarra: Verbo Divino.

Fèvre, F. (1994). *El Señor del Nilo.* Barcelona: Planeta.

—————. (1989). *Thutmosis III o el apogeo de Egipto.* Barcelona: Planeta.

Fleg, E. (2014). *Moisés contado por los sabios.* Guatemala: Ediciones San Pablo.

Freud, S. (1970, 2015). *Moisés y la religión monoteísta.* Madrid: Alianza Editorial.

Galán, J. M. (2002). *El Imperio Egipcio: Inscripciones, ca. 1550-1300 a.C.* Barcelona: Trotta.

García López, F. (2003). *El Pentateuco. Introducción a la lectura de los primeros cinco libros de la Biblia.* Estella, Navarra: Verbo Divino.

—————. *(2007). Éxodo.* Bilbao: Desclée de Brouwer.

González Celdrán, J. A. (2015). *Moisés. Sobre la identidad histórica del Moisés Bíblico.* Madrid: Editorial Dilema.

Guijarro Oporto, S. y Salvador García, M. (eds.). (1997). *Comentario al Antiguo Testamento I.* Estella, Navarra: Casa de la Biblia.

Lasord, W. S. *Panorama del Antiguo Testamento.* (1995). Buenos Aires y Grand Rapids: Nueva Creación y Eerdmans.

Levoratti, A. J. (Ed.). (2005-06). *Comentario bíblico latinoamericano.* Vol. 1 y 2. Madrid: Verbo Divino.

Mannucci, V. (1995). *La Biblia como Palabra de Dios.* Bilbao: Desclée.

Pagán, S. (2012). *Introducción a la Biblia hebrea.* Barcelona: Clie.

—————. (2015). *El Pentateuco.* Barcelona: Clie.

—————. (2016). *Historia del Israel bíblico.* Barcelona: Clie.

Quirke, S. (2003). *La religión del antiguo Egipto.* Madrid: Oberón.

Reeves, N. (2002). *Akhenatón.* Madrid: Oberón.

—————. (1999). *Todo Tuankhamon.* Madrid: Oberón.

Sánchez Caro, J. M. et al. (eds.). (1989). *Introducción al estudio de la Biblia. Vol. 10.* Estella, Navarra: Verbo Divino.

Schmidt, W. H. (1983). *Introducción al Antiguo Testamento.* Salamanca: Sígueme.

Schökel, L. A. y Mateos, J. (eds.). (1966-77). *Libros Sagrados.* Madrid: Cristiandad.

Sicre, J. L. (1993). *Introducción al Antiguo Testamento.* Estella, Navarra: Verbo Divino.

Stendebach, F. J. (1994). *Introducción al Antiguo Testamento.* Dusseldorf: Patmos.

Varo Pineda, F. (2016). *Moisés y Elías hablan con Jesús. Pentateuco y libros históricos: de la composición a su recepción en el Nuevo Testamento.* Estella, Navarra: Verbo Divino.